魏書

北齊 魏收 撰

第七冊

卷一○五至卷一○七（志）

中華書局

漢書

卷一〇五至卷一一〇(志)

中華書局

前上十志啓

魏收啓

臣收等啓：昔子長命世偉才，孟堅冠時特秀，憲章前哲，裁勒墳史，紀、傳之間，申以書、志，緒言餘迹，可得而聞。叔峻刪緝後劉，紹統削撰季漢，十志實範遷、固，表蓋闕焉。曹氏一代之籍，了無具體；典午終世之筆，罕云周洽。假復事播，四夷盜聽，間有小道俗言，要奇好異，考之雅舊，咸乖實錄。自永嘉喪圮，中原淆然，偏僞小書，殆無可取。魏有天下，跨躡前載，順末克讓，善始令終。陛下極聖窮神，奉天屈己，顧眄百王，指掌萬世，深存有魏撫運之業，永念神州人倫之緒。臣等肅奉明詔，刊著魏籍，編紀次傳，備聞天旨。竊謂志之爲用，網羅遺逸，載紀不可，附傳非宜。是以晚始撰錄，彌歷炎涼，總括代終，置之衆篇之後，一統天人之迹。理切必在甄明，事重尤應標著，搜獵上下，今乃斷筆。時移世易，理不刻船，登閣含毫，論敍殊致。河溝往時之切，釋老當今之重，藝文前志可尋，官氏魏代之急，去彼取此，敢率愚心。謹成十志二十卷，請續於傳末，幷前例目，合一百三十一卷。

十一月，持節、都督梁州諸軍事、驃騎將軍、梁州刺史、前著作郎、富平縣開國子臣

平南將軍、司空司馬修史臣辛元植

冠軍將軍、國子博士修史臣刁柔

陵江將軍、尚書左主客郎中修史臣高孝幹

前西河太守修史臣綦母懷文

魏書卷一百五之一

天象志一之一第一

夫在天成象,聖人是觀,日月五星,象之著者,變常舛度,徵咎隨焉。然則明晦暈蝕,疾餘犯守,飛流欻起,彗孛不恒,或皇靈降臨,示譴以戒下,或王化有虧,感達於天路。易稱「天垂象,見吉凶」,「觀乎天文,以察時變」;書曰「曆象日月星辰,敬授民時」。是故有國有家者之所祇畏也。百王興廢之驗,萬國禍福之來,兆勤雖微,罔不必至,著於前載,不可得而備舉也。班史以日暈五星之屬列天文志,薄蝕彗孛之比入五行說。七曜一也,而分為二志,故陸機云學者所疑也。今以在天諸異咸入天象,其應徵符合,隨而條載,無所顯驗則闕之云。

太祖天興五年八月,天鳴。

六年九月,天鳴。

皇始二年十月壬辰,日暈,有佩璚。占曰「兵起」。天興元年九月,烏丸張超收合亡命,

聚黨三千餘家,據勃海之南皮,自號征東大將軍、烏丸王,鈔掠諸郡。詔將軍庚岳討之。

天興三年六月庚辰朔,日有蝕之。占曰「外國侵,土地分」。五年五月,姚興遣其弟義陽公平率衆四萬來侵平陽,乾壁爲平所陷。

六年四月癸巳朔,日有蝕之。占曰「兵稍出」。十月,太祖詔將軍伊謂率騎二萬北襲高車,大破之。

天賜五年七月戊戌朔,日有蝕之。占曰「后死」。六年七月,夫人劉氏薨,後諡爲宣穆皇后。

太宗神瑞二年八月庚辰晦,日有蝕之。

世祖始光四年六月癸卯朔,日有蝕之。占曰「諸侯非其人」。神䴥元年二月,司空奚斤、監軍侍御史安頡討赫連昌,擒之於安定。其餘衆立昌弟定爲主,走還平涼,斤追之,爲定所擒。將軍丘堆棄甲與守將高涼王禮東走蒲坂,世祖怒,斬堆。

神䴥元年十一月乙未朔,日有蝕之。

太延元年正月己未朔,日有蝕之。

四年十一月丁卯朔,日有蝕之。

太平眞君元年四月戊午朔,日有蝕之。

三年八月甲戌晦,日有蝕之。

六年六月戊子朔,日有蝕之。占曰「有九族夷滅」。七年正月戊辰,世祖車駕次東雍州。庚午,圍薛永宗營壘。永宗出戰,大敗,六軍乘之,斬永宗,男女無少長皆赴汾水而死。

七年六月癸未朔,日有蝕之。占曰「不臣欲殺」。八年三月,河西王沮渠牧犍謀反,伏誅。

十年夏四月丙申朔,日有蝕之。

六月庚寅朔,日有蝕之。占曰「將相誅」。十一年六月己亥,誅司徒崔浩。

十一年十二月辛未,日南北有珥。

高宗興安元年十一月己卯,日出赤如血。

二年三月,日暈。

和平元年九月庚申朔,日有蝕之。

興光元年七月丙申朔,日有蝕之。

三年二月壬子朔,日有蝕之。占曰「有白衣之會」。六年五月癸卯,高宗崩。

顯祖皇興元年十月己卯朔,日有蝕之。

二年四月丙子朔,日有蝕之。占曰「將誅」。四年十月,誅濟南王慕容白曜。

十月癸酉朔,日有蝕之。占曰「尊后有憂」。三年,夫人李氏薨,後謚思皇后。

三年十月丁酉朔,日有蝕之。

高祖延興元年十二月癸卯,日有蝕之。[一]占曰「有兵」。二年正月乙卯,統萬鎮胡民相率北叛,遣寧南將軍、交阯公韓拔等滅之。

三年十二月癸卯朔,日有蝕之。

四年正月癸酉朔,日有蝕之。[二]占曰「有崩主,天下改服。有大臣死」。五年十二月己丑,征北大將軍城陽王壽薨。六年六月辛未,顯祖崩。

七月丙寅,日有背珥。

五年正月丁酉,白虹貫日,直珥一。

承明元年三月辛卯,日暈五重,有二珥。

太和元年冬十月辛亥朔,日有蝕之。

二年正月辛亥,日暈,東西有珥。

二月乙酉晦,日有蝕之。[三]占曰「有欲反者,近三月,遠三年」。四年正月癸卯,洮陽羌叛,枹罕鎮將討平之。

九月乙巳朔，日有蝕之。占曰「東邦發兵」。四年十月丁未，蘭陵民桓富殺其縣令，與昌慮桓和北連太山羣盜張和顏等，聚黨保五固，推司馬朗之爲主，詔淮陽王尉元等討之。

三年春正月癸丑，日暈，東西有珥，有佩戟一重，北有偃戟四重，後有白氣貫日珥，狀如車輪。京師不見，雍州以聞。

三月癸卯朔，日有蝕之。占曰「大臣誅」。四月，雍州刺史宜都王目辰有罪，賜死。

四年正月辛酉，日東西有珥，北有佩，日暈貫兩珥。

五年正月庚辰，日暈，東西有珥；南北並白氣，長一丈，廣二尺許，北有連環暈。又貫珥內，復有直氣，長三丈許，內黃，中青，外白。暈乍成，散，乃滅。

七月庚申朔，日有蝕之。

八年正月戊寅，有白氣貫日。占曰「近臣亂」。十年三月丁亥，中散梁衆保等謀反，伏誅。

十一年十一月丁亥，日失色。

十二年三月戊戌，白虹貫日。

十三年二月乙亥朔，日十五分蝕八。占曰「有白衣之會」。十一月己未，安豐王猛薨。

十四年二月己巳朔未時,雲氣班駁,日十五分蝕一。占曰「有白衣之會」。九月癸丑,

文明太皇太后馮氏崩。

十五年正月癸亥晦,日有蝕之。占曰「王者將兵,天下擾動」。十七年六月丙戌,高祖南伐。

十七年六月庚辰朔,日有蝕之。

十八年五月甲戌朔,日有蝕之。

二十年九月庚寅晦,日有蝕之。

二十三年六月己卯,日中有黑氣。占曰「內有逆謀」。八月癸亥,南徐州刺史沈陵南叛。

十二月甲申,日中有黑氣,大如桃。

世宗景明元年正月辛丑朔,日有蝕之。

七月己亥朔,日有蝕之。

二年四月癸酉,日自午及未再暈,內黃外白。七月癸巳朔,日有蝕之。

八月戊辰,日赤無光,中有黑子一。

三年正月乙巳,日中有黑氣如鵝子,申、酉復見;又有二黑氣橫貫日。

二月辛卯,日中有黑氣,大如鵝子。

七月丁巳朔,日有蝕之。

正始元年十二月丙戌,黑氣貫日。壬子,日有冠珥,內黃外青。占曰「天下喜」。三年正月丁卯,皇子生,大赦天下。

三年二月甲辰,日左右有珥,內赤外黃。辛亥,日暈,外白內黃。

十月乙巳,日赤無光。

十二月乙卯,日暈,內黃外青,東西有珥,北有背。巳時,白虹貫日。

永平元年三月己酉,日南北有珥,外青內黃,暈不匝;西北有直氣,長尺餘;北有白虹貫日。

八月壬子朔,日有蝕之。

二年八月丙午朔,日有蝕之。丁卯旦,日旁有黑氣,形如月,從東南來衝日。如此者一辰,乃滅。

三年二月甲子,日中有黑氣二。

十二月乙未,日交暈,中赤外黃,東西有珥,南北白暈貫日,皆匝。

四年十一月癸卯,日中有黑氣二,大如桃。占曰「天子崩」。延昌四年正月丁巳,世宗

昇遐。

十二月壬戌朔,日有蝕之,在牛四度。占曰「其國叛兵發」。延昌二年二月庚辰,[四]蕭衍郁洲民徐玄明等斬送衍鎮北將軍、青冀二州刺史張稷首,以州內附。

延昌元年二月甲戌至于辛巳,日初出及將沒,赤白無光明。

五月己未晦,日十五分蝕九。占曰「大旱,民流千里」。二年春,京師民饑,死者數萬口。

二年閏月辛亥,日中有黑氣。

五月甲寅朔,日有蝕之,京師不見,恒州以聞。

三年三月庚申,日交暈,其色內赤黃,外青白,南北有佩,可長二丈許,內赤黃,外青白,西有白暈貫日。又日東有一抱,長二丈許,內赤黃,外青。占曰「內有逆謀」。三年十一月丁巳,幽州沙門劉僧紹聚衆反,自號淨居國明法王,州郡捕斬之。

肅宗熙平元年三月戊辰朔,日有蝕之。丁丑,日出無光,至于酉時。占曰「兵起」。神龜元年正月,秦州羌反;二月己酉,東益州氐反;七月,河州民卻鐵忽聚衆反,自稱水池王。

四月甲辰卯時,日暈帀,西有一背,內赤外黃,南北有珥,內赤外黃,漸滅。

十二月己酉,日暈,北有一抱,內赤外白,兩傍有珥,北有白虹貫日。

神龜元年三月丁丑,白虹貫日。占曰「天下有來臣之衆,不三年」。十一月乙酉,〔五〕蠕蠕莫緣梁賀侯豆率男女七百口來降。

二年正月辛巳朔,日有蝕之。

正光元年正月乙亥朔,日有蝕之。占曰「有大臣亡」。七月丙子,殺太傅、領太尉,清河王懌。

二年五月丁酉,日有蝕之,夏州以聞。

三年正月甲寅,日交暈,內赤外青,有白虹貫暈;外有直氣,長二丈許,內赤外青。五月壬辰朔,日有蝕之。占曰「秦邦不臣」。五年六月,秦州城人莫折大提據城反,自稱秦王。

十月己巳,太史奏自八月巳來,黃埃掩日,日出三丈,色赤如赭,無光曜。

十一月己丑朔,日有蝕之。占曰「有小兵,在西北」。四年二月己卯,蠕蠕主阿那瓌率衆犯塞。

四年十一月癸未朔,日有蝕之。

五年閏月乙酉,日暈,內赤外青;南有珥,上有一抱兩背,內赤外青。

三月丁卯,日暈三重,外青內赤。占曰「有謀其主」。孝昌元年正月庚申,徐州刺史元法

僧據城反，自稱宋王。

十二月丙申，日暈，南北有珥，上有兩抱一背。

孝昌元年十二月丙戌，白虹刺日不過，虹中有一背。占曰「有臣背其主」，一曰「有反城」。三年九月己卯，〔六〕東豫州刺史元慶和據城南叛。

三年十一月戊寅辰時，日暈，東面不合，其色內赤外黃，東西有珥，內赤外黃，西北去暈一尺餘，有一背，長二丈餘，廣三尺許，內赤外黃。

莊帝永安二年三月甲戌未時，日暈三重，內黃赤，外青白，暈東西兩處不合。辛未申時，日南有珥；去一尺餘有一背，長三丈許，廣五尺餘，內赤外青。

七月丙寅，直東去日三尺許有一背，長二丈餘，內赤外青。半食頃，從北頭漸滅至半，須臾還如初見，內赤外青，其色分炳。

十月己酉朔，日從地下蝕出，十五分蝕七，虧從西南角起。占曰「西夷欲殺，後有大兵，必西行」。三年四月丁卯，雍州刺史尒朱天光討擒万俟醜奴、蕭寶寅於安定，送京師斬之。

三年五月戊戌辰時，日暈市，內赤外白，暈內有兩珥；西有白虹貫日，東北有一背，內赤外青；南有一背，內赤外青；東有一抱，內青外赤。京師不見，青州表聞。

六月辛丑,日暈,白虹貫日。

前廢帝普泰元年三月丁亥,日月並赤赭色,天地溷濁。

後廢帝中興二年二月辛丑辰時,日暈,東西不合,其色內赤外青;南北有珥;西北去暈一尺餘有一背,長二丈許,可廣三尺,內赤外青。癸丑午時,日南有珥,去日一尺餘有一背,長三丈許,廣五尺,內赤外青。

六月己亥朔,日蝕從西南角起,雲陰不見,定相二州表聞。占曰「主弱,小人持政」。時尒朱世隆兄弟專擅威福。

出帝太昌元年五月,日暈再重;上有背,長三丈餘,內赤外赤。

十一月,日暈再重;上有背,長三尺,內有兩背,一尺許。

十月辛酉朔,日從地下蝕出,虧從西南角起。丁酉,大破之於赤洪嶺,兆遁走自殺。占曰「有兵大行」。永熙二年正月甲午,齊獻武王自晉陽出討尒朱兆。

永熙二年四月己未朔,日有蝕之,在丙,虧從正南起。占曰「君陰謀」。三年五月辛卯,出帝爲斛斯椿等諸佞關構,猜於齊獻武王,託討蕭衍,盛暑徵發河南諸州之兵,天下怪惡之。語在斛斯椿傳。

三年四月癸丑,日有蝕之。七月丁未,出帝爲斛斯椿等迫脅,

遂出於長安。

孝靜元象元年春正月辛丑朔,日有蝕之。占曰「大臣死」。八月辛卯,司徒公高敖曹戰歿於河陰。六月己丑,日暈一重,有兩珥,上有背,長二丈餘。十一月己巳辰時,日暈,南面不合,東西有珥、背;有白虹,至珥不徹。

二年二月己丑巳時,日暈帀,白虹貫日不徹。

興和二年閏月丁丑朔,日有蝕之。占曰「有小兵」。七月癸巳,元寶炬廣豫二州行臺趙繼宗、南青州刺史崔康寇陽翟,鎮將擊走之。

武定三年冬十一月壬申,日暈兩重,東南角不合;西南、東北有珥;西北有兩重背;東北、西北有白氣,并有兩珥;中間有一白氣,東西擴至珥。

十二月乙酉,竟天微有白雲,日暈,東南角不合;西南、東北有珥;西北有一背,去日一尺。

五年正月己亥朔,日有蝕之,從西南角起。占曰「不有崩喪,必有臣亡,天下改服」。丙午,齊獻武王薨。

三月辛丑,日暈帀,西北交暈貫日,并有一珥一抱。

六年七月庚寅朔,日有蝕之,虧從西北角起。

校勘記

〔一〕高祖延興元年十二月癸卯朔日有蝕之　按是年十二月乙酉朔,癸卯是十九日,不應有日蝕。

〔二〕三年十二月癸卯朔日有蝕之四年正月癸酉朔日有蝕之　按無連續兩月日蝕之理,必有誤。

〔三〕二月乙酉晦日有蝕之　按太和二年二月己卯朔,乙酉乃七日,晦日值丁未。必有誤。

〔四〕延昌二年二月庚辰　諸本「二月」作「正月」。按卷八世宗紀,事在是年二月庚辰。是年正月丙戌朔,無庚辰,二月丙辰朔,庚辰乃二十五日。這裏「正月」乃「二月」之訛。今據紀改。

〔五〕十一月乙酉　按卷九肅宗紀,事在神龜二年十一月乙酉。這裏「十一月」上脫「二年」二字。

〔六〕三年九月己卯　諸本「三年」作「二年」。按卷九肅宗紀,事在孝昌三年九月辛卯,《梁書》卷五《武帝紀三》,在《梁》大通元年卽魏孝昌三年十月。記月不同,當是各據奏報,至元慶和降梁,必在孝昌三年無疑。這裏「二」字乃「三」之訛。今據紀改。是年九月有「己卯」,無「辛卯」,則是紀誤。

魏書卷一百五之二

天象志一之二第二

太祖皇始二年六月庚戌,月掩太白,在端門外。占曰「國受兵」。九月,慕容賀驎率三萬餘人出寇新市。十月,太祖破之於義臺塢,斬首九千餘級。

天興元年十一月丁丑,月犯東上相。

二年五月辛酉,月掩東上相。

八月壬辰,月犯牽牛。占曰「國有憂」。三年二月丁亥,皇子聰薨。

三年三月乙丑,月犯鎮星,在牽牛。辛酉,月犯哭星。

七月己未,月犯鎮星,在牽牛。

四年三月甲子,月生齒。占曰「有賊臣」。五年十一月,秀容胡帥、前平原太守劉曜聚衆為盜,遣騎誅之。

七月丁卯,月犯天關。

十月甲子,月犯東次相。

五年四月辛丑,月掩辰星,在東井。

五月丙申,月犯太微。

七月己亥,月犯歲星,在左角。

十月戊申,月暈左角。時帝討姚興弟平於乾壁,克之。太史令晁崇奏角蟲將死,上慮牛疫,乃命諸軍併重焚車。丙戌,車駕北引。牛大疫,死者十八九,官車所駕巨犗數百,同日斃於路側,首尾相屬。麋鹿亦多死。

乙卯,月犯太微。占曰「貴人憂」。六年七月,鎮西大將軍、司隸校尉、毗陵王順有罪,以王還第。

十二月庚申,月與太白同入羽林。

六年正月,月掩氐西南星。

六月甲辰,月掩北斗魁第四星。

十月乙巳,月犯軒轅第四星。

十一月辛巳,月犯熒惑。

天賜元年二月甲辰,月掩歲星,在角。占曰「天下兵起」。三年四月,蠕蠕寇邊,夜召兵

將,旦,賊走乃罷。

四月甲午,月掩軒轅第四星。占曰「女主惡之」。六年七月,夫人劉氏薨,後諡宣穆皇后。

五月壬申,月掩斗魁第二星。

二年三月壬辰,月掩左執法。

四月己卯,月犯鎮星,在東壁。

七月己未,月掩鎮星。

八月丁巳,月犯斗第一星。占曰「大臣憂」。三年七月,太尉穆崇薨。

十月丁巳,月掩鎮星,在營室。

三年二月己丑,月犯心後星。

四月癸丑,月犯太微西上將。己未,月犯房南第二星。占曰「將相有憂」。四年五月,誅定陵公和跋。

五月癸未,月犯左角。占曰「左將軍死」。六年三月,左將軍、曲陽侯元素延死。

十二月丙午,月掩太白,在危。

四年二月庚申,月掩心後星。

五年五月丁未,月掩斗第二星。占曰「大人憂」。六年十月戊辰,太祖崩。

太宗永興元年二月甲子,月犯昴。占曰「胡不安,天子破匈奴」。二年五月,太宗討蠕蠕

社崙,社崙遁走。

九月壬寅,月犯昴。

閏月丁酉,月犯昴。

二年三月丁卯,月掩房南第二星,又掩斗第五星

五月甲子,月掩斗第五星。己亥,月掩昴。

六月己丑,月犯房南第二星。

七月乙亥,月犯輿鬼。

八月甲申,月犯心前星。

三年六月庚子,月犯歲星,在畢。占曰「有邊兵」。五年四月,上黨民勞聰、士臻羣聚為

盜,殺太守令長,相率外奔。

八月乙未,月犯歲星,在參。

四年春正月壬戌,月行畢,蝕歲星。癸亥,月掩房北第二星。

閏月庚申,月行昴,犯熒惑。

七月，月蝕熒惑。

八月戊申，月犯泣星。

十月辛亥，月掩天關。占曰「有兵」。五年六月，濩澤民劉逸，自號征東將軍，三巴王，署置官屬，攻逼建興郡，元城侯元屈等討平之。

五年三月戊辰，月行參，犯太白。

四月癸卯，月暈翼、軫、角。

七月庚午，月掩鉤鈐。占曰「喉舌臣憂」。五年三月，散騎常侍王洛兒卒。

八月庚申，月犯太白。占曰「憂兵」。神瑞元年二月，赫連屈丐入寇河東，殺掠吏民，三城護軍張昌等要擊走之。

九月己丑，月犯左角。占曰「天下有兵」。神瑞元年十二月，蠕蠕犯塞。

十月乙巳，月犯畢。占曰「貴人有死者」。泰常元年三月，長樂王處文薨。

十一月丙戌，月蝕房第一星。

十二月甲辰，月三暈東井。

神瑞元年正月丁卯，月蝕畢。占曰「貴人有死者」。泰常元年四月庚申，河間王脩薨。

二月戊申，月蝕房第一星。

三月壬申,月蝕左角。

五月壬寅,月犯牽牛南星。

六月丙申,月掩氐。

七月庚辰,月犯天關。

八月丁酉,月蝕牽牛中大星。己酉,月犯西咸。占曰「有陰謀」。神瑞二年三月,河西飢胡屯聚上黨,推白亞栗斯為盟主,號大單于,稱建平元年。四月,詔將軍公孫表等五將討之。

二年三月丁巳,月入畢。占曰「天下兵起」。泰常元年三月,常山民霍季自言名載圖讖,持一黑石,以為天賜玉印,誑惑聚黨,入山為盜,州郡捕斬之。

四月己卯,月犯畢陽星。

七月辛丑,月犯畢。占曰「貴人有死者」。泰常元年十二月,南陽王良薨。

八月壬子,月犯氐。

十月甲子,月暈畢。

十一月,月暈軒轅。戊午,月犯畢陽星。

泰常元年五月甲申,月犯歲星,在角。

六月己巳,月犯畢。占曰「貴人死」。二年十月,豫章王孃薨。

七月,月犯牛。

十月丙戌,月入畢。占曰「有邊兵」。二年二月,司馬德宗譙王司馬文思自江東遣使詣闕上書,[一]請軍討劉裕,太宗詔司徒長孫嵩率諸將邀擊之。

二年五月丙子,月犯軒轅。

八月己酉,月犯牽牛。

十一月癸未,月犯東井南轅西頭第一星。占曰「諸侯貴人死」,一曰「有水」。三年八月,雁門、河內大雨水,復其租稅。五年三月,南陽王意文薨。

三年正月戊申,月犯輿鬼、積尸。己酉,月犯軒轅、爟星。[二]占曰「女主有憂」。五年六月丁卯,貴嬪杜氏薨,後謚密皇后。

四月壬申,月犯鎮星,在張。

五月癸亥,月犯太白於東井。

七月丁巳,月犯東井。

九月丙寅,月犯熒惑,在張、翼。

十一月庚申,月犯太白,在斗。

十二月庚辰,月犯熒惑於太微。

四年正月丙午,月犯太微。

三月壬寅,月犯太微。

五月丙申,月犯太微。占曰「人君憂」。八年十一月,太宗崩。

十二月丁巳,月犯太白,入羽林。

五年十一月辛亥,月蝕熒惑,在六。占曰「韓鄭地大敗」。八年九月,劉義符潁川太守李元德竊入許昌,太宗詔交趾侯周幾擊之,元德遁走。

六年二月己亥,月蝕南斗杓星。

五月丙辰,月暈,在角六。

七年正月丁卯,月犯南斗。占曰「大臣憂」。三月,河南王曜薨。

三月壬戌,月犯南斗。

五月丙午,月犯軒轅。

六月辛巳,月犯房。占曰「將相有憂」。八年六月己亥,太尉、宜都公穆觀薨。

世祖始光元年正月壬午,月犯心中央大星。

二年三月丙子,月犯熒惑,在虛。

十二月丁酉,月犯軒轅。

神䴥三年夏四月壬戌,月犯軒轅。

六月,月犯歲星。

四年十月丙辰,月掩天關。占曰「有兵」。延和元年七月,世祖討馮文通於和龍。

十二月,月犯房、鉤鈐。

延和元年三月,月犯軒轅。

四月,月犯左角。占曰「天下有兵」。二年二月,征西將軍金崖與安定鎮將延普及涇州刺史狄子玉爭權,〔二〕舉兵攻普,不克,退保胡空谷,驅掠平民,據險自固。世祖詔平西將軍、安定鎮將陸俟討獲之。

五月,月犯軒轅,掩南斗第六星。

七月丙午,月蝕左角。

三年二月庚午,月犯畢口而出,月暈昴、五車及參。占曰「貴人死」。五月甲子,陰平王求蔑。

閏月己丑,月入東井,犯太白。七月辛巳,世祖行幸隰城,命諸軍討山胡白龍于西河,克之。

太延元年五月壬子,月犯右執法。占曰「執法有憂」。十月,尚書左僕射安原謀反,伏誅。

十月丙午,月犯右執法。

二年正月庚午,月犯熒惑。

二月,月犯太微東蕃第一星。

三月癸亥,月犯太微右執法,又犯上相。占曰「將相有免者」。眞君二年三月庚戌,新興王俊、略陽王羯兒有罪,並黜爲公。

三年正月,月犯東井。占曰「將相死」。戊子,太尉、北平王長孫嵩薨;乙巳,鎮南大將軍、丹陽王叔孫建薨。

九月丙申,月暈太微。

十一月戊戌,月掩太白。

四年四月己卯,月犯氐。

十一月丁未,月犯東井。占曰「將軍死」。眞君二年九月戊戌,撫軍大將軍、永昌王健薨。

五年六月甲午朔,月見西方。

七月,月掩鎮星。

眞君元年十二月,月犯太微。

二年六月壬子朔,月見西方。

三年三月癸未,月犯太白。占曰「憂兵」。四年正月,征西將軍皮豹子等大破劉義隆將於樂鄉,擒其將王奐之、王長卿等。

五年五月甲辰,月犯心後星。

六年四月,月犯心。占曰「有亡國」。是月,征西大將軍、高涼王那討吐谷渾慕利延於陰平。軍到曼頭城,慕利延驅其部落西渡流沙,那急追之,故西秦王慕璝世子被囊逆軍距戰,那擊破之。慕利延遂西入于闐。

七年八月癸卯,月犯熒惑,又犯軒轅。

八年八月庚午,月犯心大星。

九年正月,月犯歲星。

十一年正月甲子,月入羽林。

正平元年正月,月入羽林。

高宗太安四年正月己未,月入太微,犯西蕃。

三月,月犯五諸侯。

六月癸酉朔,月生西方。

八月,月入南斗。

九月,月犯軒轅。

十二月,月犯氐。

五年正月,月掩軒轅,又掩氐東南星。

六月,月犯心前星。

十二月,月犯左執法。占曰「大臣有憂」。和平二年四月,侍中、征東大將軍、河東王閭毗薨。

和平元年正月丁未,月入南斗。

三月,月掩軒轅。占曰「女主惡之」。四月,保皇太后常氏崩。

六月戊子,月犯心前星。

十一月壬辰,月犯右執法。

二年正月,月犯心後星。

九月,月犯心大星。

三年三月壬寅,月犯心後星。

八月,月犯哭星。

四年四月,月掩軒轅、女御星。

五年二月甲申,月入南斗魁中,犯第三星。

三月庚子,月入輿鬼、積尸。

六年七月,月犯心前星。

九月,月犯軒轅右角。

顯祖天安元年六月甲辰,月犯東井。

十月癸巳,月掩東井。

皇興元年正月丙辰,月犯東井北轅東頭第三星。

八月辛酉,月蝕東井南轅第二星。占曰「有將死」。三年正月,司空、平昌公和其奴薨。

十月癸巳,月在參蝕。

二年四月丙辰,月犯牽牛中星。

三年十二月乙酉,月犯氐。

五年七月辛巳,月犯東井。

高祖延興元年十月庚子,月入畢口。占曰「有赦」。二年正月乙卯,曲赦京師及河西,南至秦涇,西至枹罕,北至涼州及諸鎮。

二年正月壬戌,月犯畢。占曰「天子用法」。九月辛巳,統萬鎮將、河間王閭虎皮坐貪殘賜死。[四]

閏月丙子,月犯東井。占曰「有水」。是年,以州鎮十一水旱,免民田租,開倉賑恤。庚子,月犯東井北轅。[五]

三年八月己未,月犯太微。占曰「將相有免者,期不出三年」。承明元年二月,司空、東郡王陸定國坐事免官爵。

十二月戊午,月蝕氐七星,京師不見,統萬鎮以聞。

四年正月己卯,月犯畢。占曰「貴人死」。五年十二月,城陽王長壽薨。

二月癸丑,月犯軒轅。甲寅,月犯歲星。占曰「饑」。太和元年正月,雲中饑,詔開倉賑恤。

九月乙卯,月犯右執法。占曰「大臣有憂」。承明元年六月,大司馬、大將軍、安成王萬安國坐矯詔殺部長奚買奴於苑中,[六]賜死。

五年三月甲戌,月掩鎮星。

八月乙亥,月掩畢。占曰「有邊兵」。太和元年正月,秦州略陽民王元壽聚衆五千餘家,自號爲衝天王。二月,詔秦益二州刺史武都公尉洛侯討破元壽,獲其妻子送京師。

十一月癸卯,月入軒轅中,蝕第三星。

承明元年四月甲戌,月蝕尾。

太和元年二月壬戌,月在井,暈參、南北河、五車二星、三柱、熒惑。

三月甲午,月犯太微。

戊辰,月蝕尾,下入濁氣不見。

五月丁亥,月犯軒轅大星。丙午,月入太微。

八月庚申,月入南斗,犯第三星。戊寅,月入太微,犯屏南星。

十月乙丑,月蝕昴,京師不見,雍州以聞。占曰「貴臣誅」。是月,誅徐州刺史李訢。

十二月癸卯,月犯南斗。

二年六月庚辰,月犯太微東蕃南頭第一星,京師不見,定州以聞。甲申,月犯房,又犯太微。

八月壬午,月入南斗。占曰「大臣誅」。十二月,誅南郡王李惠。

九月庚申,陰雲開合,月在昴蝕。

十月戊戌,月入南斗口中。占曰「大臣誅」。三年四月,雍州刺史、宜都王目辰有罪賜死。

十一月甲子,月犯鎮星。

十二月戊戌,月入南斗口中。

三年正月壬子,月暈觜、參兩肩、五車五星、畢、東井。占曰「有赦」。十月,大赦天下。

二月庚寅,月犯心。

三月庚戌,月入南斗口中。占曰「大臣誅」。九月,定州刺史、安樂王長樂有罪,徵詣京師,賜死。乙卯,月入南斗口中。

七月癸未,月犯心。[7]

十月,月犯心。

十二月丙戌,月犯太微左執法。占曰「大臣有憂」。四年正月,襄城王韓頹有罪,削爵徙邊。

四年正月丁未,月在畢,暈參兩肩、五車、東井。丁巳,月犯心。占曰「人伐其主」。五年二月己卯,月犯軒轅北第二星。辛巳,月犯太微左執法。占曰「大臣有憂」。閏月,頓丘王李鍾葵有罪賜死。壬午,月蝕。乙酉,月掩熒惑。

二月,沙門法秀謀反,伏誅。戊午,月又犯心。

五年二月癸卯,月犯太微西蕃南頭第一星。

二月甲辰,月在翼,暈東南,不帀;須臾西北有偏白暈,侵五車二星、東井、北河、北河、〔八〕輿鬼、柳、北斗、紫微宮、攝提、翼星。戊戌,月犯心,京師不見,濟州以聞。

七月戊寅,月犯昴。占曰「有白衣之會」。六年正月,任城王雲薨。〔九〕

六年正月癸亥,月在畢,暈參兩肩、五車三星、胃、昴、畢,京師不見,營州以聞。己巳,月在張,犯軒轅大星。辛未,月蝕。

五月戊申,月入南斗口中。戊寅,月蝕。

七月丁卯,月蝕。

十一月辛亥朔,月寅見東方,京師不見,平州以聞。

七年五月辛卯,月犯南斗。

八年正月辛巳,月在畢,暈東井、歲星、觜、參兩肩、五車。

三月己丑,月犯心。

四月丁亥,月蝕斗。癸亥,月犯昴,相州以聞。占曰「有白衣之會」。十一月五月,南平王渾薨。

五月丁亥,月在斗,蝕盡。占曰「饑」。十二月,詔以州鎮十五水旱民饑,遣使者循行,問

所疾苦,開倉賑恤。

九年正月丁丑,月在參,暈觜、參兩肩、東井、北河、五車三星。占曰「水」。是年,冀定數州水,民有賣男女者。戊申,月犯東井。占曰「貴人死」,一曰「有水」。十月,侍中、司徒、魏郡王陳建薨。是年,京師及州鎮十二水旱傷稼。

十一年十一月辛亥,月蝕。

十年十一月辛亥,月蝕。

十一年正月丙午,月犯房鈎鈐。

二月癸亥,月犯東井。

三月丙申,月三暈太微。庚子,月蝕氐。占曰「糴貴」。是年,年穀不登,聽民出關就食,開倉賑恤。

六月乙丑,月犯斗。丙寅,月犯建星。

七月丁未,月入東井。

八月己巳,月蝕胃。占曰「有兵」。是月,蠕蠕犯塞,遣平原王陸叡討之。

九月戊戌,陰雲離合,月在胃蝕。

十一月乙巳,月入氐。

十二月戊午,月及熒惑合於東壁。甲子,月入東井,犯天關。

十二年正月戊戌,月犯左角。

二月壬戌,月暈太微。丁卯,月犯氐。

四月癸丑,月犯東井。占曰「將死」。九月,司徒、淮南王他薨。壬戌,月犯氐,與歲星同在氐。癸亥,月犯房。

六月丁巳,月入氐,犯歲星。

七月乙酉,月犯房。庚寅,月犯牽牛。庚子,月犯畢。

九月,月蝕盡。

十一月己未,月犯東井。丙寅,月犯左角。占曰「天下有兵」。十三年正月,蕭賾遣衆寇邊,淮陽太守王僧儁擊走之。

十二月甲申,月犯畢。乙未,月犯氐。丙申,月犯房。

十三年正月甲寅,月入東井。壬戌,月掩牽牛。

二月己丑,月在角,十五分蝕七。

三月庚申,月犯歲星。

四月丙戌,月犯房。

六月乙酉,月掩牽牛。乙未,月犯畢。占曰「貴人死」。十二月,司空、河東王苟頹薨。

七月丁未,月入氐。戊申,月犯楗閉。

八月丙戌,天有微雲,月在未蝕。占曰「有兵」。十四年四月,地豆于頻犯塞,詔征西大將軍、陽平王頤擊走之。

九月丁巳,月掩畢。庚申,月入東井。

十月己卯,月掩熒惑,又掩畢。丁酉,月犯楗閉。

十二月壬午,月入東井。

十四年二月甲戌,月犯畢。

六月甲戌,月犯亢。

八月乙亥,月犯牽牛。辛卯,月犯軒轅。占曰「女主當之」。九月,文明皇太后馮氏崩。

十月壬午,月入東井。戊子,月犯太微。

十一月戊戌,月犯太微右執法。乙卯,月犯太微右執法。

十二月庚辰,月犯軒轅。癸未,月掩太微左執法。

十五年正月己酉,月在張蝕。

三月丙申,月掩畢。占曰「有邊兵」。十六年八月,詔陽平王頤、左僕射陸叡督十二將、七萬騎,北討蠕蠕。

四月庚午,月犯軒轅。癸酉,月犯太微東蕃上將。占曰「大臣有憂」。六月,濟陰王鬱以貪殘賜死。癸未,月犯歲星。

五月庚子,月掩太微左執法。占曰「大臣憂」。十七年二月,南平王霄薨。丁未,月掩建星。

七月乙未,月犯太微東蕃。辛丑,月掩建星。癸卯,月犯牽牛。

九月乙丑,月犯牽牛。占曰「大臣有憂」。十七年,蕭賾死。大臣疑當作吳越。

十月甲午,月犯鎮星。戊申,月犯軒轅。

十一月乙巳,月犯畢。辛未,月入東井。

十二月辛卯,月蝕,盡。

十六年二月甲辰,月入氐。

三月己卯,月入羽林。

四月壬辰,月入太微。丙午,月入羽林。

五月壬子,月掩南斗第六星。甲戌,月入羽林。六月戊子,月犯熒惑。丁未,月入畢。占曰「有邊兵」。十九年五月,廣川王諧薨。己丑,月入太微。丁酉,月掩建星。占曰「貴人死」。十九年正月,平南將軍王肅頻破蕭鸞軍於義陽,降者萬餘。

七月甲戌,月入畢。丁丑,月犯軒轅。

八月壬辰,月犯建星。壬寅,月犯畢。甲辰,月入東井。戊申,月犯軒轅。占曰「女主當之」。二十年七月,廢皇后馮氏。[10]辛亥,月入太微,犯右執法。

九月癸亥,月掩鎮星。

十月辛卯,月入羽林。癸亥,月入東井。

十一月甲子,月犯畢。壬申,月入太微。丁丑,月入氐。

十二月丁酉,月在柳蝕。占曰「國有大事,兵起」。十七年八月己丑,車駕發京師南伐,步騎三十餘萬。

十七年正月己丑,月犯軒轅。壬申,月犯氐。

三月甲午,月入太微。壬寅,月掩南斗第六星。

四月癸丑,月入太微。占曰「大臣死」。十九年二月辛酉,司徒馮誕薨。壬寅,月入

羽林。

五月甲子,月犯南斗第六星。乙丑,月掩建星。

六月甲午,月在女蝕。

七月壬子,月入太微。占曰「有反臣」。二十年二月,恆州刺史穆泰謀反,伏誅,多所連及。[二]丙辰,月入氐。癸未,月犯南斗第六星。庚申,月犯建星。

八月庚寅,月犯哭星。辛卯,月入羽林。丁酉,月入畢。占曰「兵起」。十九年二月,車駕南伐鍾離。辛丑,月犯輿鬼。乙巳,月入太微,犯屏星。

十月壬午,月犯建星。甲午,月入東井。

十一月壬子,月犯哭星。辛酉,月犯東井前星。丁卯,月入太微。占曰「大臣死,有反臣」。[三]壬申,月入氐。

十二月辛巳,月入羽林。乙未,月入太微。己亥,月入氐。

二十一年四月,大將軍、宋王劉昶薨,廣州刺史薛法護南叛。

十八年二月甲午,月入氐。

四月庚申,月在斗蝕。

六月丁卯,月入東井。

十九年三月己卯,月犯軒轅。占曰「女主當之」。二十一年十月,追廢貞皇后林氏爲

庶人。

二十年七月辛巳,月掩鎮星。

十月丙午,月在畢蝕。

二十一年三月丁酉,月犯屏星。

四月庚午,月掩房星。

六月丁卯,月掩斗魁。

十二月乙亥,月掩心。

二十二年正月丙申,月掩軒轅。占曰「女主當之」。二十三年,詔賜皇后馮氏死。

二月乙丑,月與歲星、熒惑合於右掖門內。丁卯,月在角蝕。占曰「天子憂」。二十三年四月,高祖崩。

七月乙酉,月掩心。

九月庚申,月蝕昴。

二十三年二月壬戌,月在軫蝕。

六月癸未,月掩房南頭第二星。甲申,月掩箕北頭第一星。

八月,月在壁,蝕子巳上。

十一月癸丑,月在畢,暈昴、觜、參、五車。

十二月己卯,月掩昴。辛巳,月掩五車。

世宗景明元年正月丙辰,月在翼蝕,十五分蝕三。

十二月癸未,月暈太微,既而有白氣長一匹,廣二尺許,南至七星。俄而月復暈北斗大角。

丁亥,月暈角、亢、房。

二年正月甲辰,月暈井、觜、參兩肩、昴、五車。占曰「貴人死,大赦」。二月甲戌,大赦天下。

五月壬子,廣陵王羽薨。

二月丙子,月掩軒轅大星。占曰「女主憂」。正始四年十月,皇后于氏崩。癸未,月掩房南頭第二星。丙戌,月入南斗距星南三尺。占曰「吳越有憂」。十二月,蕭寶卷直後張齊玉殺寶卷。[二]

五月丙午,月掩心第三星。戊申,月掩斗魁第三星。

七月辛亥,月暈婁,內青外黃,櫟昴、畢、天船、大陵、卷舌、奎、婁。

三年正月甲寅,月入斗,去魁第二星四寸許。占曰「吳越有憂」。四月,蕭衍又廢其主寶融。

四月癸酉,月乘房南頭第二星。己亥,月暈,在角、亢、氐、房、心。

六月戊戌,月掩南斗第二星。

八月壬寅,月暈,外青內黃,轢昴、畢、婁、胃、五車。占曰「貴人死」。乙卯,三老元丕薨。[一四]己酉,月犯軒轅。

十一月己巳,月蝕井,盡。

十二月壬辰,月掩昴。占曰「有白衣之會」。正始二年四月,城陽王鸞薨。乙未,月暈參、井、鎮星。占曰「兵起」。四年,氐反,行梁州事楊椿、左將軍羊祉大破之。[一五]丙申,月掩鎮星,又暈。

四年正月庚申,月暈胃、昴、參、五車。

二月辛亥,月掩太白。

三月辛酉,月暈軒轅、太微西垣帝坐。

四月丙申,月掩心大星。

五月丁卯,月在斗,從地下蝕出,十五分蝕十二。占曰「饑」。正始四年八月,敦煌民饑,開倉賑恤。

六月癸卯,月犯昴。占曰「有白衣之會」。永平元年三月,皇子昌薨。丁未,月掩太白。

七月戊午,月犯房大星。壬申,月犯昴、畢、觜、參、東井、五車五星。占曰「旱,有大赦」。

正始元年正月丙寅，大赦，改年。六月，詔以旱，徹樂減膳。
十二月丁亥，月暈昴、畢、婁、胃。己未，月暈太微帝坐、軒轅。庚子，月暈房、心、六、氐。占曰「有軍，大戰」。正始元年，荊州刺史楊大眼大破羣蠻樊秀安等。
正始元年正月乙卯，月暈胃、昴、畢、五車二星。丁巳，月暈婁、胃、昴、畢。戊戌，月暈五車三星、東井、南河、北河、輿鬼、鎮星。[一六]
二月甲申，月暈昴、畢、參左肩、五車。
十一月丙子，月暈；月在昴，十五分蝕十。占曰「饑」。四年九月，司州民饑，開倉賑恤。
二年九月癸未，月在昴，十五分蝕十。東有白虹，長二丈許，西有白虹，長一匹；北有虹，長一丈餘，外赤內青黃，虹北有背，外赤內青黃。
三年正月辛巳，月暈太微帝坐、軒轅左角、貢疑星。
三月庚辰，月在氐，蝕盡。
十月甲寅，月犯太白。
永平元年五月丁未，月犯畢。占曰「貴人有死者」。九月，殺太師、彭城王勰。
六月己巳，月掩畢。
十一月癸酉，月犯左執法。占曰「大臣有憂」。四年三月壬戌，廣陽王嘉薨。

二年正月甲午,月在翼,十五分蝕十二。

十一月丙戌,月掩畢大星。

三年正月戊子,月在張蝕。

閏月乙酉,月在危蝕。

十一月壬寅,月犯太白。

十二月壬午,月在張蝕。

四年四月癸酉,月暈太微、軒轅。占曰「小赦」。延昌二年八月,諸犯罪者恕死,從流已下減降。[一七]辛卯,月犯太白於胃。

八月癸丑,月掩輿鬼。丁巳,月入太微。占曰「大臣死」。延昌元年三月己未,尚書左僕射、安樂王詮薨。辛酉,月犯太白。

十月壬午,月失行黃道北,犯軒轅大星。甲申,月入太微。

十一月乙巳,月犯畢。占曰「爲邊兵」。十一月戊申,詔李崇、奚康生治兵壽春,以討朐山之寇。

延昌元年二月庚午,月暈東井、輿鬼、軒轅大星。

三月辛丑,月在翼暈,須臾之間,再成再散。壬寅,月犯太微。乙巳,月暈角、亢、房、

心、鎮、歲。九月丁卯,月及熒惑俱在七星。

十月癸酉,月暈東井、五車、畢、參。占曰「大旱」。二年四月庚子,出絹十五萬匹,賑恤河南饑民。五月,壽春水。

十二月戊戌,月犯熒惑於太微。[八]占曰「君死,不出三年」。四年正月,世宗崩。

二年正月庚子,月暈,暈東有連環,轢亢、房、鎮、織女、天棓、紫宮、北斗。

二月己巳,月暈熒惑、軒轅、太微帝座。

四月丙申,月掩鎮星。己亥,月在箕,從地下蝕出,還生三分,漸漸而滿。占曰「饑」。三年四月,青州民饑,開倉賑恤。

六月乙巳,月犯畢左股。占曰「爲邊兵」。三年六月,南荆州刺史桓叔興破蕭衍軍於九江。[九]

七月戊午,月掩鎮星。

十月丙申,月在參,蝕盡。占曰「軍起」。三年十一月,詔司徒高肇爲大將軍,率步騎十五萬伐蜀。

三年二月乙酉,月暈畢、昴、太白、東井、五車。

四月癸巳,月在尾,從地下蝕出,十五分蝕十四。占曰「旱,饑」。熙平元年四月,瀛州民

饑,開倉賑恤。

九月丁卯,月犯太微屏星。

十月壬寅,月犯房第二星。

十二月丙午,月掩熒惑。

四年五月庚戌,月犯太微。占曰「貴人憂」。九月,安定王燮薨。

九月乙丑,月犯太微。

十月癸巳,月入太微。占曰「大臣死」。熙平二年二月,太保、領司徒、廣平王懷薨。

閏月戊午,月犯軒轅。占曰「女主憂之」。神龜元年九月,皇太后高尼崩于瑤光寺。

肅宗熙平元年八月己酉,月在奎,十五分蝕八。占曰「有兵」。神龜元年三月,南秦州氐反,遣龍驤將軍崔襲持節喻之。

十二月戊戌,月犯歲星。甲辰,月暈東井、觜、參、五車。占曰「大旱」,一曰「水」。二年十月庚寅,幽、冀、滄、瀛四州大饑,開倉賑恤。

二年二月丁未,月在軫蝕。

四月癸卯,月犯房。

八月癸卯,月在婁,蝕盡。

九月癸酉，月犯畢。占曰「貴人有死者」。神龜元年四月丁酉，司徒胡國珍薨。

十月癸卯，月暈昴、畢、觜、參、五車四星。甲辰，月暈畢右股、觜、參、五車三星、東井。

占曰「天下饑，大赦」。神龜元年正月，幽州大饑，死者甚眾，開倉賑恤；又大赦天下。

十一月戊戌，月暈觜、參、東井。

神龜二年二月丙辰，月在參，暈井、觜、參右肩、歲星、五車四星。壬子，月犯心小星。占曰「有相死」。十二月，司徒、尚書令任城王澄薨。

八月辛未，月犯軒轅。

十二月庚申，月在柳，十五分蝕十。

正光元年正月戊子，月犯軒轅大星。占曰「女主有憂」。七月丙子，元叉幽靈太后於北宮。

十二月甲寅，月蝕。占曰「兵外起」。二年正月，南秦州氐反。二月，詔光祿大夫邴虬討之。

二年五月丁未，月蝕。占曰「旱，饑」。三年六月，帝以炎旱，減膳撤懸。

七月乙卯，月在昴北三寸。

九月庚戌，月暈胃、昴、畢、五車二星。辛亥，月暈昴、畢、觜、參兩肩、五車五星。占曰

「有赦」。三年十一月丙午,大赦天下。

十月辛卯,月掩心大星。

十一月己酉,月在井蝕。乙卯,月犯昴。

三年正月甲寅,月掩心距星。

二月丁卯,月掩太白,京師不見,涼州以聞。甲戌,月在張,暈軒轅、太微右執法、歲星光蕚。

四月丁丑,月掩心距星。

九月丙午,月在畢,暈昴、畢、觜、參兩肩、五車四星。

四年正月戊戌,月在井,暈東井、南河,轢觜、參右肩一星、五車一星。

七月乙巳,月在胃,暈婁、胃、昴、畢、觜。占曰「貴人死」。四年十一月丁酉,太保崔光薨。

八月乙亥,月在畢,掩熒惑。

五年二月庚寅,月在參,暈畢、觜、參兩肩、東井、熒惑、五車一星。占曰「兵起」。六月,秦州城人莫折大提據城反,自稱秦王,詔雍州刺史元志討之。孝昌三年正月己丑,詔閏月壬辰,月在張,暈軒轅、太微西蕃。占曰「天子發軍自衛」。內外戒嚴,將親出討。癸巳,月在翼,暈太微、張、翼。占曰「士卒多逃走」,一曰「士卒大聚」。

十月,營州城人劉安定、就德興反,執刺史李仲遵。其部下王惡兒斬安定以降,德興東走,自号燕王。

八月丙申,月在昴,暈胃、昴、五車二星、畢、觜、參一肩。

十二月癸未,月在婁,暈奎、婁、胃、昴。

孝昌元年九月丁巳,月蝕。

十月丙戌,月在畢,暈昴、畢、觜兩肩、五車二星。

二年八月甲申,月在胃,掩鎮星。

閏月癸酉,月掩鎮星。

三年正月戊辰,月犯鎮星於婁,相去七寸許,光芒相及。占曰「國破,期不出三年」,一曰「天下有大喪」。武泰元年二月癸丑,肅宗崩;四月庚子,尒朱榮害靈太后及幼主,又害王公已下。癸酉,月在井,暈觜、參兩肩、南北河、五車兩星。占曰「有赦」。七月己丑,大赦天下。

武泰元年三月庚申,月掩畢大星。庚午,月在軫,暈太微、角。

莊帝建義元年七月丙子,月在畢,掩大星。

永安元年十一月丙寅,月在畢大星東北五寸許,光芒相掩。

十二月辛卯,月在婁,暈奎、歲星、胃、昴。癸巳,月掩畢大星。

二年三月乙卯,月入畢口。占曰「大兵起」。壬戌,詔大將軍、上黨王天穆與齊獻武王討邢杲。

四月己丑,月在翼,入太微,在屏星西南,相去一尺五寸,須臾下沒。辛卯,月在軫,暈太微、軫、角。乙丑,月在危。

八月乙丑,月在畢左股第二星北,相去二寸許,光芒相掩,須臾入畢。占曰「兵起」。三年正月辛丑,東徐州城民呂文欣等反,殺刺史,行臺樊子鵠討之。

十月辛亥,月在畢,暈畢、昴、鎮星、觜、參、井、五車四星。占曰「兵起,大赦」。三年三月,万俟醜奴遣其大行臺尉遲菩薩寇岐州,大都督賀拔岳、可朱渾道元大破之。四月,大赦天下。甲子,月在參蝕。

十二月丙辰,月掩畢右股大星。乙丑,月、熒惑同在軫。丁巳,月在畢,暈昴、畢及鎮星、觜、參、伐、五車四星。占曰「大赦」。三年九月,大赦天下。癸亥,月在翼,暈軒轅、翼、太微。占曰「有赦」。三年十月戊申,皇子生,大赦天下。乙丑,月在軫,掩熒惑。辛卯,月行太微中,暈太微、熒惑。壬辰,月在軫,

三年正月己丑,月入太微,襲熒惑。掩熒惑。

四月戊午,月暈太微。

五月甲申望前,月蝕於午。洪範傳曰:「天子微弱,大法失中,不能立功成事,則月蝕望前。」時尒朱榮等擅朝也。

六月乙巳,月在畢大星北三寸許,光芒相掩。

八月庚申,月入畢口,犯左股大星。辛丑,月入軒轅后星北,夫人南,直東過太白,犯次妃。占曰「人君死」,又爲「兵起」。十二月,尒朱兆入洛,執帝,殺皇子,亂兵汙辱後宮,殺司徒公、臨淮王彧。

九月庚寅,月在參,暈昴、觜、參、井、歲鎮二星、五車三星。

十月辛亥,月暈東壁。

十一月辛丑,月在太白北,中不容指。

前廢帝普泰元年正月己丑,月在角,暈軫、角、亢,亦連環暈接北斗柄三星、大角、織女。

五月甲申,月蝕盡。己未,月犯畢右股第一星,相去三寸許,光芒相及,又入畢口。

十月癸丑,月暈昴、觜、參、東井、五車三星。占曰「有赦」。是月,齊獻武王推立後廢帝,大赦天下。

後廢帝中興元年十一月甲申,月暈。

二年四月戊寅,月在箕蝕。

出帝太昌元年六月癸未,月戴珥。

九月甲寅,月入太微,犯屏星。

十月丙子,月在參蝕。

永熙二年十一月乙丑,月在畢,暈昴、畢、觜、參兩肩、五車五星。

三年三月戊戌,月在亢蝕。

八月庚午,月在畢,暈昴、畢、觜、參、五車四星。

孝靜天平元年十二月庚申,月在畢,暈昴、畢、觜、參兩肩、五車五星。

閏月庚子,月掩心中央星。

二年三月,月暈北斗第二星。占曰「羅貴兵聚」。是月,齊獻武王討山胡劉蠡升,斬之。

三年、幷、肆、汾、建諸州霜儉。壬申,月在婁,太白在月南一寸許,至明漸漸相離。

八月己卯,月在心,去心中央大星西廂七寸許。

十一月戊辰,月在心,掩前小星。

三年春正月丁卯,月掩軒轅大星。

二月丁亥,月蝕。

八月癸未,月蝕。

十月丁丑,月在熒惑北,相去五寸許。

四年二月壬申,月掩五車東南星。庚辰,月連環暈北斗。

八月癸未,月掩五車東南星。

元象元年三月丁卯,月掩軒轅大星。

六月癸卯,月蝕。

十月己亥,陰雲班駁,月在昴,暈胃、昴、畢。占曰「大赦」。興和元年五月,大赦天下。

丁未,月在翼,暈太微、軒轅、左角、軫二星。

十一月庚午,月在井,暈五車一星及東井、南北河。占曰「有赦」。興和元年十一月,大赦,改年。

興和元年八月辛丑,月在畢,暈畢、觜、參兩肩、五車。

九月丁巳,月在斗,犯魁第三星,相去三寸許,光芒相及。丁卯,月掩昴。

十二月甲午,月蝕。

二年八月己酉,月犯心中央大星。

三年春正月辛巳,月在畢,暈東井、參兩肩、畢,西轢昴、五車五星。占曰「大赦」。武定

元年正月,大赦,改元。

四月壬辰,月蝕。

八月丁巳,月在胃,暈畢、昴、歲星、婁、胃、五車一星。

四年十一月壬午,月在七星,暈熒惑、軒轅、太微帝坐。

十二月壬寅,月在昴,暈昴、畢、五車兩星。

武定元年三月丙午,月蝕。

四年正月己未,月蝕軫。

六月癸巳,月入畢中。

九月癸亥,月在翼,暈軒轅、太微帝坐、熒惑。占曰「兵起」。是月,北徐州山賊鄭士定自號郎中,偷陷州城,儀同斛律平討平之。

五年正月乙巳,月犯畢大星、昴、東井、觜、參、五車三星。占曰「大赦」。五月丁酉朔,大赦天下。庚辰,月在張,暈軒轅大星、太微天庭。

七年九月戊午,月在斗,掩歲星。占曰「吳越有憂」。是歲,侯景破建業,吳人餓死及流亡者不可勝數。

冀定二州,因入朝,以今春亢旱,請蠲縣租,賑窮乏,死罪已下一皆原宥。武定二年三月,齊獻武王歷

十一月丁卯,月蝕。

校勘記

〔一〕二年二月司馬德宗譙王司馬文思自江東遣使詣闕上書 按此「二年」承上文是泰常二年四一七。據卷三七司馬休之傳,休之於「神瑞中」四一四—四一六已出奔襄陽,隨即與其子文思出奔後秦姚興。《宋書》卷二武帝紀中,劉裕攻司馬休之,休之自江陵奔襄陽在義熙十一年四一五三月,奔姚興在四月,豈有於泰常二年其子文思尚在「江東」之理。這裏當是誤以神瑞二年爲泰常二年。

〔二〕三年正月戊申月犯輿鬼積尸己酉月犯軒轅爐星 諸本「三年」作「二年」。按前已記二年,不應重出。《天象志》三泰常三年條稱「是歲正月己酉,月犯軒轅」。知「二」字乃「三」之訛,今據改。

〔三〕征西將軍金崖與安定鎮將延普及涇州刺史狄子玉爭權 諸本「爭」作「爲」。殿本考證據卷四上世祖紀上延和二年二月庚午記此事,以爲「此『爲』字乃『爭』字之訛」。按《志》三也作「爭」,今據改。

〔四〕九月辛巳統萬鎮將河間王閭虎皮坐貪殘賜死 按卷七上高祖紀上記閭虎皮之死在延興二年九月戊申。是年九月庚辰朔,辛巳是二日,戊申是二十八日。紀於此條前即記「辛巳,車駕還宮」。這裏當是誤以紀文前條的日干當閭虎皮「賜死」這天的日干。

〔五〕庚子月犯東井北轅　按延興二年閏六月壬子朔，無庚子，當有訛字。

〔六〕安成王萬安國坐矯詔殺部長奚買奴於苑中　按卷七上高祖紀上承明元年六月、卷二九奚斤傳附見買奴、卷三四萬安國傳補都作「神部長奚買奴」，這裏「部長」上當脫「神」字。

〔七〕七月癸未月犯心　志三在太和三年七月丁未。按志三記月變大抵即採自志二。是年七月辛丑朔，丁未是七日，無癸未。這裏「癸未」當是「丁未」之訛。

〔八〕東井北河　殿本考證云：「兩『北河』字，其一必『軒轅』之訛也，或重出。」按志三太和五年條下注作「東井、軒轅、北河」，疑上「北河」字本當作「軒轅」，涉下「北河」而訛。

〔九〕六年正月任城王雲薨　按卷七上高祖紀上，雲死在五年四月，卷一九中雲本傳也說他死於太和五年。這裏記年月皆誤。

〔一〇〕二十年七月廢皇后馮氏　諸本「七月」作「十月」。按卷七下高祖紀下，事在是年七月。天象志四太和十八年條也在「七月」。這裏「十」字乃「七」之訛，今據改。

〔一一〕二十年二月恒州刺史穆泰謀反伏誅多所連及　按卷七下高祖紀下，太和二十年十二月戊辰記「恒州刺史穆泰等在州謀反」。二十一年二月癸酉，記元宏「至平城」，穆泰等定罪實在此時。這裏「二十年」當作「二十一年」，脫「一」字。

〔一二〕二十一年四月大將軍宋王劉昶薨廣州刺史薛法護南叛　諸本「二十一年」作「二十七年」。按太

〔三〕蕭寶卷直後張齊殺寶卷 按卷八世宗紀景明二年十二月、卷九八蕭道成傳記此事作「張齊」，無「玉」字，南齊書卷七東昏侯紀，通鑑卷一四四五〇七頁都作「張齊」。這裏當衍「玉」字。

〔四〕乙卯三老元丕薨 按上不記年月，承上文乃景明三年八月，據卷八世宗紀元丕死在四年七月乙卯，這裏「乙卯」上當脫「四年七月」。

〔五〕左將軍羊祉大破之 諸本「祉」訛「社」，殿本考證據卷八世宗紀景明四年正月乙亥條以爲「社」字乃「祉」字之訛。按事亦見卷八九羊祉傳補，今改正。

〔六〕戊戌月暈五車三星東井南河北河輿鬼鎮星 按志四正始三年條注在元年正月戊午。按是年正月戊申朔，戊午是十一日，無戊戌，這裏「戊戌」當是「戊午」之訛。

〔七〕諸犯罪者恕死從流已下減降 按卷八世宗紀延昌二年八月辛卯詔稱：「其殺人、掠賣人中略依法行決，自餘恕死，徒流已下，各準減降。」這裏概括爲「諸犯罪者恕死」，旣與詔書不符，「從」字也當是「徒」之訛。

〔八〕十二月戊戌月犯熒惑於太微 志四「戊戌」作「甲戌」。按延昌元年十二月丁巳朔，甲戌是十八

〔一八〕三年六月南荊州刺史桓叔興破蕭衍軍於九江 諸本「三」作「二」,「桓叔興」作「栢叔興」。按卷八世宗紀延昌三年六月記此事,作「桓叔興」。「桓叔興」又見卷一〇一蠻傳,梁書卷三武帝紀三普通二年七月。這裏「二」字和「栢」「興」字皆訛,今改正。

〔一九〕日,無「戊戌」,這裏「戊戌」當是「甲戌」之訛。

魏書卷一百五之三〔一〕

天象志一之三第三

太祖皇始元年夏六月,有星彗于髦頭。彗所以去穢布新也,皇天以黜無道,建有德,故或憑之以昌,或由之以亡。是秋,太祖啓冀方之地,實始芟夷滌除之,有德教之音,人倫之象焉。終以錫類長代,修復中朝之舊物,故將建元立號,而天街彗之,蓋其祥也。先是,有大黃星出于昴、畢之分,五十餘日。慕容氏太史丞王先曰:「當有真人起於燕代之間,大兵鏘鏘,其鋒不可當。」冬十一月,黃星又見,天下莫敵。是歲六月,木犯哭星。木,人君也,君有哭泣之事。是月,太后賀氏崩。至

二年六月庚戌,月奄金于端門之外。戰祥也,變及南宮,是謂朝庭有兵。時燕王慕容寶已走和龍,秋九月,其弟賀麟復糾合三萬衆,寇新市,上自擊之,大敗燕師于義臺,悉定河北。而晉桓玄等連衡內侮,其朝庭日夕戒嚴。是歲正月,火犯哭星。占有死喪哭泣事。秋八月,又守井、鉞。秋,晉帝殂。

占曰「大臣誅」。十月，襄城王題薨。明年正月，右軍將軍尹國於冀州謀反，被誅。

天興元年八月戊辰，木晝見胃。胃，趙代墟也。[三]天之事。歲爲有國之君，晝見者並明而干陽也。天象若曰：且有負海君，實能自濟其德而行帝王事。是月，始正封畿，定權量，肆禮樂，頒官秩。十二月，羣臣上尊號，正元日，遂禋上帝于南郊。由是魏爲北帝，而晉氏爲南帝。

元年十月至二年五月，月再掩東蕃上相。[三]相所以蕃輔王室而定君臣位。天象若曰今下凌上替而莫之或振，將焉用之哉？且曰：中坐成刑，貴人奪勢。是歲，辰星犯軒轅大星。占曰「女主當之」。三年三月至七月，月再犯鎮星于牽牛，又犯哭星。爲兵喪、女憂。或曰月爲強大之臣，鎮，所以正綱紀也。是爲強臣有干犯者，在吳越。既而晉太后李氏殂，桓玄擅命江南，仍有艱故云。

三年三月，有星孛于奎，歷閣道，至紫微西蕃，入北斗魁，犯太陽守，循下台，輔南宮，履帝坐，遂由端門以出。奎是封豨，剡氣所由生也。又殷徐州之次，桓玄國焉，劉裕興焉。天象曰：君德之不建，人之無援，且有權其列蕃，盜其名器之守而荐食之者矣，又將由其天步，席其帝庭，而出號施令焉。至四年二月甲寅，有大流星衆多西行，歷牛、虛、危、絕漢津，貫太微、紫微。虛、危主靜人，牽牛主農政，皆負海之陽國也。天象若曰：黎元喪其所食，失

其所係命,卒至流亡矣;上不能恤,又將播遷以從之。其後晉人有孫恩之難,而桓玄踵之,三,吳連兵荐饑,西奔死亡者萬計,竟篡晉主而流之尋陽,既又劫之以奔江陵。是歲三月甲子,月生齒。占曰「有賊臣」。七月丁卯,月犯天關。關,所以制畿封國也,月犯之,是爲兵起于郊甸。十月甲子,月又犯東蕃上相。占同二年。既而桓玄戮金陵,殺司馬元顯、太傅道子。是歲秀容胡帥亦聚衆反[三]伏誅。

五年四月辛丑,月掩辰星,在東井。月爲陰國之兵,辰象戰鬭。戰不勝,「亡地,家臣死」。冬十月,帝伐秦師于蒙坑,大敗之,遂舉乾壁,關中大震。其上將姚平赴水死。

是月戊申,月暈左角。太史令晁崇奏:「角蟲將死。」上慮牛疫,乃命諸將併重焚車。丙戌,車駕北引。牛大疫,死者十有八九,官車所御巨犗數百,同日斃於路側,麋鹿亦多死者。

五年三月戊子,太白犯五諸侯,晝見經天;九月己未,又犯進賢。[四]太白爲彊侯之誡,犯五諸侯,所以興霸形也。是時桓玄擅征伐之柄,專殺諸侯,以弱其本朝,卒以干君之明而代奪之。故皇天著誡焉,若曰:夫進賢興功,大司馬之官守也;而今殘之,君於何有焉。是冬十月,客星白若粉絮,出自南宮之西,十二月入太微,亂氣所由也。以距乏之氣而乘粹陽之天庭,適足以驅除焉爾。明年,竟篡晉室,得諸侯而不終。是歲五月丙申,月犯太微;十月乙卯,又犯之。月者太陰,臣象也,太微正陽之庭,不當橫行其中,是謂朝庭間隙,强臣不制,亦桓玄之誡也。又占曰「貴人有坐之者」。明年七月,鎮西大將軍,毗陵王順以罪還第,亦是也。

五年七月己亥,月犯歲星,在鶉火鳥帑,南國之墟也。至天賜元年二月甲辰又掩之,在角。角爲外朝,而歲星君也。天象若曰:有強大之臣干君之庭,以挾其主而播遷于外。是歲桓玄之師敗績于劉裕,玄劫晉帝以奔江陵。至五月,玄死,桓氏之黨復攻江陵,陷之,凡再劫天子云。先是,六月甲辰,月掩斗魁第四星;至天賜元年五月壬申,又掩斗魁第三星;二年八月丁巳,又犯斗第一星。斗爲吳分。大人憂,將相戮,宮中有自賊者。及桓玄伏誅,貴臣多戮死者。江南兵革十餘歲乃定,故謫見于斗。

天賜二年四月己卯,月犯鎮星,在東壁,七月己未又如之;十月丁巳又掩之,在室。夫室星,所以造宮廟而鎮司空也。占曰「土功之事興」。明年六月,發八部人,自五百里內繕修都城,魏於是始有邑居之制度。或曰,北宮後庭,人主所以庇衛其身也,鎮主后妃之位,存亡之基。而是時堅冰之漸著矣,故犯又掩再三焉。占曰「臣賊君邦,大喪」。是歲三月丁酉,月犯心前星;三年二月,月犯心後星;四年二月,又如之。心主嫡庶之禮。占曰「亂臣犯主,儲君失位,庶子惡之」。先是,天興六年冬十月至元年四月,月再掩軒轅。后妃執其咎」。三年五月壬寅,熒惑犯氐。氐,宿宮也。天戒若曰:是時蠱惑人主而興內亂之萌矣,亦自我天視而修省焉。及六月七月,宣穆后以強死,太子微行人間,既而有清河萬人之難。二年八月,火犯斗;丁亥,又犯建。[五]斗爲大人之事,建爲經綸之始,此天所以建創業君也。時劉裕且傾

晉祚,而清河之釁方作矣,帝猶不悟。至是歲九月,火犯哭星。其象若曰:將以內亂,至于哭泣之事焉。由是言之,皇天所以訓劫殺之主熟矣,而罕能敦復以自悟,悲夫!

二年八月甲子,熒惑犯少微;庚寅,犯右執法;癸卯,犯左執法;十一月丙戌,太白掩鉤鈐。皆南邦之謫也。火象方伯,金為強侯,少微以官賢材而輔南宮之化,執法者威令所由行也。天象若曰:夫祿去公室,所由來漸矣,始則奮其賢材以為其本朝,終以干其鈐鍉而席其威令焉。至三年十二月丙午,月掩太白于危。危,齊分也。占曰「其國以戰亡」。丁未,金、火皆入羽林。四年正月,太白晝見奎。是謂或稱王師而干君明者。占曰「天下兵起」,魯邦受之」。二月癸亥,金、火、土、水聚于奎、婁。徐魯之分也。四神聚謀,所以革襄替之政,定霸王之命。五月己丑,金晝見于參。天意若曰:是將自植攻伐,以震其主,而代奪之云爾。八月辛丑,熒惑犯執法;九月,遂犯進賢。與桓氏同占。是時,南燕慕容氏兼有齊魯之墟,不務修德,而驟侵晉淮、泗。六年四月,劉裕以晉師伐之,大敗燕師于臨朐,進克廣固,執慕容超以歸,戎諸建康。於是專其兵威,蓐食藩輔,篡奪之形由此而著云。二年三月,月掩左執法;三年四月,又犯西蕃上將;己未,犯房次相;六月,火犯房次將。三年七月,太尉穆崇薨。四年,誅定陵公和跋,殺司空庚岳。又四年六月,火犯水左翼。八月,金掩火,犯左執法。其後盧循作亂於上流,晉將何無忌戰死,左僕射孟昶仰藥卒,劉裕江。占曰「水賊作亂」。六月,金犯上將,又犯左執法。

自伐齊奔命,僅乃克之。

六年六月,金、火再入太微,犯帝座,蓬、孛、客星及他不可勝紀。太史上言,且有骨肉之禍,更政立君,語在帝紀。冬十月,太祖崩。夫前事之感大,即後事之災深,故帝之季年妖怪特甚。是歲二月至九月,月三犯昴。昴為白衣會,宮車晏駕之徵也。十二月辛丑,金犯木於奎。占曰「其君有兵死者」。旣而慕容超弒于晉。是歲四月,火犯水于東井。其冬,赫連氏攻安定,秦主與自將救之,自是侵伐不息。或曰「水火之合,內亂之形也」。時朱提王悅謀反,賜死。

太宗永興二年五月己亥,月掩昴。昴為髦頭之兵,虜君憂之。是月,蠕蠕社崙圍長孫嵩于牛川,上自將擊之,社崙遁走,道死。六月甲午,太白晝見。占曰「為不臣」。七月,月犯鬼。占曰「亂臣在內」。明年五月,昌黎王慕容伯兒謀反,誅之。是歲三月至秋八月,月三掩南斗第五星。斗,吳分也。且曰:強大之臣有干天祿者,大人憂之。是月乙未,太白犯少微,晝見;九月甲寅,進犯左執法。占曰「且有杖其霸刑,以戮社稷之衞而專威令者,徵在南朝」。先是,三月丁卯,月掩房次將,六月己丑,又如之;八月甲申,犯心前星。占曰「服軛者當之,君失馭,徵在豫州」。時劉裕謀弱晉室,專殺僕射謝混,因襲荊州刺史劉毅于江陵,夷之。是歲八月壬子,太白犯軒轅大星。[八] 占曰「有亂易政,女君憂誅晉豫州刺史諸葛長人,其君託食而已。

三年十一月丙午,金犯哭星。午,秦地。四年八月戊申,月犯哭星。申,晉地。是月,晉后王氏死;其後姚主薨。

三年六月庚子,月犯歲星,在畢;八月乙未,又犯之,在參;四年正月又蝕,在畢。直徼垣之陽,參在山河之右。歲星所以阜農事安萬人也。占曰「月仍犯之,邊萌阻兵而荐饑」。是歲六月癸巳,金、木合于東井;七月甲申,金犯土于井。土主疆理之政,存亡之機也。占曰「其國內兵,有白衣之會」。十一月,土犯井,十二月癸卯,土犯鉞。

君,徵在秦邦。至五年二月丙午,火、土皆犯井。將以建霸國之命也,其地君子憂,小人流。又自三年四月至五年三月,熒惑三干鬼。主命者將天而國徙焉。是時雍州假王霸之號者六國,而赫連氏據朔方之地,尤為強暴,荐食關中,秦人奔命者殆路。明年,劉裕以師伐之,秦師連戰敗績,執姚泓以歸,戕諸建康。六月,濩澤人劉逸自晉上黨並河、山之北,皆鬼星、參、畢之郊也。五年四月,上黨羣盜外叛。勤力戰死,潔為所虜。明年,赫連屈孑寇蒲子,三城諸將擊走之。其餘災波及晉、魏,仍其稱三巴王。七月,河西胡曹龍入蒲子,號大單于。十月,將軍劉潔、魏勤擊吐京叛胡失利,兵革之禍。二年九月,土犯畢,為疆場之兵。三年七月,木犯土于參。占曰「戰敗,亡地,國君死」。四年十月,月掩之關。其災同上。參,外主巴蜀。其後晉師伐蜀,戮其主譙縱。先是,四年閏月,月犯熒惑,在昴;七月,又蝕之。五年,將軍奚斤討越勤,大破之。明年,禿髮氏降于西秦,其君傉檀戮死。

神瑞元年二月,填入東井,犯天尊,旱祥也。天象若曰:土失其性,水源將壅焉;施于天尊,所以福祐寡之萌也。先是,去年九月至于五月,歲再犯軒轅大星,八月庚寅至二年三月,填再犯鬼積尸。歲星主農事,軒轅主雪霜風雨之神,返覆由之,所以告黃祇也。土爰稼穡,鬼為物之精氣,是謂稼穡潛耗,人將以饉而死焉。一曰大旱。是後,京師比歲霜旱,五穀不登,詔人就食山東,以粟帛賑乏,語在崔浩傳。先是,月犯歲于畢。占曰「饑在晉代,亦其徵」,又鬼主秦,旱在秦邦。至二年,太史奏,熒惑在鉋瓜中,一夜忽亡失之,後出東井,語在崔浩傳。既而關中大旱,昆明枯涸。是歲四月癸丑,流星晝見中天,西行。占曰「營頭所首,野有覆軍,流血西行,謫在秦邦」。而魏人覬之,亦王師之戒也。天若戒魏師曰:是擁眾而西,固欲干君之明而代奪之爾。姑息人以觀變,無庸禦焉。先是五年三月,月犯太白于參;八月庚申,又犯之。參,魏分野。占曰「強侯作難,國戰不勝」。九月己丑,月犯左角,是歲三月壬申,又蝕之。占曰「大戰不勝,邊將憂,魏邦偏將戮,徵在兗州」。二年四月,太白入畢,月犯畢而再入之。天象若曰:且有驅除之雄,勿用距之于朔方矣。明年七月,劉裕以舟師泝河。九月,裕陷我滑臺,兗州刺史尉建以畏懦斬。時崔浩欲勿戰,上難違衆議,詔司徒嵩率師迓之,及晉人戰于畔城,魏師敗績,語在崔浩傳。裕既定關中,遽歸受禪,既而赫連氏幷之,遂竊尊號云。自元年正月至泰常元年十月,月三犯畢,再入之,再犯畢陽星。占曰「邊

兵起,貴人有死者」元年十二月,蠕蠕犯塞,上自將,大破之。二年,上黨胡反,詔五將討平之。泰常元年,長樂、河間、南陽王皆薨。二年,豫章王又薨,常山霍季聚衆反,伏誅。

二年四月辛巳,有星孛于天市。五月甲申,彗星出天市,掃帝座,在房心北。市所以建國均人心,宋分也。國且殊號,人將更主,其革而爲宋乎?先是,往歲七月,月犯鉤鈐;十一月,月食房上相;至元年二月,又如之。天象若曰:尚尸鈐鍵之位,君憑而奪之者,又將及矣。是歲八月,金、木合于翼。占曰「且有內兵,楚邦受之」[九]是歲十月,鎮星守太微,七十餘日。司馬休之、雍州刺史魯宗之爲劉裕所襲,皆出奔走。七月,有流星孛于少微,占曰「易代立王」。其三年三月癸丑,太白犯五諸侯,如桓氏之占。

以入太微。自劉氏之霸,三變少微以加南宮矣。始以方伯專之,中則霸形干之,又今孝政除之。馴而三積,堅冰至焉。是月,辰星見東方,在翼,甚明大。翼,楚邦也,是爲家臣干明,賊人其昌。先是,五年十一月壬子,辰星出而明盛非常。至泰常二年十二月庚戌,辰星過時而見,光色明盛。是爲强臣有不還令者。至是又如之,亦三至焉。或曰辰星以負北海,亦魏將大興之兆。九月,長彗星孛于北斗,櫟紫微,辛酉,入南宮,凡八十餘日。十二月,彗星出自天津,入太微,逕北斗,干紫宮,犯天棓,及天漢乃滅,語在崔浩傳。是歲,晉安帝殂,後年而宋篡之。夫晉室雖微,泰始之遺俗也,蓋皇天有以原始篤終,以哀王道之淪喪,故猶著二微之戒焉。神瑞二年四月,木入南

宮,加右執法;五月,火又如之。八月,金入自掖門,掩左執法;泰常元年六月,又由掖門入太微。五月,火犯執法。是冬,土守天會而月掩之。三年八月,土又入太微,犯執法,因留二百餘日。九月,金又犯右執法。十月,火犯上將,因留左掖門內二十日,乃逆行;四年三月,出西蕃,又還入之,繞塡星成句巳;四月丙午,行端門出。[10]皆晉氏之謫也。自晉滅之後,太微有變多應魏國也。

泰常三年十月辛巳,有大流星出昴,歷天津,乃分為三,須臾有聲。占曰「車騎滿野,非喪卽會」。明年四月,帝有事于東廟,蕃服之君以其職來祭者,蓋數百國也。是歲正月己酉,月犯軒轅。四月壬申,又犯塡星,在張。占曰「國有喪,女君受之」。

明年五月,貴人姚氏薨,是為昭哀皇后。六月,貴嬪杜氏薨,是為密后。先是,二年九月,火犯軒轅;三年八月,金又犯之。占同也。

四年,自正月至秋七月,月行四犯太微。天象若曰:太微粹陽之天庭,月者臣也,今橫行轢之,不巳甚乎。先是,元年五月,月犯歲星,在角。是歲七月,月又犯歲星。明年,宋始建國。後年而晉主殂,裕鳩之也。昔桓氏之難,月再干歲星,再劫其主。至是,亦再犯之而再勦其君,極其幽逼之患,而濟以篡殺之禍,斯謂之甚矣。

先是,三年九月,月犯火于鶉尾;十二月,又犯火于太微。是歲五月,月犯太白,在井;十月,又犯之,在斗;[11]且再犯井星。皆有兵水大喪,諸侯有死者。七月,雁門、河內大水。[12]五年三月,南陽王意文死。十一月,西涼李歆為沮渠所滅,晉君亦殂,秦、吳亡之應。

五年十一月乙卯，熒惑犯塡星，在角。角，外朝也，土爲紀綱，火主內亂，會于天門，王綱將紊焉。占曰「有死君逐主，后妃憂之」。十二月，月蝕熒惑，在亢。亢，內庭也。占曰「君薨而亂作于內，貴臣以兵死」。是月，客星見于翼。翼，楚邦也。或謀反者」。六年二月，月食南斗杓星。十月乙酉，金、土鬭于亢。占曰「國更服，邊有急，將軍公」。又兗州、陳、鄭之墟也，有攻城野戰之象焉。至七年正月，犯南斗；三月壬戌，又犯之。斗爲人君受命，又吳分。是歲五月，宋武殂。秋九月，魏師侵宋北鄙。十一月，攻滑臺，克之。明年，拔虎牢，陷金墉，屠許昌，遂啓河南之地。八年，宋太后蕭氏死，旣大臣專權，遂殺其主，卒皆伏誅。自五年八月至七年十二月，熒惑一守軒轅，再犯進賢，再犯房星，月一犯軒轅及房。皆女君大臣之戒。是時陽平、河南王、太尉穆觀相次薨，而宋氏廷臣乘釁以侮其主，竟以誅死云。時官軍陷武牢，會軍大疫，死者十二三。是冬，詔稟饑人。

六年六月壬午，有大流星出紫宮。占曰「上且行幸，若有大君之使」。明年，駕幸橋山，祠黃帝，東過幽州，命使者觀省風俗。十月，上南征。八年春，步自鄴宮，遂絕靈昌，至東郡，觀兵成臯，反自河內，登太行山，幸高都，飮至晉陽焉。

七年二月辛巳，有星孛于虛、危，向河津。占曰「玄枵所以飾喪紀也，宗廟並起，司人疑更謀，有易政之象」。十一月甲寅，彗星出室，掃北斗，及于□門。占曰「內宮幾室，主命將，

易塞垣,有土功之事,其地又齊、衛也」。八年正月,彗星出奎南長三丈,東南掃河。奎爲荐食之兵,徐方之地。八年春,築長城,距五原二千餘里,置守卒,以備蠕蠕。冬十月,大饑。十一建鉅定齊地。占曰「西北之兵伐之」,君絕嗣,天下饑」。七年十二月,帝命壽光侯叔孫月己巳,上崩于西宮。明年,宋廢其主。由是南邦日蹙,齊衛之地盡爲兵衝。及世祖卽政,遂荒淮沂以負東海云。八年二月丙寅,火守斗,亦南邦之譏也。十一月,彗星孛于土司空。司空主疆理邦域,且曰有土功哭泣事。後年,赫連屈孑斃,太武征之,取新秦之地,由是征伐四克,提封萬里云。

世祖始光元年正月壬午,月犯心大星。心爲宋分,中星者君也,月爲大臣,主刑事。是歲五月,宋權臣徐羨之、謝晦、傅亮放殺其主,而立其弟宜都王,是爲宋文帝。至十月,火犯心。天戒若曰:是復作亂以干其君矣。十月壬寅,大流星出天將軍,西南行,殷殷有聲。占曰「有禁暴之兵,上將督戰,以所首名之」。三年正月,羨之等戮死,謝晦興江陵之甲以伐其君,於月,少君之象,今反食之,且誅強大之臣。是月,羨之等戮死,謝晦興江陵之甲以伐其君,宋將檀道濟帥師禦之,晦又奔潰伏誅。或曰:是歲上伐赫連氏,入其郛。夏都直代西南,亦奔星應也。

二年五月,太白晝見經天。占曰「時謂亂紀,革人更王」。六月己丑,火入羽林,守六十餘日。占曰「禁兵大起,且有反臣之戒」。

三年十月,有流星出西南而東北行,光明燭地,有聲如雷,鳥獸盡駭。占曰「所發之野

有破國遷君,西南直夏而首于代都焉。著而有聲,盛怒也」。

四年五月辛酉,金、水合于西方。占曰「兵起,大戰」。先是,三年正月,宋人有謝氏之難,王卒盡出。冬十一月,上伐赫連昌,入其郛,徙萬餘家以歸。是歲復攻之,六月,大敗昌于城下,昌奔上邽,遂拔統萬,盡收夏器用,虜其母弟妻子,由是威加四隣,北夷讋焉。

神䴡元年五月癸未,太白犯天街。占曰「六夷髦頭滅」。二年五月,太白晝見。占曰「大兵且興,強國有弱者」。是月,上北征蠕蠕,大破之,虜獲以鉅萬計,遂降高車,以實漠南,關地數千里云。

三年六月,火犯井、鬼,入軒轅。占曰「秦憂兵亂,有死君。又旱饑之應」。丙子,有大流星出危南,入羽林。占曰「兵起,負海國與王師合戰」。是歲,自三月至十月,太白再犯歲星又犯之。占曰「有國之君或罹兵刑之難者,且歲饉」。十二月丙戌,流星首如甕,長二十餘丈,大如數十斛船,色正赤,光燭人面,自天船及河,抵奎大星,及于壁。占曰「天船以濟兵車,奎爲徐方,東壁,衞也,是爲宋師之祥。昭盛者,事大也」。是歲六月,宋將到彥之等侵魏,自南鄙清水入河,泝流而西,列屯二千餘里。九月,帝用崔浩策,行幸統萬,宋人宵遁,遂擊赫連定於平涼。十二月,克之,悉定三秦地。明年,大師涉河,攻滑臺,屠之,宋人到彥之等侵連定轉攻西秦,戮其君乞伏慕末。吐谷渾慕容璝又襲擊定,虜之,以強死者,再君焉。是歲,赫

二月,定州大饑,詔開倉賑乏。

冬十月,上大閱于漠南,甲騎五十萬,旌旗二千餘里,又明盛之徵。四年,金、火入東井,火又犯天戶;明年正月,又犯鬼。占曰「秦有兵喪」。而至秦夏出夷威,[二]沮渠蒙遜又死,氐主楊難當陷宋之漢中地云。

四年三月,有大流星東南行,光燭地,長六七丈,食頃乃滅,後有聲。占曰「大兵從之」。是時諸將方逐宋師,至歷城不及。有聲,駿奔之象也。四月辛未,太白晝見于胃。胃為趙分。五月,太白犯天關;十月丙辰,月又掩之。[四]天關外主勃、碣,山河之險窮焉。占曰「兵革起」。九月丙寅,有流星大如斗,赤色,發太微,至北斗而滅。太微,禮樂之庭,且有昭德之舉,而述宣王命,是以帝車受之。明年六月,有詔徵范陽盧玄等三十六人,郡國察秀、孝數百人,且命以禮宣諭,申其出處之節。是月壬申,有流星大如甕,舉燕十餘郡,進圍和龍,徙豪傑三萬餘家以歸。四年八月,金入太微,亦君自將兵象。明年正月庚午,火入鬼。占曰「秦有死君」。四月己丑,太白晝見,為不臣。其後秦王赫連昌叛走伏誅之應也。

延和元年七月,有大流星出參左肩,東北入河乃滅。參主兵政,晉、魏墟也,山河所首,推之大兵將發于魏以加燕國。八月癸未,太白犯心前星,乙酉,又犯心明堂。占曰「有亡國,近期二年」。十二月,有流星大如甕,尾長二十餘丈,奔君之象。比歲連兵東討,至太延二年三月,燕後主馮文通去國奔高麗。元年四月,月犯左角;五月,月掩斗;七月,月食左角。皆占曰「兵大起」

其後征西將軍金崖、安定鎮將延普、涇州刺史狄子玉爭權,崖及子玉舉兵攻普不克,據胡空谷反,平西將軍陸俟討獲之。

三年三月丙辰,金晝見,在參。魏邦戒也。閏月戊寅,金犯五諸侯。占曰「四滑起,官兵起亂」。疑己丑,月入井,犯太白。占曰「兵起合戰,秦邦受之」。七月,上幸隰城,詔諸軍討山胡白龍,入西河。九月,克之,伏誅者數千人。而宋大將軍、彭城王義康方擅威福,後竟幽廢。是歲二月庚午,月犯畢口而出,因暈昴及五車。占曰「貴人死」。五月甲子,陰平王求蠻。

太延元年五月,月犯右執法;九月,火犯太微上將,十月丙午,月犯右執法;二年二月,月犯東蕃上相;三月,月及太白俱犯右執法及上將,五年二月,木逆行犯執法。皆大臣謫也。元年十月,左僕射安原謀反,誅。三年正月,征東大將軍、中山王纂,太尉、北平王長孫嵩,鎮南大將軍、丹陽王叔孫建皆薨。其後,宋大將軍義康坐徙豫章,誅其黨與,僕射殷景仁亦尋卒焉。元年五月,彗出軒轅;二年正月,月犯火,月后妃也;三年七月,木犯軒轅;至五年七月,月掩塡星。並女主謫也。眞君元年,太后竇氏殂,宋氏皇后亦終。或曰彗出軒轅,女主有爲寇者。其後沮渠氏失國,實公主潛啓魏師。

二年五月壬申,有星孛于房。占曰「名山崩,有亡國」。八月丁亥,木入鬼,守積尸;十一月辛亥,又犯鬼。鬼秦分,天戒若曰:涼君淫奢無度,財力窮矣,將喪國,身爲戮焉。二年正月、四年十一月,月皆犯井,亦爲秦有兵刑。

三年正月壬午,有星哺前畫見東北,在井左右,色黃,大如橘。魏師之應也。黃星出于燕壚而慕容氏滅,今復見東井,涼室亡乎?四年四月己酉,華山崩。華山,西鎮也。天又若曰:星孛于房,既有徵矣,鎮傾而國從之。先是,元年十二月,金犯羽林;二年十二月至四年十一月,火再入之。五年五月,太白晝見胃、昴,入羽林,遂犯畢。畢又邊兵也。六月,上自將西征。秋八月,進圍姑臧。九月丙戌,沮渠牧犍帥文武將吏五千餘人面縛來降。明年,悉定涼地。或曰星孛于房,爲大臣之事,又讖祥也。火入鬼,犯軒轅,又稼穡不成。自元年已來,將相薨尤衆。至眞君元年,州鎮十五盡饑。

四年十月壬戌,大流星出文昌,入紫宮,聲如雷。天象若曰:將相或以全師禦衛帝宮者,其事密近,有震驚之象焉。明年六月,帝西征,詔大將軍稽敬等帥衆二萬屯漠南,[一五]以備暴寇。九月,蠕蠕乘虛犯塞,遂至七介山,京師大駭,司空長孫道生等拜力拒之,虜乃退走。是月壬午,有大流星出紫微,入貫索,長六丈餘。占曰「有大君之命」。貫索,賤人牢也。明年,帝命侍臣行郡國,觀風俗,問其所疾苦云。

眞君二年七月壬寅,填星犯鈇。鎮者,國家所安危,而爲之綱紀者也,其嬰鈇鉞之戮而君及焉。自元年十一月至此月,歲星三犯房上相。歲星爲人君,今反覆由之,循省鈎鈐之備也。天若戒輔臣曰:涼邦卒滅,敵國殫矣,而猶挾震主之威,負百勝之計,盡思盈亢之戒

乎?是時,司徒崔浩方持國鈞,且有寵於上。明年,安西李順備五刑之誅,而由浩鍛成之後八年,竟族滅無後。夫天哀賢良而示以明訓夙矣,罕能省躬以先覺,豈不悲哉!浩誅之明年,卒有景穆之禍,後年而亂作。

三年三月癸未,月犯太白。占曰「大兵起,合戰」。九月乙丑,有星孛于天牢,入文昌、五車,經昴、畢之間,至天苑,百餘日與宿俱入西方。天象若曰:且有王者之兵,彗除髦頭之域矣,貴臣預有戮焉。明年正月,征西將軍皮豹子大敗宋師于樂鄉。九月,上北伐,彗平樂平王丕統十五將爲左軍,中山王辰統十五將爲右軍,上自將中軍。蠕蠕可汗不敢戰,亡,追至頓根河,〔一六〕虜二萬餘騎而還。中山王辰等八將軍坐後期,皆斬。或曰:彗由昴、畢,貴人多死。十一月,太保盧魯元薨。〔一七〕五年二月,樂平王丕薨。

六年二月,太白、熒惑、歲星聚于東井。占曰「三星合,是爲驚立絕行,其國內外有兵與喪」,改立王公。九月,盧水胡蓋吳據杏城反,僭署百官,雜虜皆響從,關內大震。十一月,將軍叔孫拔敗吳師于渭北。至七年正月,太白犯熒惑。占曰「兵起,有大戰」。時上討吳黨於河東,屠之,遂幸長安。二月,吳軍敗績于杏城,棄馬遁去,復收合餘燼。八月乃夷之。五年五月,月犯心;六年四月,又如之。占曰「兵犯宋邦」。是月,太白入軒轅。占曰「有反臣」。是冬,宋太子詹事范曄謀反,誅。詔高涼王那徇淮泗,徙其人河北焉。

九年正月,火、水皆入羽林。占曰「禁兵大起」。四月,太白晝見經天。十年五月,彗星出于昴北。此天所以滌除天街而禍髦頭之國也。時間歲討蠕蠕。是秋九月,上復自將征之,所捕虜凡百餘萬矣。是歲七月,太白犯哭星。占曰「天子有哭泣事」。明年春,皇子真薨。

十年十月辛巳,彗星見于太微。占曰「兵喪並興,國亂易政,臣賊主」。至十一年正月甲子,太白晝見,經天;四月,又如之。是歲十月甲辰,熒惑入太微;十二月辛未,又犯之;癸卯,又如之。占曰「臣將戮主,君將惡之,仍犯事荐也」。先是,八年正月庚午,月犯心大星;九年正月,犯歲星;是歲九月,太白又犯歲星。至正平元年五月,彗星見卷舌,入太微。卷舌,讒言之戒。六月辛酉,彗星進逼帝坐;七月乙酉,犯上相,拂屏,出端門,滅于翼、軫;辛酉,直陰國。翼、軫為楚邦,于屏者,蕭牆之亂也。天象若曰:夫膚受之譖實為亂階,滅于翼、軫,雖南國之君由遷及焉。先是,去年十月,上南征絕河。明年二月,六師涉淮,登瓜步山觀兵,騎士六十萬,列屯三千餘里,宋人兇懼,饋百牢焉。是年正月,盡舉淮南地,俘之以歸,所夷滅甚眾。六月,帝納宗愛之言,宋太子劭坐蠱事泄,亦殺其君而僭立,劭弟愛立吳王余為主,尋又賊之。荐災之驗也。間歲,宋太子劭坐蠱事泄,亦殺其君而僭立,劭弟武陵王駿以上流之師討平之。滅於翼軫之徵也。

先是,七年八月,月犯熒惑;八月至十一月,又犯軒

轅。是歲正月,太白經天。九月火犯太微,十一月,宗愛等伏誅,高宗踐阼。至十一月,錄尚書元壽、尚書令長孫渴侯以爭權賜死,太尉黎、司徒弼又忤旨左遷。孛子屏相之應。出明年五月,太后崩。

高宗興安二年二月,有星孛于西方。占曰「凡孛者,非常惡氣所生也,內不有大亂,外且有大兵」。至興光元年二月,有流星大如月,西行。占曰「奔星所墜,其野有兵,光盛者事大」。先是,京兆王杜元寶、建康王崇、濟南王麗、濮陽王閭文若、永昌王仁,相次謀反伏誅。是歲,宋南郡王義宣及魯爽,臧質以荊豫之師構逆,大將王玄謨等西討,盡夷之。或曰:彗加太微、翼、軫之餘禍也。至是彗于天庭,二太子首亂,三君為戮,侯王辜死者幾數十人。由此言之,皇天疾威之誡,不可不惕也。

太安元年六月辛酉,有星起河鼓,東流,有尾跡,光明燭地。河鼓為履險之兵,負海之象也。昭盛為人君之事,星之所往,君且從之。間二歲,帝幸遼西,登碣石以臨滄海,復所過郡國一年,又尾迹之徵。 是歲五月,火入斗。斗主形命之養。其後三吳荐饑,仍歲疾疫。

三年夏四月,熒惑犯太白。占曰「是謂相鑠,不可舉事用兵,成師以出而禍其雄之象也」。明年,宋將殷孝祖侵魏南鄙,詔征南將軍皮豹子擊之,宋軍大敗。 或曰:金火合,主喪事。明年十月,金又犯哭星。十二月,征東將軍、中山王託眞薨。

三年十一月，熒惑犯房鉤鈐星。是謂彊臣不御，王者憂之。至四年正月，月入太微，犯西蕃；三月，又犯五諸侯。占曰「諸侯大臣有謀反伏誅者」。是月，太白犯房，月入南斗。[八]皆爲宋分。占曰「國有變，臣爲亂」。十一月，長星出於奎，色白，蛇行，有尾跡，旣滅，變爲白雲。奎爲徐方，又魯分也。占曰「下有流血積骨」。明年，宋兗州刺史竟陵王誕據廣陵作亂，宋主親戎，自夏涉秋，無日不戰，及城陷，悉屠之。

四年八月，熒惑守畢，直徽垣之南。占曰「歲饉」。至五年二月，又入東井。占曰「旱兵飢疫，大臣當之」。六月，太白犯鉞。占曰「兵起，更正朔」。是歲二月，司空伊馛薨。十二月，六鎭、雲中、高平、雍、秦饑旱。明年，改年爲和平。至六月，諸將討吐谷渾什寅，遂絕河窮躡之，會軍大疫乃還。是歲三月，流星數萬西行。占曰「小流星百數四面行者，庶人遷之象」。[九]旣而吐谷渾擧國西遁，大軍又隨躡之。

四年九月，月犯軒轅；十二月，犯氐；至五年正月，月掩軒轅，又掩氐東南星。皆后妃之府也。和平元年正月丁未，歲犯鬼。鬼爲死喪，歲星，人君也，是爲君有喪事。三月，月掩軒轅。四月戊戌，皇太后崩於壽安宮。宋志云：人間宣言，人主帷箔不修，故謫見軒轅。又五年十一月，月犯左執法；明年十一月，又犯之。占曰「大臣有憂」。和平二年，征東將軍、河東王閭毘薨。十月，廣平王洛侯薨。[三〇]是謂

和平元年十月，有長星出於天倉，長丈餘。饉祥也。二年三月，熒惑入鬼。

稽不成,且曰萬人相食。其後定相阻飢,宥其田租。時三吳亦仍歲凶旱,死者十一二。先是,元年四月,太白犯東井。井、鬼皆秦分,雍州有兵亂。自元年六月,月犯心大星,三犯前後于房。心,宋分。時宋君虐其諸弟,後宮多喪,子女繼夭,哭泣之聲相再。是歲,詔諸將討雍州叛氐,大破之。宋雍州刺史、海陵王休茂亦稱兵作亂。間歲而宋主殂,嗣子淫昏,政刑紊焉。先是,元年十月,太白入氐。占曰「兵起後宮,有白衣會」。三年五月,歲星犯上將。占曰「上將憂之」。三年八月,月犯哭星。皆宋祥也。是歲,樂良王萬壽及征東大將軍、常山王素並薨。

二年三月辛巳,有長星出天津,色赤,長匹餘,滅而復出,大小百數。天津,帝之都,船所以渡,神通四方,光大且衆,爲人君之事。天象若曰：是將有千乘萬騎之舉,而絕逾大川矣。是月,發卒五千餘,通河西獵道。後年八月,帝校獵于河西,宋主亦大閲舟師,巡狩江右云。

二年九月,太白犯南斗。斗,吳分。占曰「君死更政,大臣有誅者」。十一月,太白犯壇,壇,女君也,且曰有內兵、白衣會。至三年九月,火犯積尸。占曰「貴人憂之,斧鉞用」。十月,太白犯歲星。歲爲人君,而以兵喪干之,且有死君篡殺之禍。是月,熒惑守軒轅。[三]占曰「女主憂之,宮中兵亂」。十一月,歲入氐。氐爲正寢,歲爲有國之君。占曰「諸侯王有來入宮者」。五年二月,月入南斗魁中,犯第四星。占曰「大人憂,太子傷,宮中有自賊者」,又大

赦」。既而宋孝武及宋后相繼崩殂,少主荐誅輔臣,釁連戚屬,羣下相與殺之,而立宋明帝。

先是,三年六月,太白犯東井;七月,火入井;;四年五月,金、火皆犯上相。五年六月,火又入井。占曰「大臣憂,斧鉞用」。六月,月犯心前星。是月,宋殺少主,其後有乙渾之難。

五年七月丁未,歲星守心。心為明堂,歲為諸侯,為長子入而守之,立君之象。占曰「凡五星守心,皆為宮中亂賊,羣下有謀立天子者」。七月己酉,有流星長丈餘,入紫微,經北辰第三星而滅。占曰「有大喪」。九月丁酉,火入軒轅。十一月,長星出織女,色正白,彗之象也。女主專制,將由此始,是以天視由之。長星,彗之著,易政之漸焉。冬,熒惑入太微,犯上將;十一月,遂守之。占曰「公侯謀上;且有斬臣」。六年正月乙未,有流星長丈餘,自五車抵紫宮西藩乃滅。天象若曰:羣臣或修霸刑,而干蕃輔之任矣。且占曰「政亂有奇令」。四月,太白犯五諸侯。占曰「有專殺諸侯者」。五月癸卯,上崩于太華殿,車騎大將軍乙渾矯詔殺尚書楊寶年等于禁中。戊申,又害司徒、平原王陸麗。

自馮氏始也。或曰:心為宋分。是歲六月,歲星晝見于南斗。斗為天祿,吳分也。天象若曰:或以諸侯干君而代奪之。是歲,宋明帝以皇弟踐阼,孝武諸子舉兵攻之,四方響應;太后臨朝,皆伏誅。有太白之刑與歲星之祐焉。是歲三月,有流星西行,不可勝數,至明乃止。至六月己卯,又有流星,尋多西南行。星眾而小,庶人象也,星之所首,人將從之。及宋討孝武諸子,大兵首自尋陽,進平荊雍。其後張永之師敗績

顯祖天安元年正月戊子，[三]太白犯歲星。歲，農事也，肅殺干之，是爲稼穡不登。六月，熒惑犯鬼。占曰「旱饑疾疫，金革用」。八月丁亥，太白犯房。占曰「霜雨失節，馬牛多死」。九月甲寅，熒惑犯上將，太白犯南斗第三星。占曰「貴人將相有誅者」。十一月己酉，太白又犯歲星。或曰歲爲諸侯，太白主兵刑之政，再干之，事浹也。是歲九月，州鎮十一旱饑。十月，宋氏六王皆戮死。明年，宋師敗于呂梁，江南阻饑，牛且大疫。其後，東平王道符擅殺副將及雍州刺史，據長安反，詔司空和其奴討滅之。九月，詔賜六鎮孤貧布帛，宋主以後宮服御賜征北將士。後歲夏，旱，河決，州鎮二十七皆饑，尋又天下大疫。元年六月，太白犯左執法；十月，火又犯之。占曰「大臣有憂，霸者之刑用」。是歲六月，月犯井；十月，又掩之。皇興元年正月，月犯井北轅第二星；八月，又蝕之。占曰「貴人當之，有將死，水旱祥也」。道符作亂之明年，司空和其奴、太宰李峻皆薨。[三]

皇興元年四月，太白犯鎮星。占曰「有攻城略地之事」。六月壬寅，太白犯鬼，秦分也。二年正月，太白犯熒惑。占曰「大兵起」。是時，鎮南大將軍尉元、征南大將軍慕容白曜略定淮泗。明年，徐州羣盜作亂，元又討平之。後歲正月，上黨王觀西征吐谷渾，又大破之。

二年九月癸卯，火犯太微上將。占曰「上將誅」。先是元年六月，熒惑犯氐，是歲十

月,太白又犯之,是爲內宮有憂逼之象。占曰「天子失其宮」。四年十月,誅濟南王慕容白曜。明年,上迫於太后,傳位太子,是爲孝文帝。宋志以爲先是比年月頻犯左角,占曰「天子惡之」。及上遜位,而宋明帝亦殂。

高祖延興元年十月庚子,月入畢口。畢,魏分。〔二三〕十二月辛卯,火犯鉤鈐。鉤鈐以統天駟,火爲內亂。天象若曰:人君失馭,或以亂政乘之矣。乙巳,鎮星犯井。夫井者,天下之平也,而女君以干之,是爲后竊刑柄。占曰:「天下無主,大人憂之,有過賞之事焉。」二年正月,月犯畢,丙子,月犯東井,庚子,又如之。〔二四〕占曰「天下有變,令貴人多死者」。

三年八月,月犯太微。又羣陰不制之象也。是時馮太后宣淫于朝,昵近小人而附益之,所費以鉅萬億計,天子徒尸位而已。二年九月,河間王閒虎皮以貪殘賜死。其後,司空、東平郡王陸麗坐事廢爲兵,既而宮車晏駕。或曰月入畢口爲敕令。二年正月,曲赦京師及秦涼諸鎮。〔二五〕星及月犯井,皆爲水災,且旱祥也。是歲九月,州鎮十一水旱,詔免其田租,開倉賑乏。

四年九月己卯,月犯畢。〔二六〕七月丙申,太白犯歲星,在角。〔二七〕丁卯,太白又入氐。〔二八〕太白有母后之幾,主兵喪之政,以干君於外朝而及其宿宮,是將有劫殺之虞矣。二月癸丑,月犯軒轅;甲寅,又犯歲星。月爲強大之臣,爲主女之象,〔二九〕始由后妃之府而干少陽之君,示

人主以戒敬之備也。五年三月甲戌,月掩塡星。天象若曰:是又僻行不制而棄其紀綱矣。且占曰「貴人強死,天下亂」。三月癸未,金、火皆入羽林。占曰「臣欲賊主,諸侯之兵盡發」。八月乙亥,月掩畢。十一月,月入軒轅,食第二星。至承明元年四月,月食尾。五月己亥,金、火皆入軒轅;庚子,相逼同光。皆后妃之謫也。天若言曰:母后之釁幾貫盈矣,人君忘祖考之業,慕匹夫之孝,其如宗祀何?是時,獻文不悟,至六月暴崩,實有酖毒之禍焉。由是言之,皇天有以覘履霜之萌,而爲之成象久矣。其後,文明皇太后崩,孝文皇帝方修諒陰之儀,篤孺子之慕,竟未能逑宣春秋之義,是以胡氏循之,卒傾魏室,豈不哀哉!或曰:太白犯歲於天門,以臣伐君之象;金、火同光,又兵亂之徵。時宋主昏狂,公侯近戚寃死相繼。既而桂陽、建平王並稱兵內侮,矢及宮闕,僅乃戢之。尋爲左右楊玉夫等所殺。或曰:月犯歲、鎭、金、火入軒轅,皆體祥也。月掩畢,主邊兵。四年,州鎭十三饑;又比歲蝗旱。太和元年,雲中又饑,開倉賑之。先是,四年四月丙午,有大星西流,殷殷有聲;;十一月辛未,又如之。是歲五月,宋桂陽王反于江州,間歲,沈攸之反于江陵,皆爲大兵西伐。時以江南內攜,又詔五將伐蜀。

太和元年五月庚子,太白犯熒惑,在張,南國之次也。占曰「其國兵喪並興,有軍大戰,人主死」。壬申,水、土合于翼,皆入太微,主令不行之象也。占曰「女主持政,大夫執綱,國且內亂,羣臣相殺」。九月丁亥,太白晝見,經天,光色尤盛,更姓之祥也。二年九月,火犯

鬼。占曰「主以淫泆失政,相死之」。三年三月,月犯心。心爲天王,又宋分。三月,塡星逆行入太微,留左掖門內。占曰「土守南宮,必有破國易代。逆行者,事逆也」。自元年三月至二年六月,月行五犯太微,與劉氏篡晉同占。又自元年八月至三年五月,月行六犯南斗,入魁中。斗爲大人壽命,且吳分。是時馮太后專政,而宋將蕭道成亦擅威福之權,方圖劉氏宋司徒袁粲起兵石頭,沈攸之起兵江陵,將誅之,不克,皆爲所殺。三年四月,竟篡其君而自立,是爲齊帝。是年五月,又害宋君于丹陽宮。又元年十月,月犯昂,爲刑獄事。二年六月,月犯房。占曰「貴人有誅者」。或曰「月犯斗,亦大臣之謫也」。其後李惠伏誅,宜都、長樂王並賜死。又元年二月壬戌,月在井,暈參、畢、兩河、五車。占曰「大赦」。至八月,大赦天下。

三年,自五月至十二月,月三入斗魁中;四年五月庚戌、七月己巳,又如之;六年二月,又犯斗魁第二星。占曰「其國大人憂,不出三年」。七月丁未、十月丙申,月再犯心大星,自四年正月至六年二月,又五干之。斗爲爵祿之柄,心爲布政之宮,月行干而輷之,亦以荐矣。是時,馮太后將危少主者數矣,其占曰「月犯心,亂臣在側,有亡君之戒,人主以善事除殃」。是時,帝春秋方富,而承事孝敬,勤無違禮,故竟得無咎。至六年三月,而齊主殂焉。或曰:月犯斗,其國兵憂。心又豫州也。時比歲連兵南討,五年二月大破齊師于淮陽,又擊齊下蔡軍,大敗之。先是三年八月,金犯軒轅;四年二月,又犯軒轅第二星;六年正月,月犯軒轅大星;八月,又犯軒轅左角。

左角,后宗也。是時太后淫亂,而幽后之姪娣,又將薄德。天若言曰:是無周南之風,不足訓也,故月、太白驟于之。

三年九月庚子,太白犯左執法;十二月丙戌,月犯之,[三〇]四年二月辛巳,[三一]月又犯之;九月壬戌,太白又犯之;五年二月癸卯,月犯太微西蕃上將;至六年十月乙酉,熒惑又犯之。夫南宮執法,所以糾淫忒,成肅雍;而上將朝庭之輔也。天象若曰:王化將弛,淫風幾興、固不足以令天下矣,而廷臣莫之糾弼,安用之!文明太后雖獨厚幸臣,而公卿坐受榮賜者費亦巨億,蓋近乎素餐焉。其三年九月,安樂王長樂下獄死,隴西王源賀薨,四年正月,廣川王略薨,襄城王韓頹徙邊;七月,頓丘王李鍾葵賜死;其後任城王雲、中山王叡又薨。比年死黜相繼,蓋天譴存焉。四年春月,又掩火,亦大臣死黜之祥也。又比年,月再犯昴,亦為獄事與白衣之會也。

五年九月辛巳,塡犯辰星于軫。占曰「為饑,為內亂,且有壅川溢水之變」。是歲,京師大霖雨,州鎮十二饑。至六年七月丙申,又大流星起東壁,光明燭地,尾長二丈餘。東壁,土功之政也。是月發卒五萬,通靈丘道。十月己酉,有流星入翼,尾長五丈餘。七星,中州之羽儀;翼,南國也。天象若曰:將擇文明之士,使于楚邦焉。明年,員外散騎常侍李彪使齊,始通二國之好焉。四年正月丁未,月在畢,暈參、井、五車,赦祥也。明年二月,大赦。是月,月在翼,有偏日暈,[三二]侵五車、東井、軒轅、北河、鬼,至北斗、紫垣、攝提。六年正月癸亥,月在畢,暈參兩肩,

五車、胃、昴、畢。至甲戌,天下大赦。江南嗣君卽位,亦大赦改元。

七年六月庚午辰時,東北有流星一,大如太白,北流破爲三段。十月己亥,星隕如虹。是時,太后專朝,且多外嬖,雖天子由倚附之,故有干明之譴焉。破而爲三,席勢者衆也。昔春秋星隕如雨,而羣陰起霸。其後漢成帝時,盱日晦冥,衆星行隕,燿燿如雨,而王氏之禍萌。至是天妖復見,又與元后同符矣。

十年八月辰時,有星落如流火三道;戊寅,又有流星出日西南一丈所,西北流,大如太白,至午西破爲二段,尾長五尺,復分爲二,入雲間。仍見者,事荐也,後代其踵而行之,以至於分崩離析乎?先是,七年十月,有客星大如斗,在參東,似孛。占曰「大臣有執主之命者,且歲旱羅貴」。十年九月,熒惑犯歲星。歲主農事,火星以亂氣干之,五稼旱傷之象也。占曰「元陽以僅,〔三〕人不安」。自八年至十一年,黎人阻饑,且仍歲災旱。其年六月,大赦。冬,州鎭十五水旱,人饑。九年正月,月在參,暈觜、參兩肩,五車、歲星、觜、參、五車。占曰「有赦,羅貴」。是歲,冀定數州大水,人有驚男女者,京師及州鎭十三水旱傷稼。明年,車,爲大赦,爲水。戊申,月犯井,爲水祥也。

十一年三月丁亥,火、土合于南斗。塡爲履霜之漸,斗爲經始之謀,而天視由之,所以爲大人之戒也。占曰「其國內亂,不可舉事用兵」。是時齊主持諸侯王酷甚,雖酒食之饋,猶大赦。

裁之有司。故天若言曰：非所以保根固本，以貽長代之謀也，內亂由是興焉。五月丁酉，太白經天，晝見，庚子，遂犯畢。畢又邊兵也。是歲，蠕蠕寇邊。明年，齊將陳達伐我南鄙，陷澧陽。間歲而齊君子子響爲有司所御，遂憤怒而反，伏誅。及齊主殂而西昌侯簒之，高、武子孫所在棊布，皆拱手就戮，亦齊君自爲之焉。十一年六月乙丑，月犯斗；丙寅，遂犯建星。亦圖始之謀也。十二年七月，月犯牛；十三年六月，又掩之；明年八月，又犯之。牛主吳分。占曰「國有憂，大將戮」。亦江南兵饉之微也。

七月癸丑，太白犯軒轅大星；八月甲寅，又犯之。皆女君之謫也，天象若曰：軒轅以母萬物，由后妃之母兆人也，是固多穢，復將安用之？其物類之感，又稼穡之不滋候也。是歲年穀不登，聽人出關就食。明年，州鎮十五皆大饑，詔開倉賑乏。間歲，太后崩。是歲四月，月犯氐，與歲同舍；六月丁巳，月又入氐，犯歲星。月爲強大之臣，歲爲少君也，與歲同心內宮而干犯之，強宗擅命，逼奪其君之象也。再干之，其事荐至。

十二年三月甲申，歲星逆行入氐。甲、申，皆齊分也。先是，去年十月，歲、辰、太白合于氐。是謂驚立絕行，〔四〕改立王公。是歲四月，月犯氐，與歲同舍；六月丁巳，月又入氐，犯歲星。月爲強大之臣，歲爲少君也，與歲同心內宮而干犯之，強宗擅命，逼奪其君之象也。再干之，其事荐至。

十三年三月庚申，月犯歲；十五年六月，又犯之。歲星不在宿宮，是爲強侯之譴。江南

太子、賢王相次薨殁,既而齊武帝殂,太孫幼沖,西昌輔政,竟殺二君而篡之。月再犯于氐及逆行之效也。或曰月犯木,饑祥也。時比歲稼穡不登。又十二年正月戊戌,月犯左角;十一月丙寅,又如之;七月,金又犯左角。角為外朝,且兵政也。占曰「不出三年,天下有兵,主子死,大君惡之」。至十四年,有子齊誅,閒歲而齊室亂。

十二年四月癸丑,月、火、金會于井;辛酉,金犯之;甲戌,火、水又俱入井。皆雨賜失節,萬物不成候也。且曰王業將易,諸侯貴人多死。是歲,月行四入氐,十月,辰星入之;閏月丁丑,火犯氐;乙卯,又入之。占曰「大旱歲荒,人且相食,國易政,君失宮,遠期五年」。氐,又女君之府也。是歲,兩雍及豫州旱饑。明年,州鎮十五大饉。至十四年,太后崩。時江南北連歲災雨,至十七年,有劫殺之禍,誅死相踵焉。是歲月三犯房,十三年四月,又犯之;;七月至十月,再犯鍵閉。占曰「有亂臣,不出三年伐其主」。自十二年七月至十四年八月,月再犯牛,又再掩之,凡六犯牛且掩之。牛為吳越,饉祥也,畢、魏分。且曰貴人多死兔者。十二年九月,司徒、淮南王他薨。十三年,光州人王泰反,章武、汝陰、南安三王皆坐臧廢;安豐王猛、司空苟頹並薨。十四年,地豆于及庫莫奚頻犯塞;京兆王廢為庶人。

齊室亂。

校勘記

〔一〕魏書卷一百五之三　諸本目錄注「闕」字,卷末附宋人校語云:殿本入考證「魏收書天象志第一卷

〔一〕載天及日變，第二卷載月變，第三、第四卷應載星變。今此二卷，天、日、月、星變編年總繫魏及南朝禍咎。 蓋魏收志第三、第四卷亡，後人取他人所撰志補足之。魏澹書世已無本，據目錄作西魏帝紀，而元善見、司馬昌明、劉裕、蕭道成皆入列傳。此志主東魏，而晉、宋、齊、梁君皆稱帝號，亦非魏澹書明矣。唐書經籍志有張太素魏書一百卷，故世人疑此二卷為太素書志。崇文總目有張太素魏書天文志二卷，今亦亡矣。惟昭文館有史館舊本魏書志第三卷，前題朝議郎、行著作郎修國史張太素撰。太素唐人，故諱『世』『民』等字。」按天象志三及四非魏書原文甚明，其中記月變即採志二所載，記星變似兼採已亡之魏書志三、四和宋書天文志。

〔二〕元年十月至二年五月月再掩東蕃上相 按志二天興元年十一月丁丑，月掩東上相。這裏「十」下當脫「一」字。

〔三〕是歲秀容胡帥亦聚衆反 諸本「帥」訛「師」，今據志二天興四年三月甲子條改。又「是歲」承上文是四年，據志二事在五年十一月。

〔四〕九月己未又犯進賢 按是年九月丁卯朔，無己未。 宋書卷二五天文志在元興元年魏天興五年九月癸未，是十七日。

〔五〕二年八月火犯斗丁亥又犯建 按天賜二年八月庚戌朔，無丁亥。 宋志是年不載，而次年義熙二年，即魏天賜三年記八月癸亥，熒惑犯斗第五星；丁巳，犯建星。是年八月甲辰朔，丁巳是十四日。

〔六〕二年八月甲子熒惑犯少微庚寅犯右執法癸卯犯左執法　南本「癸卯」作「癸巳」，北本、汲本、殿本、局本作「癸未」，百衲本作「癸卯」。按天賜二年八月庚戌朔，無庚寅、癸卯。是年九月己卯朔，戊子是十日，庚寅是十二日，癸未是五日，亦似不應記癸卯於戊子、庚寅後。然此志本條疑抄宋志而誤。宋志義熙元年魏天賜二年九月戊子熒惑犯少微，庚寅、癸未犯左執法，「癸未」，疑這裏抄宋志，誤以義熙二年為天賜二年，又訛「丁巳」為「丁亥」。

〔七〕八月辛丑熒惑犯執法　按天賜四年八月戊辰朔，無辛丑。宋志在義熙三年魏天賜四年八月辛卯，乃二十四日。

〔八〕是歲八月壬子太白犯軒轅大星　按永興二年八月辛巳朔，無壬子。宋志在義熙六年魏永興二年八月壬午，是二日。此志「壬子」當是「壬午」之訛。

〔九〕至泰常二年正月晉荊州刺史司馬休之雍州刺史魯宗之為劉裕所襲皆出奔走　按劉裕攻司馬休之、休之出奔，據宋書卷二武帝紀二在義熙十一年魏神瑞二年，次年魏改年泰常，志二誤「神瑞」為「泰常」，這裏又承其誤。參志二校記〔一〕。

〔一〇〕四月丙午行端門出　按泰常四年四月庚申朔，無丙午。宋志在元熙元年魏泰常四年四月二十七日丙戌。此志「丙午」當是「丙戌」之訛。

〔一一〕十月又犯之在斗　按志二在泰常三年十一月庚申,這裏「十」下當脫「一」字。

〔一二〕七月雁門河內大水　按卷三太宗紀在泰常三年八月,疑這裏作「七月」。

〔一三〕明年正月又犯鬼至而至秦夏出夷威　諸本「正月」作「五月」,獨百衲本作「正月」。按宋志元嘉九年正月庚午,熒惑入輿鬼,此志之明年乃魏神䴥五年,亦即宋元嘉九年四三二,知百衲本獨是,今從之。又「而至秦夏出夷威」,語不可解。「而至」下疑有脫文。「威」當是「滅」之訛。「出」字非字訛即衍文。

〔一四〕十月丙辰月又掩之　諸本無「月」字。按志二神䴥四年十月丙辰,月掩天關,宋志同。這裏「又」上脫「月」字,承上文,便似太白又掩之。今據補。

〔一五〕詔大將軍嵇敬等帥衆二萬屯漠南　諸本「嵇」訛「黎」,今據卷四上世祖紀上太延五年六月條、卷一〇三蠕蠕傳補改正。

〔一六〕追至頓根河　殿本考證云:「頓根河,本書蠕蠕傳作『頞根河』。」按「頓」字疑訛。

〔一七〕十一月太保盧魯元薨　卷七下世祖紀下,魯元死在太平眞君三年十二月辛丑。這裏「十一月」當是「十二月」之訛。

〔一八〕是月太白犯房月入南斗　按志二「月入南斗」在太安四年八月。疑「月入南斗」上脫「八月」二字。

〔一九〕占曰小流星百數四面行者庶人遷之象 按上文稱「流星數萬西行」，這裏「四」當是「西」之訛。

〔二〇〕二年三月熒惑入鬼 按宋志在大明六年魏和平三年三月。此志下文說「是歲，詔諸將討雍州叛氏」，據卷五高宗紀，事在和平三年六月，則這裏「二年」當是「三年」之訛。但下文又云「宋雍州刺史海陵王休茂亦稱兵作亂」，據宋書卷六孝武帝紀，事在大明五年魏和平二年。

〔二一〕是月熒惑守軒轅 按是月承上文乃和平三年四六二十月，據宋志「熒惑守軒轅」和下文「十一月，歲入氏」都在大明七年魏和平四年、四六三，此志提早一年。此條下注文和下五年條正文和注中記載的星變，見於宋志者，比對紀年，此志皆提前一年，必是雜抄宋志而於宋、魏紀年的比定有誤。今不逐條列舉。

〔二二〕顯祖天安元年正月戊子 按天安元年正月己丑朔，無「戊子」。

〔二三〕道符作亂之明年司空和其奴太宰李峻皆薨 按卷六顯祖紀，拓跋道符起兵在皇興元年正月，和其奴及李峻死於皇興三年正月，卷四四和其奴傳同紀。這裏作「明年」誤。

〔二四〕丙子月犯東井庚子又如之 按此承上文乃延興二年正月，志二在是年閏月，疑「丙子」上脫「閏月」二字。但是年閏六月，壬子朔，無「庚子」，志二亦誤。正月甲寅朔，亦無庚子。

〔二五〕二年正月曲赦京師及秦涼諸鎮 諸本「涼」作「梁」。按志二及卷七上高祖紀上作「涼州諸鎮」，「梁」字訛，今改正。

〔二六〕四年九月己卯月犯畢 志二「九月」作「正月」。按下稱「七月丙申」,不應「九月」在前,「九」當是「正」之訛。

〔二七〕七月丙申太白犯歲星在角 此承上文乃延興四年宋元徽三年四七四,據宋志在元徽三年魏延興五年,當是抄宋志誤前一年。

〔二八〕丁卯太白又入氐 此承上文乃延興四年七月。按是年七月庚午朔,無丁卯。宋志在元徽三年魏延興五年七月丁巳。是年七月甲午朔,丁巳是二十四日。這裏誤前一年,又「丁卯」乃「丁巳」之訛。

〔二九〕爲主女之象 按「主女」當是「女主」誤倒。

〔三〇〕十二月丙戌月犯之 諸本「十二月」作「十一月」。按志二太和三年十二月丙戌,月犯太微左執法。是年十一月己亥朔,無丙戌,十二月戊辰朔,丙戌是十九日。這裏「十一月」乃「十二月」之訛。今據改。

〔三一〕四年二月辛巳 諸本「月」訛「年」,今據志二改。

〔三二〕有偏日暈 按志二太和五年二月甲辰條「日」作「白」,當是。

〔三三〕元陽以儘 殿本考證云:「『元』應作『九』。」

〔三四〕是謂驚立絕行 諸本「立」作「亡」。按這是說歲、辰、太白三星聚氐。 志四武定八年三月甲午,

歲、鎮、太白在虛」云「是為驚立絕行」。隋書卷二〇天文志中云:「三星若合,是謂驚立絕行。」知這裏「亡」字訛,今改正。

魏書卷一百五之四 [一]

天象志一之四第四

太和十二年十一月戊午,太白犯歲,又犯火,喪疾之祥。丙寅,火又犯木。占曰「內無亂政,則主有喪戚之故」。十二月壬寅,太白犯塡。占曰「金爲喪祥,后妃受之」。十三年二月,熒惑犯塡。占曰「火主凶亂,女君應之」。皆文明太后之譴也。先是,十一年六月甲子,歲星晝見;十二月甲戌,又晝見,是歲六月,又如之。歲而麗于大明,少君象也。是時孝文有仁聖之表,而太后分權以干冒之,及帝春秋方壯,始將經緯禮俗,財成國風。故比年女君之譴屢見,而歲星寖盛,至于不可掩奪矣。且占曰「木晝見,主有白衣之會」。是歲九月丙午,有大流星自五車北入紫宮,抵天極,有聲如雷。占曰「天下大凶,國有喪,宮且空」。夫五車,君之軍府也,天象若曰:是將以喪事有千乘萬騎而舉者。大有聲,其事昭盛。至十四年三月,塡星守哭泣。占曰「將以女君有哭泣之事」。天象又曰:人主將以喪事而四月丙申,火犯鬼,喪祥也。六月,有大流星從紫宮出,西行。

出其宮。八月,月、太白皆犯軒轅。九月癸丑而太皇太后崩,帝哭三日不絕聲,勺飲不入口者七日,納菅履,徒行至陵,其反亦如之,哀毀骨立,杖而後起,雖殊俗之萌,矯然知感焉。自九月至于歲終,凡四謁陵。又薦出紫宮之驗也。十四年十一月,月犯塡星;十二月月犯軒轅;十五年十月,月犯塡,又犯軒轅;八月,又犯之;[三]九月,月掩塡星;十七年正月,月又犯軒轅。皆女君之象也。是時林貴人以故事薨,及馮貴人爲后,而其姊譖之,至二十年竟坐廢黜,以憂死。幽后繼立,又以淫亂不終。

十三年十二月戊戌,塡星、辰星合于須女。女,齊、吳分。占曰「是爲雍沮,主令不行,且有陰親者」。至十四年三月庚申,歲星守牛。占曰「其君不愛親戚,貴人多喪,又譴祥也」。是歲太白三犯熒惑;十月,太白入氐;十一月,有大流星從南行入氐。甲申,齊邦之物也,金、火相鑠,爲兵喪,爲大人之謫。天象若曰:宿宮有兵喪之故,盛大者循而殘之,處其寢廟之中矣。至十五年三月壬子,歲犯塡,在虛;三月癸巳,木、火、土三星合宿于虛;甲午,火、土相犯。虛,齊也。占曰「其國亂專政,內外兵喪,故立侯王」。九月乙丑,太白犯斗第四星;戊子,有大流星起少微,入南宮,至帝坐。主有盛大之臣,乘賢以侮其君者。且占曰「大人易政」。至十七年正月戊辰,金、木合于危。危,亦齊也,是爲人君且罹兵喪之變。四月戊子,太白犯五諸侯。占曰「有擅刑以殘賊諸侯者」。至七月,齊武帝殂,西昌侯以從子干政,竟殺二君而自立,是爲齊明帝。於是高、武諸子王侯數十人相次誅夷,殆無遺育矣。

雖繼體相循,實有準命之禍,[三] 故天譴仍見云。自十五年至十七年,月行七犯建星。建星為忠臣之輔,經代之謀,又吳之分也。十五年,再犯牽牛;十六年至十七年,又四犯南斗。是謂臣干天祿,且曰「大人多死者」。又十五年七月,金入太微;十七年,火入太微宮。反臣之戒。是歲,月行四入太微,十七年六入太微,比歲凡十干之,而齊君夷其宗室,亦積忍酷甚也。

十五年四月癸亥,熒惑入羽林;十六年二月壬子,太白入羽林。占曰「天下兵起」。三月己卯,四月丙午,五月甲戌,十月辛卯,月行皆入羽林,十七年四月壬寅,八月辛卯,十二月辛巳,又如之。先是,陽平王頤統十二將騎士七萬,北討蠕蠕。是歲三月,月掩畢;十一月,又犯之;十六年五月及七月,月再入畢;八月,十一月又犯之;十七年八月又入畢。畢為邊兵。占曰「貴人多死」。十五年六月,濟陰王鬱賜死;十七年,南平王霄、三老尉元皆死;十八年,安定王休死;十九年,司徒馮誕、太師馮熙、廣川王諧皆死。

十七年二月庚戌,火、土合于室。室星,先王所以制宮廟也,熒惑天視,塡為司空,聚而謀之,其相宅之兆也。且緯曰:「人君不失善政,則火土相扶,卜洛之業庶幾興矣。」是歲九月,上罷擊齊,始大議遷都。冬十月,詔司空穆亮、將作董邇繕洛陽宮室,明年而徙都之。於是更服色,殊徽號,文物大備,得南宮之應焉。凡五星分野,熒惑統朱鳥之宿,而塡以軒鼓寓之,皆周鶉火之分。室,又并州之分。是為步自并州,而經始洛邑之祥也。

十七年二月丁丑，太白犯井；辛丑，又犯鬼；五月戊午，晝見，九月，又如之。是謂兵祥，雍州也。是月，火、木合于婁。婁爲徐州，占曰「其地有亂，萬人不安」。八月辛巳，熒惑入井。占曰「兵革起」。明年十二月，[四]詔征南將軍薛眞度督四將出襄陽，徐州刺史元衍出鍾離，平南將軍劉藻出南鄭，[五]皆兩雍、徐方之分。後年正月，平南王肅大敗齊師于義陽，降者萬餘。己亥，上絕淮，登八公山，並淮而東，及鍾離乃還。至十九年六月庚申，金、木合于井。七月，火犯井。二十一年十一月，[六]大敗齊師于泗北。明年春，復大破之，下二十餘城，於是悉定泗漢諸郡。時江南爲立雍州於襄陽，以總牧西土遺黎，故與東井同候。

十八年四月甲寅，熒惑入軒轅，后妃之戒也。是時，左昭儀得幸，方譖訴馮后，上盡而惑之。故天若言曰：夫膚受之微不可不察，亦自我天視而降鑒焉。至十九年三月，月犯軒轅，二十年七月辛巳，又掩塡星。是月，馮后竟廢，尋以憂死，而立左昭儀，是爲幽后。明年，追廢林貞后爲庶人。二十二年正月，月又掩軒轅。十一月，又彗星起軒轅，歷鬼南，及天漢。天又若曰：是固多穢德，宜其彗除矣。行歷鬼，又強死之徵。明年，幽后賜死出。

十九年六月壬寅，熒惑出于端門。占曰「邦有大獄，君子惡之，又更紀立王之戒也」。明年，皇太子恂坐不軌，黜爲庶人。至二十一年十月壬午，熒惑、歲星合於端門之內。歲爲人君，火主死喪之禮，而陳于門庭，大喪之象也。二十二年二月乙丑，木、火合于掖門內，是

夕,月行逮之,三月丙午,木、火俱出挾門外,再合一相犯,月行逮之。后妃預有咎焉。明年四月,宮車晏駕。夫太微,禮樂之庭也。時帝方修禮儀,正喪服,以經人倫之化,竟未就而崩。少君嗣立,其事復寢,縉紳先生咸哀慟焉。故天視奉而修之,是以徘徊南宮,蓋皇天有以著慎終歸厚之情。或曰「合于天庭南方,有反臣之戒」。是時齊明帝殂,比及三年而亂兵四交宮掖,既而蕭衍戮之,竟覆齊室云。二十一年十一月,有流星照地,至天津而滅。占曰「將有樓船之攻,人君以大衆行」。二十二年而上南伐。

天棓,天子先驅也。占曰「國中貴人有死者,且大赦」。至三月,上南征不豫,詔武衞元萬詣洛陽,賜皇后死。

世宗景明元年四月壬辰,有大流星起軒轅左角,東南流,色黃赤,破爲三段,狀如連珠相隨至翼。左角,后宗也。占曰「流星起軒轅,女主後宮多讒死者」。翼爲天庭之羽儀,王室之蕃衞,彭城國焉。又占曰「流星于翼,貴人有憂繫」。是時,彭城王忠賢,且以懿親輔政,借使世宗諒陰,恭已而修成王之業,則高祖之道庶幾興焉。而阿倚母族,納高肇之譖,明年,彭城王竟廢。後數年,高氏又鴆于后,而以貴嬪代之。由是小人道長,讒亂之風作矣。夫天之風戒,肇于履端之始,而沒身不悟,以傷魏道,豈不哀哉!或曰:軒轅主后土之養氣,而庇祐下人也,故左角謂之少人焉。天象若曰:人將喪其所以致養,幾至流亡離析矣。是歲,北鎮及十七州大饑,人多就食云。是歲十二月癸未,月暈太微,既而有白氣長一丈許,南抵七星,

俄而月復暈北斗大角。為君以兵自衞也,又赦祥也,且為立君之戒。

又二年正月,月暈井、參、觜、昴、五車。

二年正月己未,金、火俱在奎,光芒相掩。為兵喪,為逆謀,大人憂之,野有破軍殺將奎,徐方也。三月丁巳,有流星起五諸侯,入五車,至天潢散絕為三,光明燭地。五車,所以輔襄替之君也,流星自五諸侯干之,諸侯且霸而修兵車之會,分而為二,距乏疑之君幾將並立焉。魏收以為流星出五車,諸侯有反者。至五月,咸陽王禧謀反,賜死。占曰「人君有戮死者」。時蕭衍起兵襄陽,將討東昏之亂,是月,推南康王寶融為帝,踐阼于江陵,於是齊有二君矣。至八月戊午,金、火又合于翼,楚分也。十一月甲寅,金、水俱出西方。占曰「東方國大敗」。時蕭衍已舉夏口,平尋陽,遂沿流而東,東主之師連戰敗績,於是長圍守之。十二月,齊將張稷斬東昏以降,又戮主之徵。

三年正月,火犯房北星,光芒相接;癸巳,塡星逆行,守井北轅西星。皆大臣賊主,更政立君之戒也。二月丁酉,有流星起東井,流入紫宮,至北極而滅。東井,女,齊分;金、水合,為兵誅。是月,衍憑之以興,且西君之分,使星由之以抵辰極,是為禪受之命,且為大喪。戊辰而少主殂。自二年至三年,雍州之分,衍諸侯相次伏誅,既而西君錫命,衍受禪于建康,是為梁武帝。

又二年七月,月暈婁,內青外黃,櫟月六掩犯斗魁;七月,火犯斗,皆吳分也。時江南北歲大饑,又連兵北鄙,負敗相迹。

昴、畢、天船、大陵、卷舌、奎。船爲徐魯,又赦祥也,且曰「多死喪」。三月,青、齊、徐、兗餓死萬餘人。七月,大赦。三年八月,月暈,外青内黄,轢昴、畢、婁、胃、五車。占曰「貴人多死」。十二月,月犯昴,環月。太傅、平陽王丕薨。[七]後年正月,大赦。

三年八月丙戌,有大流星起天中,北流,大如二斗器。臨北方」。至四年九月壬戌,有大流星起五車,東北流。占曰「旱,大赦」。又再暈軒轅、太微。明年正月,月暈五車、東井、兩河、鬼、塡星。是月,大赦改元。六月,以亢陽,詔撤樂減膳。

十一月,左僕射源懷以便宜安撫北邊,復詔源懷撃之。是歲七月,月暈昴、畢、觜、參、井、五車。

月辛亥,三月丁未,月再掩太白,[八]皆大戰之象也。庚辰,揚州諸將大破梁師于陰陵。[九]是歲二月,又大破梁師于邵陵。[一〇]九月,蠕蠕犯邊,由輔相干之,其道悖矣。且占曰「其象著大,有非常之變」。至二年六月癸丑,有流星如五斗器,起織女,抵室而滅。占曰「王后憂之,有女子白衣之會」。往反營室,釁歸後庭焉。三年正月己亥,有大流星起天市垣,西貫紫蕃,入北極市垣之西,又公卿外朝之理也。占曰「以臣犯主,天下大凶」。明年,高肇欲其家擅寵,乃鴆殺于后及皇子昌,而立高嬪爲后。先是,景明四年七月,太白犯軒轅大星。至二年六月,木犯昴。占曰「人君有白衣之會」。同上。

三年六月丙辰,太白晝見。占曰「陰國之兵強」。八月,梁師寇邊,攻陷城邑。秋九月,安東將軍邢巒大破之宿豫,斬將三十餘人,捕虜數萬。十月甲寅,月犯太白,又大戰之象。明年,中山王英敗績于淮南,士卒死者十八九。又元年正月,月暈胃、昴、畢、五車、戊午,又暈五車、東井、兩河、鬼、填星;二月甲申,又暈昴、畢、觜、參;三年正月,月暈太微、軒轅。皆為兵、赦。是月,皇子生,大赦天下。

四年七月己卯,有星孛于東北。占曰「是謂天讒,大臣貴人有戮死者」。凡孛出東方必以晨,乘日而見,亂氣蔽君明之象也。昔魯哀公十三年十一月,有星孛于東方,明年,春秋之事終,是謂諸夏微弱,蠻夷遞霸,田氏專齊,三族擅晉,卒以干其君明而代奪之,陵夷遂為戰國,天下橫流矣。今孛星又見,與春秋之象同。天戒若曰:是居太陽之側而干其明者,固多穢德,可彗除矣,而君不悟,衰替之萌將繇此始乎?是歲,高肇鴆及皇子,明年又譖殺諸王,天下冤之。肇故東夷之俘,而驟登更先帝之法,累構不測之禍,干明敦甚焉,魏氏之悖亂自此始也。

永平元年三月戊申,熒惑在東壁,月行抵之,相距七寸,光芒相及。室壁四輔,君之內宮,人主所以庇衛其身也。天象若曰:且有重大之臣屏藩王室者,將以讒賊之亂,死於內宮。又曰:諸侯相謀。五月癸未,填星逆行,太微在左執法西。是為后黨持政,大夫執綱而逆行侮法,以啟蕭牆之內。是月,月犯畢,六月,又掩之。占曰「貴人有死者」。庚辰,太白,

歲星合于柳。柳爲周分。」且占曰「有內兵以賊諸侯」。八月,京兆王愉出爲冀州刺史,恐不見容,遂舉兵反,以誅尚書令高肇爲名,與安樂王詮相攻于定州。九月,太師、彭城王勰于禁中,愉亦死之。或曰:柳,豫州分,所合之野,謀兵,有戰野拔邑事。至十一月丙子,流星起羽林南,大如椀,色赤;有黑雲東南引,如一匹布橫北轢星。占曰「禁兵起,所首名之」。是歲,豫州人白早生殺刺史司馬悅,以城降梁,遣尚書邢巒擊之。十二月,欃拔懸瓠,斬早生。

二年三月丁未,有流星徑數寸,起自天紀,孛于市垣,光芒燭地,有尾跡,長丈餘,凝著天。天象若曰:政失其紀而亂加乎人,浸以萌矣,是將以地震爲徵。地震者,下土不安之應也。是月,火入鬼,距積尸五寸。積尸,人之精爽,而炎氣加之,疫祥也。四月乙丑,金入鬼,去積尸一寸。又以兵氣干之,強死之祥也。踰逼者事甚。鬼主驕亢之戒,故金火薦災其人以警而懼之。五月,太白犯歲,光芒相觸。占曰「兵大亂,歲饑,不出三年」。七月庚辰,有流星起騰蛇,入紫宮,抵北極而滅。天戒若曰:彼光後王道者。[二]以馭陰陽之變必將有水旱之沴,地震之祥,而後災加皇極焉。明年夏四月,平陽郡大疫,死者幾三千人。平陽,鬼星之分也。秋,州郡二十大水,冀定旱饑。四年,胊山之役,喪師殆盡。其後繁時、桑乾、靈丘、秀容、雁門地震陷裂,山崩泉涌,殺八千餘人。延昌三年,詔曰:「比歲山鳴地震,于今不已,朕甚懼焉。」至正月,宮車晏駕。[二]二年十一月丙戌,月掩畢大星,[三]至三年八月,火犯

積尸。占曰「貴人死,又饑疫祥也」。比年水旱災疫,是月,中山王略薨;明年春,司徒廣陽王嘉薨。

二年九月甲申,歲星入太微,距右執法五寸,光明相及;十二月乙酉,逆行入太微,奄左執法;三年閏月壬申,又順行犯之,相去一寸。保乾圖曰:「臣擅命,歲星犯執法。」是時,肇方爲尚書令,故歲星反復由之,所以示人主也。天若言曰:「政刑之命亂矣,彼居重華之位者,盡將反復而觀省焉。今雖厚而觀之,適所以爲禍資耳。」且占曰「中坐成刑,遠期五年」。間五歲而肇誅。四年四月庚午,熒惑犯軒轅大星;至五月,入太微,距右執法三寸,光芒相接。熒惑,天視也,始由軒轅而省執法之位,其象若曰:是居后黨而擅南宮之命,君其降監焉。共應與歲星同也。

四年正月戊戌,有流星起張,西南行,殷殷有聲,入參而滅。張,河南之分,參爲兵事。占曰「流星自東方來,至伐而止,有來兵大敗吾軍。有聲者怒也」。先是,去年七月乙巳,有流星起白,是歲,又犯之,在胃,八月辛酉,又犯之。胃爲徐方,大戰之象也。十月戊寅,有大流星孛于羽林,南流,色赤,珠落下入濁氣,孛然而流。王師潰亂之兆。先是,梁胊山鎭殺其將來降,詔徐州刺史盧昶援之。十二月,昶軍大敗於淮南,淪覆十有餘萬。是歲,有胊山之役,間歲而帝崩。

四年十二月己巳,歲星犯房上相,相距一寸,光芒相及;至延昌元年三月丙申,歲星在鉤餘東五寸,距鍵閉三寸,丙午,又掩房上相。天象若曰:夫鈴鍵之轡,君上所宜獨操,非驂北斗魁前,西北流入紫宫,至北極而滅。占曰「不出期年,兵起,且亡君戒」。是歲,有胊山之役,間歲而帝崩。

服所當共也。先是，高肇爲尚書令，而歲星三省執法。是歲至升爲司徒，猶怏怏不悅，而歲星又再循之，所以示人主審矣。間二歲而上崩，肇亦誅滅。或曰木與房合，主喪、水。又元年二月，月暈井、鬼、軒轅；十月，又暈井、五車、參、畢。皆水旱饑敗之祥。自元年二月不雨至六月雨，大水。二年四月庚子，出絹十五萬匹賑河南饑人。是夏，州郡十二大水。八月，滅天下殊死。

四年四月庚午，〔一六〕熒惑犯軒轅大星；十月壬申，月失行，犯軒轅大星。至延昌元年三月，填星在氐，守之九十餘日。占曰「有德令，拜太子，女主不居宮」。至十月，立皇太子，賜爲父後者爵，旌孝友之家。至二年三月乙丑，填星守房。占曰「女主有黜者，以地震爲徵」。地震者，陰盈而失其性也。四月丙申，月掩填星；七月戊午，又如之。是爲后妃有相遷奪者，且曰「女主死之」。時比歲地震。至三年八月，太白又犯軒轅。十二月，月掩熒惑。皆小君之謫也。時高后席寵凶悍，雖人主猶畏之，莫敢動搖，故世宗胤嗣幾絕。明年上崩，后廢爲尼，降居瑤光寺，尋爲胡氏所害，以厭天變也。

延昌元年八月己未，有流星起五車，西南流入畢。畢，邊兵也。占曰「有兵車之事，以所直名之」。至二年十一月戊午，又有流星起五車，西南流，殷殷有聲。憑怒者，事盛也。十二月己卯，有流星西南流，分而爲二。又偏師之象也。至三年六月辛巳，太白晝見。占曰「西兵大起，有王者之喪」。十一月，大將軍高肇伐蜀，益州刺史傅豎眼出北巴，平南羊祉

出涪,安西奚康生出綿竹,撫軍甄琛出劍閣,會帝崩旋師。先是元年三月己酉,木、土相犯。占曰「人君有失地者,將死之」。又曰「先作事者敗,兵起必受其殃」。三年九月,太白掩右執法。是爲大將軍有罹刑辟者。先是二年二月,梁郁洲人徐玄明斬大將張稷來降。及肇出征,還亦就戮。

元年三月乙未,有流星起太陽守,歷北斗,入紫宮,抵北極,至華蓋而滅。太陽守所以弼承帝車,大臣之象。今使星由之,以語天極之位,臣執國命,將由此始乎?且占曰「天下大凶,主室其空」。先是,去年八月至十月,月再入太微;是歲三月,月犯火于太微。占曰「君死,不出三年,貴人奪權失勢」。二年三月辛酉,熒惑又犯太微。曰「天下不安,有立君之戒」。九月丁卯,入太微,犯屏星。明年正月而世宗崩,於是王室遂卑,政在公輔。三年二月,月暈畢、昴、五車、太白、東井。占主赦。是月,太白失行,在天關北。占「有關梁之兵,道不通」。明年正月,肅宗立,大赦天下。二月,梁將任太洪帥衆寇關城。

四年五月庚戌,九月乙丑,十月癸巳,月皆犯太微。閏月戊午,月犯軒轅。又女主之謫。十一月庚寅,木、火會于室,相距一尺;至甲午,火徙居東北,亦相距一尺。室爲後宮,火與木合曰內亂,環而營之,或淫事于逼諸侯之象。占曰「姦臣謀,大將戮。若有夷族之害,以赦令除之」。先是,三年九月,太白犯執法。是歲八月,領軍于忠擅戮僕射郭祚。九月,太后臨朝,淫放日甚,至逼幸清河王懌。其

後,羽林千餘人焚征西將軍張彝宅,辜死者百數,朝廷不能討,於是大赦。原羽林亦營室之故也。魏收以爲月犯太微,大臣有死者。其後安定王燮。月犯軒轅,女主憂之。其後皇太后高尼崩于瑤光寺。營室又主土功也。胡太后害高氏以厭天變,乃以后禮葬之。

四年十月,太白犯南斗。斗爲吳分。占曰「大兵起」。先是三年四月,有流星起天津,東南流,轢虛、危。天津主水事,且日有大衆之行。其後梁造浮山堰,以害淮泗,諸將攻之,是歲閏月,有大奔星起七星,南流,色正赤,光明燭地,尾長丈餘,歷南河,至東井。七星,河南之分也;流星出之,有兵起;施及東井,將以水禍終之。又占曰「所與城等」。疑是時,鎮南崔亮攻梁師于硤石。明年二月,鎮東蕭寶夤大破梁淮北軍。九月,淮堰決,梁人十餘萬口皆漂入海。

肅宗熙平元年三月丙子,太白犯歲星;十二月甲辰,月犯歲星。[一七]是謂彊盛之陰而陵少陽之君。歲,又諸侯也。天象若曰:始由內亂干之,終以威刑及之。是歲正月,焚惑犯房,四月庚子,又逆行犯之;癸卯,月又犯房。[八]占曰「天下有喪,諸侯起霸,將相戮」。十一月,大流星起織女,東南流,長且三丈,光明照地。占曰「王后憂之,有女子白衣之會」。間歲,高太后殂,司徒國珍薨,中宮再有喪事。其後僕射于忠,司徒、任城王澄薨,既而太后幽逼,清河、中山王戮死。或曰:「月、太白犯歲星,饉祥也」;火犯房,陳兵滿野,有饑國,且大赦。」又元年十二月,

月暈井、觜、參、五車。占曰「水旱,有赦」。至二年正月,大赦。十月,幽、冀、滄、瀛大饑。是月,月再暈畢、參、五車。占曰「饑,赦」。明年,幽州大饑,死者數千人,自正月不雨至六月。是歲,四夷反叛,兵大出,又赦改元。

二年六月癸丑,有大流星出河鼓,東南流,至牛;十一月,流星起河鼓,色黃赤,西南流,長且三丈,有光照地;至神龜元年四月壬子,有流星起河鼓,西北流,至北斗散滅。河鼓,鼓旗之應也,故流星出之兵出,入之兵入。昔宋泰始初,大流星出自河鼓,西南行,竟夜,有小星百數從之。既而諸侯同時作亂。至是三出河鼓,秦州屬國羌及南秦、東益氐皆反。七月,河州人卻鐵忽與羣盜又起,自稱水池王,詔行臺源子恭及諸將四出征之。朝廷多事,故天應屢見云。

神龜二年四月甲戌,大流星起天市垣西,東南流,轢尾,光明燭地。天象若曰:將作大衆而從后妃之事矣,以所首名之。是歲九月,太后幸嵩高。或曰市垣所以均國風,尾,幽州也。明年,詔尚書長孫稚撫巡北蕃,觀省風俗。二月丙辰,月在參,暈井、觜、參、歲星、五車。占曰「有死相,且赦」。明年,諸王多伏辜,又大赦。

二年八月己亥,太白犯軒轅;是月,月又犯之;至正光元年正月,月又犯軒轅大星。四月庚戌,金、火合于井,相去一尺。占曰「王業易,君失政,大臣首亂,將相戮死,以用師大敗」。五月丙午,太白犯月,相距三寸。占曰「將相相攻,秦國有戰」。七月,太白犯角。角,

天門也,是爲兵及朝庭。占曰「有謀不成,破軍斬將」。是月,侍中元乂矯詔幽太后于北宮,殺太傅、清河王懌。八月,中山王熙起兵誅元乂,不克遇害。明春,衞將軍奚康生謀討乂于禁中,事泄乂死。是冬,諸將伐氐,官軍敗績。

正光元年九月辛巳,有彗星光焰如火,出于東方,陰動爭明之異也。感精符曰:「天下以兵相威,以勢相乘,至威疑亂,起布衣,從衡禍,未庸息,帝宮其空。」昔正始中,天讒孛于東北,是歲而攝提復周。故天象若曰:夫讒之亂萌有自來矣,彗除之象今則著矣,戰國之禍將由此作乎?間三年而北鎮肇亂,關中迹之。自是姦雄鼎沸,覆軍相踵,其災之所及且二十餘年而猶未弭焉。梁志曰:九月乙亥,有星晨見東方,光如火。占曰「國皇見,有內難急兵」。明年,義州反。[九]乙亥去辛巳凡六日,而北方觀之,其氣蓋同矣。始干其明,以妖南國,旣又彗而布之,以除魏邦。

二年四月甲辰,火、土相犯於危;十一月辛亥,金、土又相犯于危。危,存亡之機,太白司兵,熒惑司亂,而玄枵司人,土上之所係命也。三精涽聚,羣臣叶謀,以濟屯復之運焉。占曰「天下方亂,甲兵大起」,王后專制,有虛國徙王」。至四年四月己未,火、土又相犯于室。或曰「魏氏,軒轅之裔。塡星之物也,赤是謂後宮內亂。且占曰「欲殺主,天子不以壽終」。

其後太后淫昏,天下大壞,上春秋方壯,誅諸佞臣,靈爲母,白靈爲子,經綸建國之命,所以傳撥亂之君也,其受之者將在幷州與有齊之國乎?由是鄭儼等竦懼,遂說太后鴆帝。旣而

尒朱氏興于幷州,終啓齊室之運,卜洛之業遂丘墟矣。二年十月,月掩心大星;至三年正月,月掩心距星;四月丁丑,又如之。占曰「亂臣在側」。□□□□五年。間三歲而肅宗崩。[二0]

三年七月庚申,有大流星如五斗器,起王良,東北流,長一丈許。王良主車騎,且曰:有軍涉河,昭盛者事大。是日,月在昴北三寸,十一月乙卯,又如之。是謂兵加匈奴,且胡王之謫也。先是,蠕蠕阿那瓌失國,詔北鎭師納之。是歲八月,蠕蠕後主來奔懷朔鎭。[二一]歲,阿那瓌背約犯塞,詔尚書令李崇率騎十萬討之,出塞三千餘里,不及而還。二年九月庚戌,月暈胃、昴、畢、五車;辛亥,又暈之。占曰「饑旱有赦」。[二二]至三年九月,月在畢,暈昴、畢、觜、參、五車。是歲夏大旱,十二月,大赦。

三年二月丁卯,月掩太白,京師不見,涼州以聞。占曰「天下大兵起。涼州獨見,災在秦也」。三月癸卯,有大流星起西北角,流入紫宮,破爲三段,光明照地。角星,主外朝兵政,流星由之,將大出師之象。若曰將以兵革之故,王室分崩。入抵紫宮,天下大凶,有虛國之象。四月癸酉,有大奔星歷紫微,入北斗東北首,光明燭地,殷然如雷。盛怒之象也,又邊城兵亂之戒也。十月乙卯,太白入斗口,距第四星三寸,光芒相掩。占曰「大兵起,將戮辱,又吳分也」。五年正月,沃野鎭人破落汗拔陵反,[二三]臨淮王彧征之,敗績于五原。六月,莫折大提反於秦,雍州刺史元志人破落汗拔陵反,[二三]臨淮王彧征之,敗績于五原。六月,莫折大提反於秦,雍州刺史元志

討之」，又大敗於隴東。明年，南方諸將頻破梁師。至八月，杜洛周起上谷，其後鮮于脩禮反定州。王師比歲北征，冀方大震。既而葛榮承之，竟陷河北。五年二月，月在參，暈觜、參、五車、東井、熒惑；八月，又暈之。閏月，月在張、翼，再暈軒轅、太微。占曰「兵起，士卒多遁走」。一曰「士卒大聚」。又皆驗祥也。後年春，又大赦。先是，二年九月，歲星犯左執法；至三年正月癸丑，又逆行犯之，相去四寸，光芒相及；五月丙辰，歲星又掩左執法。是時宦者劉騰與元叉叶謀，遂總百揆之任，故歲星反復由之，與高肇同占。至四年二月，騰死，叉由是失援。其年十一月庚戌，歲星犯房上相，相距二寸，光芒相掩。五年四月己丑，歲星又逆行犯之。明年，皇太后反政，叉遂廢黜。昔高肇爲尚書令，而歲星三省之，及升于上相，歲星亦再循之。至是三犯執法而騰死，再干上相而叉敗，曠宮之譴，異代同符矣。

孝昌元年五月，太白犯軒轅；八月，在張、角，盛大。占曰「有暴酷之兵」。張，河南也。二年正月十二月，火入鬼，又犯之。占曰「大賊在大人之側」。后以淫泆失政，又秦分也。

癸卯，金、木相犯於牛；十一月戊申，又相犯于女。歲所以建國均人，女爲嬖妾，牛爲農夫。且曰有亂兵大戰而波及齊、吳。是歲八月天象若曰：是將罹以寇戎，而喪其耕織之務矣。

甲申，月在胃，掩鎮星；閏月癸酉，又掩之；三年正月戊辰，又掩之。是爲女君有罹兵刑之

禍者,洊于之,事甚而衆也。又占曰「天下大喪,無主,貴人兵死,國以滅亡」。又二年三月,奔星大如斗,出紫微,東北流,光照地。占曰「王師大出,邦去其君」。六月,有奔星如斗,起大角,入紫宮而滅。棟星以肆觀羣后,而敷威令于四方也。今大號由之,以詔天極,不以逆乎?且有空國徙王之戒焉。十月,有星入月中而滅。占曰「入而無光,其國卒滅,星反出者,亡國復立」。是歲四月至三年九月,熒惑再犯軒轅大星;武泰元年正月,又逆行復犯之。占曰「主命將失,女君之象,亂逆之災」。三月庚申,月掩畢大星。占曰「邊兵起,貴人多死者」。是時淫風滋甚,王政盡弛,自大河而北,極關而西,覆軍屠邑,不可勝計。旣而蕭寶夤叛于雍州,梁師驟伐淮泗,連兵青土,萬姓嗷嗷,喪其樂生之志矣。是歲二月,帝竟以暴崩。

四月,尒朱榮以大兵濟河,執太后及幼主,沉諸中流,害王公以下二千,遂專權晉陽,以令天下焉。三年正月癸酉,月在井,暈觜、參、兩河、五車。七月,大赦。明年少主立,又大赦。

莊帝永安元年七月癸亥,太白犯左角,相距四寸,光芒相掩,兵及朝庭之象。占曰「大戰不勝,貴人有來者,其謀不成」。至二年閏月,熒惑入鬼,犯積尸。占曰「兵起西北,有鈇鉞之誅」。是歲,北海王顥以梁師陷考城,執濟陽王暉業,乘虛逐勝,遂入洛陽。至七月,王師大敗之,顥竟戮死,有謀不成之驗也。明年,尒朱天光擊反虜万俟醜奴及蕭寶夤于安定,克之,咸伏誅。

二年十一月，熒惑自鬼入太微西掖門，犯上相，出東掖門，東行累日，句已去來，復逆行而西；十二月乙丑，月又掩之；至三年正月癸未，逆行入東掖門；己丑，月入太微，襲熒惑，辛卯，月行太微中，又暈之；三月己卯，在右執法北一尺五寸，留十四日；至壬辰，月又掩之，復順行而東。四月戊午，月又干太微而暈，己未，熒惑出端門，在左執法南尺餘而東。自魏興以來，未有循環反復若此之甚也。是時孝莊將誅權臣，有興復魏室之志，是以誠發於中而熒惑咨謀於上焉。天意若曰：干明之釁於是乎在矣。七亡」。至五月己亥，太白在參晝見。參爲晉陽之墟，有大兵之亂，貴人以彊死而天下滅

月甲午，有彗星晨見東北方，在中台東一丈，長六尺，色正白，東北行，西南指，丁酉，距下台上星西北一尺而晨伏；庚子，夕見西北方，長尺，東南指，漸移入氐；至八月己未，漸見；癸亥，滅。占曰「彗出太階，有陰謀姦宄興」。參爲晉陽之墟，有權臣之戮。天意若曰：干明之釁於是乎在矣。彗除之，權臣將滅之象；再干太陽之明而後陵奪之，逆亂復興之象也。究于內宮者，反仇其上也，近期在衝，遠期一年。先是二月壬申，有大流星相隨西北也。西北直晉陽之墟，而微星，庶人所以載皇極也，人徙而君從之。是月戊尾迹不絕以千計。至九月，上誅太原王榮、上黨王天戌，有大奔星自極東貫紫宮而出，影迹隨之，遷君之應。穆于明光殿。是夕，尒朱氏黨攻西陽門不克，退屯河陰。十二月，洛陽失守，帝崩于晉陽。

自是南宮版蕩,劫殺之禍相踵。先是,永安元年七月丙子,十一月丙寅,十二月癸巳,月皆掩畢大星;至二年三月乙卯,月入畢口;八月乙丑,又距畢左股二寸,光芒相掩,須臾入畢口;十二月丙辰,掩畢右股大星;三年六月乙巳,又犯畢大星;八月庚申,入畢口,犯左股大星,是月辛丑,太白犯軒轅;明年五月,月又犯畢右股,遂入之。畢星,所以建魏國之命也。占曰「天下有變,其君大憂,邊兵起,上將戮,月淬干之,事甚而衆」。及尒朱兆作亂,奉長廣王爲主,号年建明,後更立武帝。明年二月,又廢之而立節閔。六月,高歡又推安定王爲帝於信都,復黜之,後更立武帝。

節閔普泰元年五月辛未,太白出西方,與月並,間容一指,戰祥也。於是三少王相次崩殂,〔三五〕又洛陽再陷,六宮汙辱,有兵及軒轅之效焉。永安二年十月辛亥,十二月丁巳,月皆在畢、暈昴、畢、觜、參、五車;十月,又暈昴、畢、塡星、觜、參、井、五車,連環暈北斗、大角、織女;十月,又暈昴、畢、觜、參、五車。是時,肆赦之令,歲月相踵。辛丑,月在太白北,不容一指。占曰「有破軍殺將,主人不勝」。既而尒朱氏南侵,王師敗績。至是,又與月合,幾將復之乎?十月甲寅,金、火、歲、土聚于觜、參,甚明大。晉魏之墟也,且曰:兵喪並起,霸君興焉。是時,勃海王歡起兵信都,改元中興。至十一月己卯,奔星如斗,起太微,東北流,光明燭地,有聲如雷。占曰「大臣有外事,以所首事命之」。或曰「中國失君,有立王遷主。著而有聲者,盛怒也」。是時,尒朱氏成師北伐。明年三月癸巳,

火逆行犯氐。占曰「天子失其宮」。

孝武永熙元年九月,太白經天。十一月辛丑,有大流星出昴北,東南流,櫟畢貫參,光明照地,有聲如雷。天象若曰:將有髦頭之兵,憑陵塞垣,與大司馬合戰。明年正月丁酉,勃海王歡追擊兆等于赤洪嶺,大破之,尒朱氏殲焉。

二年四月,太白晝見。九月丁酉,火、木合于翼,相去一寸,光芒相掩。占曰「是謂內亂,姦臣謀,人主憂」。甲寅,金、火合于軫,相去七寸,光芒相及。至三年三月癸巳,有奔星如三斛甕,起苑瓜,西流入翼、軫南宮之藩,又荆州也。占曰「是謂相鑠,不可舉事用兵」。

市垣,有光燭地,逆流如珠,尾跡數丈,廣且三尺,凝著天,狀如蒼白雲,須臾屈曲蛇行。苑瓜爲陰謀,星大如甕,爲發謀舉事,光盛且大,人貴而衆也;以所首名之,且爲天飾,王者更均封疆。是時,斛斯椿等方說上伐高歡,荆州刺史賀拔勝預謀焉,[二八]高歡知之,亦以晉陽之甲來赴。七月,上自將十餘萬,次河橋,望歡軍,憚之不敢戰,遂西幸長安。至十月,勃海王更奉孝靜爲主,改元天平,由是分爲二國,更均封疆之應也。是月,歡命侯景攻荆州,拔之,「彊臣擅命,改政更元」。是年三月庚子,木逆行,在左執法北一寸,光芒相掩;五月甲申,又在執法西半寸,乍見乍不見。占曰又二年十一月乙丑,三年八月庚午,十二月庚申,由是高歡、宇文泰擅權兩國。

三年五月己亥,熒惑逆行,掩南斗魁第二星,遂入斗口。先是,元年十一月,熒惑入斗十餘日,出而逆行,復入之,六十日乃去。斗,大人之事也。占曰「中國大亂,道路不通,天下皆更元易政,吳越之君絕嗣」。是歲,東、西帝割據山河,遂為戰國比。十月至正月,梁、魏三帝皆大赦改元。或曰:斗為壽命之養,而火以亂氣干之,耄荒之戒也。是時梁武帝年已七十矣,怠於聽政,專以講學為業,故皇天殷勤著戒。夫天懸而示之,且猶不悟,其後攝提復周,卒有侯景之亂云。三年十二月,梁人立元慶和為魏王,屯平瀨。明年正月,東南行臺元晏大破之。六月,豫州刺史堯雄又大破梁師於南頓。十月,亂終之,而勸其天祿焉。

梁政單父,徐州刺史任祥又大破之,斬虜萬餘級。十一月,柳仲禮寇荊州,[二七]諸將又大敗之。時梁軍政益弛,故累有負敗之應。

東魏孝靜天平二年,有星孛于太微,歷下台,及室壁而滅。南宮,成周之墟,孝文之餘烈也,孛星由之,易政徙王之戒。天象若曰:王城為墟,夏聲幾變,而台階持政,有代奪之漸乎?且抵于營室,更都之象也。是後兩霸專權,皆以北俗從事,河南新邑遂為戰爭之郊。

間三歲,至興和元年九月,發司州卒十萬營鄴都,十月新宮成。天平元年閏月,月掩心大星;二年八月,又犯之,相去七寸;十一月,又掩心小星。相臣逼主之象,且占曰「人臣伐主,應以善事除殃」。時兩雄王業已定,特

以人臣取容而已。至興和二年八月,月又犯心大星。後數年而禪代。

元象二年七月壬戌,〔三〕金、土合于七星;癸亥,遂犯七星。七星,河南之分,金而犯土,將有封畿之戰,且占曰「其分亡地」。先是,去年十二月癸丑,太白食月,是歲三月壬申,太白又與月合,相距一寸,大戰之祥也。月象強大之國,而金合之,秦師將勝焉。十二月,有流星從天市垣西流,長且一丈,有尾迹。三年正月,勃海王歡攻夏州,克之。十月丁丑,月犯火。占曰「大將有闕死者」。十二月,大都督竇泰入潼關;明年,宇文泰距擊斬之,遂及勃海王歡戰于沙苑,歡軍敗績,捕虜萬餘。是月,獨孤信拔洛陽。

三年十一月,熒惑犯歲星。占曰「有內亂,臣謀主」。至四年正月,客星出于紫宮。占曰「國有大變」。二月壬申,八月癸未,月再掩五車東南星。占曰「軍興,爲不臣」。五年二月庚戌,三月甲子,塡星逆順行,再犯上相。上太白晝見。占曰「軍興,爲不臣」。五年二月庚戌,三月甲子,塡星逆順行,再犯上相。上相,司徒也。六月,太白入東井。占曰「秦有兵,大臣當之」。至元象元年七月,太白在柳,晝見。柳,河南也。八月辛卯,有大流星出房、心北,東南行,長且三尺,尾迹分爲三段,軍破爲三之象也。先是,行臺侯景、司徒高昂圍金墉,西帝及宇文泰自將救之。是月陳于河陰,泰以中軍合戰,大克,司徒高昂死之。旣而左右軍不利,西師由是敗績,斬將二十餘人,降卒六萬。是月,西帝太傅梁景叡據長安反,關中大震,尋皆伏誅。天平三年正月,元象元年三月,

再掩軒轅大星。是年,西帝廢皇后乙氏,立蠕蠕女爲后。明年五月,火犯軒轅大星。既而乙氏遇害,其後蠕蠕后又死,而乙氏爲祟焉。元象元年十月,月犯昴,暈畢、胃;丁未,在翼,暈大星、軒轅、左角;十一月,在井,暈五車、兩戒。[二六]東西主凡三大赦。

興和元年二月壬子,火犯井。占曰「秦有兵亂,貴人當之」。四月,又入鬼。亦兵喪之祥也,又土地之分也。至二年十一月甲戌,太白在氐,與塡星相犯。氐,鄭地也。至四年七月壬午,火、木合于井,相去一尺。占同天平。明年,北豫州刺史高仲密據武牢西叛,宇文泰帥衆援之。戊申,及勃海王戰于邙山,西軍大敗,虜王侯將校四百餘人,獲六萬餘級。元年八月,月在畢,暈昴、畢、觜、五車。皆兵饑赦祥也。二年正月大赦。三年正月至八月,又再暈之,歲星在焉。四年十一月,月暈軒轅、太微;壬申,又暈胃、昴、畢、五車。皆兵饑赦祥也。明年,東西主皆大赦。後年三月,高歡入朝,以春冬亢旱,請賑窮乏,死罪已下皆宥之。先是,元年十月辛丑,有彗星出于南斗,長丈餘,至十一月丙戌,距太白三尺,長丈餘,東南指;二月乙卯,至婁始滅。占曰「彗出南斗之上,皆誅其上」。疑又吳分始自微末,終成著大,而與兵星合焉。天戒若曰:夫劫殺之萌,其事由來漸矣,而人君辨之不早,終以兵亂橫流,不可撲滅焉。婁又徐方之次,亂之所自招也。至二年四月己丑,金、木相犯于奎;丙午,火、木又相犯于奎。奎爲徐方,所以虞蹶防之寇也。歲主建國之命,而省人君之差敗,火主亂,金主兵;三精涖而聚謀,所以哀矜下土而示驅除之戒也。是時,梁

主羲老,太子賢明而不能授之以政焉,由是領軍朱异等浸侵明福之權。至武定五年,侯景竊河南六州而叛,又與連衡而附益之。是歲十二月,梁師敗績于彭城,捕虜五萬餘級,江淮之間始蕭然愁歎矣。明年,師大敗,[三0]陷溺以十萬數,景遂舉而濟江,三吳大荒,道殣流離者太半,淮表二十六州咸內屬焉。昔三精聚謀於危,九年而高氏霸,至是聚謀於奎而蕭氏亡,亦天之大數云爾。

武定二年四月丁巳,熒惑犯南宮上將;戊寅,又犯右執法。占曰「中坐成刑,金火尤甚」。四年四月庚午,金晝見。六月癸巳,月入畢。九月壬寅,太白在左執法東南三寸許,是為執法事。五年正月,月犯畢大星,貴人之謫也。八月,淮南三王謀反,誅。明年,紹宗攻王思政于潁川,竟溺。四年九月,月在翼,暈軒轅、太微帝坐。五年二月,暈昴、畢、參、井、五車。[三二]五月,在月,歡薨于晉陽。辛亥,侯景反,僕射慕容紹宗擊之。先是九月,大丞相歡圍玉壁不克,是張,又暈軒轅、太微。時兵革屢動,東、西帝皆比歲大赦。

七年九月戊午,月掩歲星,在斗。斗為天廟,帝王壽命之期。月由之以干歲星,是為大人有篡殺死亡之禍。是歲,梁武帝以憂逼殂,明年而齊帝,後年西主文帝及梁簡文又終,天下皆有大故,而江表尤甚。八年三月甲午,歲、鎮、太白在虛。虛,齊分,是為驚立絕行,改立王公。熒惑又從而入之,四星聚焉。五月丙寅,帝禪位于齊。[三二]是歲,西主大統十六

年也。是時兩主立,而東帝得全魏之墟,於天官爲正。昔宋武北伐,四星聚奎,及西伐秦,四星聚井;四星聚參而勃海始霸;四星聚危而文宣受終。由是言之,帝王之業其有徵矣。其後六年,西帝禪于周室,天文史失其傳也。

校勘記

〔一〕魏書卷一百五之四　諸本目錄注「闕」字,宋人校語見上卷校記〔一〕。

〔二〕八月又犯之　按上已見「十月」,不應記八月在十月後。志二亦在十六年,知這裏「八月」上脫「十六年」三字。此處下文稱「九月,月犯塡星」,據志二太和十六年八月戊申月犯軒轅。

〔三〕實有準命之禍　按「準命」不可解,「準」當是「革」之訛。古代稱改朝換代爲「革命」。

〔四〕明年十二月　諸本無「十」字。按卷七下高祖紀下,事在太和十八年十二月。這次元宏南伐在二月已南伐?這裏「二」上顯脫「十」字,今據紀補。蕭鸞稱帝在十月,豈得於南齊蕭鸞即位後,卷九八蕭道成傳、南齊書卷五七魏虜傳均有紀載。

〔五〕平南將軍劉藻出南鄭　諸本「藻」訛「薛」,今據卷七下高祖紀下、卷七〇劉藻傳改。

〔六〕二十一年十一月　諸本「二」作「三」。按太和無三十一年,事見卷七下高祖紀下太和二十一年十一月。「三」字訛,今據改。

〔七〕太傅平陽王丕薨 按此承上文乃景明三年十二月。據卷八世宗紀，丕死在景明四年七月癸卯。

〔八〕三月丁未月再掩太白 按此承上文是景明四年三月。是年三月癸丑朔，無丁未。疑上脫「明年七月」四字。

丁未，五月壬子朔，亦無丁未。

〔九〕揚州諸將大破梁師于陰陵 卷八世宗紀景明四年三月「陰陵」作「陰山」。卷一九中任城王雲附元澄傳，卷九八蕭衍傳稱「攻蕭衍陰山戍破之」。通鑑卷一四五四二九頁胡注：「據水經注卷三○淮水篇陰山關在弋陽縣西南。」這裏「陰陵」當是「陰山」之訛。

〔一〇〕又大破梁師于邵陵 卷八世宗紀正始元年二月，卷九八蕭衍傳「邵陵」作「邵陽」。通鑑卷一四五四三七頁胡注：「即邵陽州也。」這裏「陵」字當是「陽」之訛。

〔一一〕彼光後王道者 諸本下注「疑」字。按此下當有脫文，不相連屬，今於「者」字下句斷。

〔一二〕至正月宮車晏駕 按上記延昌三年，元恪死在四年正月，「正月」上當脫「明年」或「四年」二字。

〔一三〕二年十一月丙戌月掩畢大星 諸本「二」訛「七」，按永平無七年，今據志二改。

〔一四〕是月中山王略薨 按「是月」承上文是永平三年五一〇八月。卷八世宗紀是年十月辛卯記「中山王英薨」，卷一九下南平王楨附元英傳亦稱英死於永平三年，略是英子，死於武泰元年五二八河陰之禍，亦見卷一九本傳。這裏「略」乃「英」之訛。「是月」亦當作「十月」。

魏書卷一百五之四

〔一五〕是歲又犯之　按「是歲」下例當記月，據志二是「四月辛卯」，疑脫此四字。

〔一六〕四年四月庚午　諸本「四年」作「二年」。按上記永平四年，下記延昌元年，不應這裏又記「二年」。下文說「十月壬申，月犯軒轅大星」，據志二在永平四年十月壬午，知這裏「二年」乃「四年」之訛。今改正。又是年十月癸亥朔，有壬申，也有壬午，未知孰是。

〔一七〕十二月甲辰月犯歲星　按志二熙平元年「十二月戊戌，月犯歲星；甲辰，月暈東井、觜、參、五車」。這裏抄錄之誤。

〔一八〕癸卯月又犯房　按此承上文乃熙平元年四月，志二在二年四月，疑此誤。

〔一九〕梁志曰至明年義州反　按事見隋書卷二一天文志下梁普通元年魏正光元年九月乙亥，下云：「其三年，義州刺史文僧朗以州叛。」梁普通三年即魏正光三年五二二，這裏作「明年」，則是正光二年，當是此對梁、魏紀年有誤。

〔二〇〕間三歲而肅宗崩　百衲本、南本「三」字墨釘，北本、汲本作「五」。殿本考證云：「以上文推之，則以『三』為是」。今殿本、局本皆作「三」，是。

〔二一〕是歲八月蠕蠕後主來奔懷朔鎮　按「是歲」承上文乃正光三年，據卷九肅宗紀，事在二年八月己巳。又下云：「間歲，阿那瓌背約犯塞」，事在四年二月。由二年至四年，故云「間歲」，若「蠕蠕後主來奔」在三年，則當云明年。史臣改竄紀年以附會所謂「徵應」，荒誕可笑。

〔二三〕占曰饑旱有赦　諸本「饑旱」二字注「闕」二字，或墨釘，唯百衲本模糊，細審下一字是「旱」字，下文說「夏大旱」也可證。上一字張元濟校勘記作「饑」，今從之。

〔二四〕五年正月沃野鎮人破落汗拔陵反　按拔陵起義據卷九肅宗紀在正光五年三月，其實當在四年。三月乃命元或統兵鎮壓起義軍之時。此志記事多據本紀，這裏「正」字疑仍是「三」之訛，非別有據。

〔二五〕又有詔內外戒嚴將親征　按此事在孝昌元年十二月，下稱「二月至六月再大赦及月變」，據紀及志二皆在孝昌元年。這裏「又」字上疑脫「孝昌元年」四字。

〔二六〕於是三少王相次崩殂　諸本「勝」作「岳」。按荊州刺史是賀拔勝，見卷一一出帝紀永熙三年七月己丑及卷八〇賀拔勝傳。且下文也說「勝南奔」。這裏「岳」乃「勝」之訛，今改正。

〔二七〕荊州刺史賀拔勝預謀焉　「王」疑當作「主」。

〔二八〕十一月柳仲禮冠荊州　百衲本、汲本、局本「十一月」作「十二月」，南、北、殿三本作「十一月」按卷一二孝靜紀、卷九八蕭衍傳，事在天平元年十一月。今從南、北、殿本。

元象二年七月壬戌　按下文稱「三年正月，勃海王歡攻夏州」，「十二月，竇泰入潼關；明年，字文泰距擊斬之」，都是天平三年和四年正月事。又云：「十月，遂及勃海王歡戰於沙苑」，乃天平四年十月事。次年始改年元象。這裏本當止作「二年」，承上條乃天平二年，「元象」二字衍文。下

〔二九〕十一月在井暈五車兩咸 也是天平的三年，故下云「至元象元年七月」云云，亦可證。

條首稱「三年十一月」，南本、殿本、局本「咸」作「年」，百衲本、北本、汲本作「咸」。象元年「十一月庚午，月在井，暈五車一星及東井、南北河」。據晉書卷一一天文志上云：「亢東咸、西咸各四星，在房、心北」似「兩咸」不誤。但這裏是說「月在井」，志二稱暈「南、北河」與上所云「東、西咸」不相及。晉志云：「南河、北河各三星，夾東井」，又云：「南河曰南戍……北河曰北戍。」疑「咸」乃「戍」之訛。「年」字又因「咸」字音近而訛。

〔三〇〕明年師大敗 按文義「師」上當脫「梁」字。

〔三一〕五年二月暈昴畢參井五車 按志二在五年正月乙巳，疑「二月」乃「正月」之訛。

〔三二〕五月丙寅帝禪位于齊 按卷一二孝靜紀武定八年五月，「丙寅」作「丙辰」，北齊書卷四文宣紀，丙辰魏帝下禪位詔，戊午，高洋即帝位。是年五月己酉朔，丙辰是八日，戊午是十日，正相連接。丙寅乃十八日，顯誤。

魏書卷一百六上

地形志二上第五

夏書禹貢、周氏職方中畫九州,外薄四海,制其疆域,此蓋王者之規摹也。戰國分幷,秦吞海內,割裂都邑,混一華夷。漢興,卽其郡縣,因而增廣。班固考地理,馬彪志郡國,魏世三分,晉又一統,地道所載,又其次也。自劉淵、石勒傾覆神州,僭逆相仍,五方淆亂,隨所跨擅。□□□長,更相侵食,彼此不恆,犬牙未足論,繡錯莫能比。魏定燕趙,遂荒九服,夷翦逋僞,一國一家,遺之度外,吳蜀而已。正光已前,時惟全盛,戶口之數,比夫晉之太康,倍而已矣。恆代而北,盡爲丘墟;崤潼已西,煙火斷絕;齊方全趙,死如亂麻。於是生民耗減,且將大半。永安末年,胡賊入洛,官司文簿散棄者多,往時編戶,全無追訪。今錄武定之世以爲志焉。州郡創改,隨而注之,不知則闕。內史及相仍代相沿。魏自明、莊,寇難紛糾,攻伐旣廣,啓土逾衆,王公錫社,一地累封,不可備舉,故總以爲郡。其淪陷諸州戶,據永熙綰籍,無者不錄焉。

司州 治鄴城,魏武帝國於此。太祖天興四年置相州。天平元年遷都改。

魏尹 故魏郡,漢高祖置,二漢屬冀州,晉屬司州,天興中屬相州。天平初改為尹。

領縣十三

戶一十二萬二千六百一十三 口四十三萬八千二百二十四

鄴 二漢、晉屬,天平初并蕩陰、安陽,屬之蕩陰。太和中置關,今罷。有西門豹祠、武城、羂里城、蕩城、[一]石竇堰。

臨漳 天平初分鄴併內黃、斥丘、肥鄉置。有鄴二漢、晉屬。天平中,決漳水為萬金渠,今世號天平渠。

繁陽 二漢屬,晉屬頓丘。真君六年併頓丘,太和十九年復。

有南部、右部、西部尉。[二]天平中,決漳水為萬金渠,今世號天平渠。有左部、東部、北部尉。

鼓山、肥鄉城、邯鄲城、斥丘城、列人城、鸛鵲陂、林臺澤。

列人 前漢屬廣平,後漢屬,[三]晉屬頓丘。天平二年屬,治繁陽城。

樂 太和二十一年分魏置,永安元年置郡。天平中罷郡,復。有昌城。

武安 二漢屬,晉屬廣平。天平初屬。

昌水 晉屬廣平,真君六年併鄴。太和二十一年復屬。魏 二漢、晉屬。

平邑 天平二年分元城置。

易陽 二漢屬趙國,晉屬廣平。天平初屬。有沙鹿山。

元城 二漢屬,晉屬陽平。天平初屬。

斥章 前漢屬廣平,後漢屬鉅鹿,晉屬廣平。真君三年併列人,太和二十年復。

貴鄉 天平二年分館陶置,治趙城。有東中郎屬鉅鹿,晉屬廣平。

將治。有空陵城、關城。

陽平郡 魏文帝黃初二年分魏置,治館陶城。

領縣八

戶四萬七千四百四十四 口一十六萬二千七百七十五

館陶 二漢屬魏郡,晉屬。有館陶城。

清淵 二漢屬魏郡,〔四〕晉屬。有清淵城。

樂平 二漢屬東郡,晉屬。前漢清縣,後漢章帝更名。治樂平城。

發干 二漢屬東郡,晉屬。有發干城。

臨清 太和二十一年置,天平元年罷,二年復。有武城。

武陽 二漢、晉屬東郡,曰東武陽。後改屬。

陽平 二漢屬東郡,晉屬。永安中併樂平。太和二十一年復屬。有陽平城、崗城、〔五〕趙簡子陵、武溝水、白馬淵。

武城 永安

廣平郡 漢武帝為平干國,宣帝改為廣平國。後漢建武中省,屬鉅鹿。魏文帝黃初二年復,改治曲梁城。

領縣六

戶二萬三千七百五十 口一十萬三千四百三

平恩 二漢屬魏郡,晉屬,治平恩城。 曲安 景明中分平恩置,治曲安城。 邯鄲 二漢屬趙國,晉屬,後屬魏。眞君六年屬。有紫山。 廣平 前漢屬,後漢屬鉅鹿,晉屬,後罷。太和二十年復,治廣平城。 曲梁 前漢屬,後漢屬魏,晉屬。 廣年 前漢屬,後漢屬鉅鹿,晉屬,永嘉後廢。太和二十年復,治廣年城。

汲郡 晉武帝置,治枋頭。〔六〕

領縣六　戶二萬九千八百八十三　口一十萬二千九百九十七

北修武 孝昌中分南修武置，治清陽城。有清陽泉、馬泉、[七]丁公神、育河、陶河、熨斗泉、覆釜山、五里泉、七里熨、馬鳴泉、重泉、郡戒、[八]安陽城。

南修武 二漢屬河內，晉屬。有黃家、吳城、宜陽城。[九]

汲 二漢屬河內，晉屬。太和十二年復，治汲城。有比干墓、太公廟、陳城。興和二年，恒農人率戶歸國，仍置義州於城中。

朝歌 二漢屬河內，晉屬。有朝歌城、崔方城、大方山、淇水、白溝水、天井溝、苑城、新城、伏羲祠。

山陽 二漢屬河內，晉屬。太和二十三年復，治新洛城。[一〇]有獲嘉城。

獲嘉 二漢屬河內，晉屬，後省。孝景二年置郡，初治共城，後移治山陽城，尋罷。有沁陽城、南、北二武陽城。

廣宗郡 太和十一年立，尋罷，孝昌中復。

領縣三　戶一萬三千二百六十二　口五萬五千八百九十七

廣宗 後漢屬鉅鹿，晉屬安平。中興中，立南、北廣宗，尋罷，後屬。有廣宗城、建始城、建德城。[一一]

武強 真君三年併信都，太和二十二年復。有武城。經

後漢、晉屬安平。真君二年併南宮，後復屬。

東郡

領縣七 秦置，治滑臺城。晉改為濮陽，後復。天興中置兗州，太和十八年改。

戶三萬五百二十一　口一十萬七千七百一十七

東燕　二漢屬，晉屬濮陽，後屬。有燕城、堯祠、伍子胥祠。平昌　孝昌二年分白馬置，治平昌城。白馬　二漢、晉屬濮陽，後屬。有朝溝、白馬、樊城、凡豪城。[二]酸棗　二漢、晉屬陳留，後屬。有酸棗城、肺山、白沙淵、望氣臺、五馬淵。長垣　二漢、晉屬陳留，後屬。眞君八年併外黃，景明三年復。有平丘城、匡城、蒲城、子路祠、長垣城、衛靈公祠、龍城。長樂　武泰初分涼城置，有盤。[二]

北廣平郡　永安中分廣平置。

領縣三

戶一萬六千六百九十一　口九萬一千一百四十八

南和　前漢屬廣平，後漢屬鉅鹿，晉屬，後併任。太和二十年復。有左陽亭、沙陵、南和城一名嘉和城、安豐城。任　前漢屬廣平，後漢屬鉅鹿，晉屬。有廣平鄉城、宛鄉城、豐城、張相祠。襄國　秦爲信都，項羽更名。二漢屬趙國，晉屬，後併任。太和二十年復。有襄國城。

林慮郡　永安元年置。

領縣四

戶一萬三千八百二十一　口五萬二千三百七十二

林慮　二漢屬河內，晉屬汲郡。前漢名隆慮，後漢避殤帝名改焉。眞君六年併鄴，太和二十一年復。有陵陽河，東

頓丘郡 晉武帝置。

魏德 天平二年分朝歌置。有枲山、[八]冷泉。

領縣四

頓丘 太和中併汲郡,餘民在畿外者景明中置。有魚陽澤、帝顓頊冢、帝嚳冢、衛國 二漢屬東郡,晉屬。漢曰觀,後漢光武改。有衛國城、衛康叔冢、子路冢、蒯聵冢、孔悝冢、衛輒冢、衛靈公冢、武鄉城。臨黃 眞君三年併衛國,太和十九年復。有陰安城。審食其冢。

戶一萬七千二十二 口八萬七千六百三 陰安 二漢屬魏郡,晉屬。眞君三年併衛國。有

臨淇 天平初分朝歌、林慮、共縣置。有王莽嶺。源河,東流爲淇。有黎川、祜栢嶺、黎城、淇城。共 二漢屬河內,晉屬汲。天平中屬。有星城、凡城、卓水陂、栢門山。桓門水,南流名太清水。[五]有檐山、白鹿山。流爲洹。[四]

濮陽郡 晉置,天興中屬兗州,太和十一年屬齊州,孝昌末又屬西兗。天平初屬。

領縣四

戶一萬八千六百六十四 口五萬五千五百一十二 濮陽 二漢屬東郡,晉屬。城陽 二漢、晉

廩丘 前漢屬東郡,後漢屬濟陰,晉屬。有羊角哀左伯桃冢、管公明冢。鄄城 二漢屬濟陰,晉屬屬濟陰,後屬。有瓠子河、雷澤。

黎陽郡 孝昌中分汲郡置,治黎陽城。

領縣三 戶一萬一千九百八十 口五萬四百五十七

黎陽 二漢、晉屬魏郡,後罷,孝昌中復屬。有黎陽山。東黎 永安元年分黎陽置。頓丘 二漢屬東郡,晉屬頓丘,太和十八年屬汲,後屬。永安元年分入內黃,天平中罷。

清河郡 漢高帝置。

領縣四 戶二萬六千三十三 口一十二萬三千六百七十

清河 二漢、晉屬。前漢曰厝,後漢安帝改爲甘陵,晉改。有河城。[一七] 貝丘 二漢、晉屬。侯城 太和十三年置。有侯城。武城 二漢、晉曰東武城,屬,後改。有武城。有闞閭。

定州 太祖皇始二年置安州,天興三年改。

領郡五 縣二十四 戶一十七萬七千五百一 口八十三萬四千二百七十四

中山郡 漢高帝置,景帝三年改爲國,後改。

魏書卷一百六上

領縣七 戶五萬二千五百九十二 口二十五萬五千二百四十一

盧奴 州、郡治。二漢屬。世祖神廳中置新城宮。有焉卿城、樂陽城。[一九]上曲陽 前漢屬常山,後漢屬,晉屬常山。眞君七年併新市,景明元年復屬。有平樂城。有恆山、嘉山、黑山、堯山、黃山、苦陘,後漢章帝改爲漢昌,魏文帝改。有魏昌城、安城。魏昌 二漢、晉屬,前漢曰苦陘,後漢章帝改爲漢昌,魏文帝改。太和十二年復,治毋極城。有新市、廉臺。新市 二漢、晉屬。有蘭相如冢、義臺城、[二〇]新市城。毋極 二漢屬,晉罷。太和十二年復,治毋極城。有新城、廉臺。安喜 二漢、晉屬,前漢曰安險,後漢章帝改。有天井澤、安喜城、趙堯祠。唐 二漢、晉屬。有左人城、寡婦城、唐水、狼山祠。

常山郡 漢高帝置,曰恆山郡,文帝諱恆,改爲常山,後漢建武中省眞定郡屬焉。孝章建初中爲淮陽,永元二復。[二一]

領縣七 戶五萬六千八百九十 口二十四萬八千六百二十二

眞定 前漢屬眞定國,後漢、晉屬。故東垣,漢高帝十一年改。有趙朔祠。行唐 二漢、晉曰南行唐,屬,後改。太和十四年置唐郡,二十一年罷郡立。熙平中移犢乾城,治唐城。蒲吾 二漢、晉屬。有嘉陽城。靈壽 二漢、晉屬。有所山,[二二]西王母祠、慈水。井陘 二漢、晉屬。有回星城。石邑 前漢屬,後漢罷,晉復屬。有石邑城。九門 二漢、晉屬,有常山城、九門城。有安樂壘、燕趙神、受陽壘、明臺神。

鉅鹿郡秦置,後漢建武中省廣平國屬焉。

領縣三

戶二萬七千一百七十二　口一十三萬二百三十九

曲陽 二漢、晉屬趙國[二三],曰下曲陽,後改。有臨平城、眞鄉城、曲鄉城,有堯祠、青丘。 槀城 前漢屬眞定,後漢屬,[二四]晉罷,太和十二年復。有肥壘。[二五] 鄡[二六]二漢、晉屬。有鄡城、安定城。有西門、趙君神,有青丘,牛丘、黃丘、馳丘、靈丘。

博陵郡 漢桓帝置。

領縣四

戶二萬七千八百一十二　口一十三萬五千七十

饒陽 前漢屬涿,後漢屬安平,晉屬。有魯口城、博陵城、三良神、饒陽城。 安平 前漢屬涿,後漢屬安平,晉屬。治安平城。有樓、女貴人神。 深澤 前漢屬涿,後漢屬安平,晉屬。二漢、晉曰南深澤,後改。有女媧神祠。 安國 二漢屬中山,晉屬。眞君七年併深澤,景明二年復。有鹽石淵、安國城。

北平郡 孝昌中分中山置,治北平城。

領縣三

戶一萬三千三十四　口六萬五千一百二

蒲陰　二漢、晉屬中山。前漢曰曲逆，章帝改名。有蒲陰城、安國城、安陽、赤泉神。[二七]北平　二漢、晉屬中山。有北平城、木門城。望都　二漢、晉屬中山。有高昌城、朝陽城、伊祁山。有堯神、孫山。[二八]

冀州　後漢治高邑，袁紹、曹操為冀州，治鄴，魏、晉治信都，晉世邵續治厭次，慕容垂治信都。皇始二年平信都，仍置。

領郡四　縣二十一

戶一十二萬五千六百四十六　口四十六萬六千六百一

長樂郡　漢高帝置，為信都郡，景帝二年為廣川國，明帝更名樂成，安帝改曰安平，晉改。

領縣八

戶三萬五千六百八十三　口一十四萬三千一百四十五

堂陽　前漢屬鉅鹿，後漢、晉屬安平國，後屬，有荊丘。棗強　前漢屬清河，後漢罷，晉復，屬廣川。眞君三年併堂陽，景明元年復。扶柳　前漢屬，後漢、晉屬安平國。眞君二年併廣川，太和二十二年復屬。有索盧城。廣川　前漢屬，後漢屬清河，晉屬廣川，[三〇]後屬。索盧　川，太和二十二年復屬。[二九]有黃棗城。晉屬廣川。神瑞二年併廣川，太和二十二年復屬。信都　二漢、晉屬。有武陽城、安城、畔陽城。下博　二漢、晉屬。

南宮　前漢屬，後漢、晉屬安平，後屬。

勃海郡　漢高帝置，世祖初改為滄水郡，太和二十一年復。

領縣四

戶三萬七千九百七十二　口一十四萬四百八十二

南皮 二漢、晉屬。有勃海城。東光 二漢、晉屬。脩 前漢、晉屬，號脩，後改。[三二]有董仲舒祠。安陵 晉置，屬。[三三]

武邑郡 晉武帝置。

領縣五

戶二萬九千七百七十五　口一十四萬四千五百七十九

武遂 前漢屬河間，後漢、晉屬安平，後屬。阜城 前漢屬勃海，後漢屬安平，[三三]晉屬勃海，後屬。有弓高城。灌津 前漢屬信都，後漢、晉屬安平，後屬。有竇氏冢。武邑 前漢屬信都，後漢、晉屬安平，後屬。武強 神光二年併武邑，太和十八年復。[三四]有武強淵。

安德郡 太和中置，尋併勃海，中興中復。

領縣四

戶二萬二千二百一十六　口六萬八千三百九十六

平原 二漢、晉屬平原。[三五]眞君三年併高，太和二十一年復，屬勃海，後屬。安德 二漢、晉屬平原，後屬勃海，後屬。鬲 二漢、晉屬平原，後屬勃海，後屬。治臨齊城。繹幕 二漢、晉屬清河，眞君三年併武城，太和二十一年復，後屬。

幷州 漢、晉治晉陽，晉末治臺壁，後治晉陽。皇始元年平，仍置。

領郡五　縣二十六

戶一十萬七千九百八十三　口四十八萬二千一百四十

太原郡

領縣十

戶四萬五千六　口二十萬七千五百七十八

晉陽 二漢、晉屬，眞君九年罷榆次屬焉。有介子推祠。西南有懸甕山，一名龍山，晉水所出，東入汾。有晉王祠、梗陽城。同過水出木瓜嶺，一出沾嶺，一出大廉山，一出原過祠下，五水合道，故曰「同過」，西南入汾。出帝太昌中霸朝置大丞相府，〔二六〕武定初，齊獻武王上置晉陽宮。〔二七〕 祁 二漢、晉屬。有祁城、祁奚墓、周黨冢、太谷水、趙襄子城。 榆次 二漢、晉屬，眞君九年併晉陽，景明元年復。 中都 二漢、晉屬。有榆次城、壽陽城、平譚城、原過祠、早山。 鄔 二漢、晉屬，後罷，太和十九年復。〔二八〕有鄔城、太岳山。 慮𧆑 水，入區夷澤。 平遙 二漢、晉爲平陶屬，後改。有京陵城、平遙城、過山。 沾 二漢屬上黨，晉屬樂平，眞君九年罷樂平，屬。 受陽 晉屬樂平，眞君九年罷樂平郡屬焉。有夾山。 豫水出得車嶺，〔二九〕西北入汾。有汾陽、追城。〔三〇〕 陽邑 二漢、晉屬，眞君九年罷，有大陵城、文谷水。 長安 泰常二年置，眞君中省，景明初復。有二陵城、三角城。 陽邑 二漢、晉屬，眞君九年罷，

景明二年復。有白壁嶺、樊陽水、八表山、徐水〔四〕。

上黨郡 秦置，治壺關關城，前漢治長子城，董卓作亂，治壺關關城，慕容儁治安民城，後遷壺關關城，皇始元年遷治安民，真君中復治壺關。有白馬祠、劉公祠、上黨關、石井關、天井關。

領縣五

戶二萬五千九百三十七　口一十萬四千四百七十五

屯留 二漢、晉屬，有屯留城。鳳皇山，一名天冢山。大王山，上有關龍逢祠。有疑山、邁澤、黃沙嶺。絳水自寄氏界來入濁漳，因名交漳。余五城。〔四二〕陽水源出三樨山，東流合車臺水，東南入絳水。長子 二漢、晉屬，慕容永所都。有廉山，濁漳出焉。〔四三〕有長子城、應城、傾城、幸城。長灣水東流至梁川，北入濁漳。羊頭山下神農泉，北有穀關，卽神農得嘉穀處。有泉北流至陶鄉，名陶水，合羊頭山水，北流入濁漳。有鮑宣墓。壺關 二漢、晉屬，後罷，太和十三年復。有羊腸阪、靜林山。鷄鳴嶺，一名大山。〔四四〕有赤壤川，其地寒而早霜。魯般門，一名天門。三子城、鐵鼓山、五馬門、令狐徵君墓、五龍祠。寄氏 二漢爲猗氏，屬。晉。〔四五〕景明元年復，改。有猗氏城、山北有水，源出蒲谷，東南流入給水。〔四六〕有八禮泉，上黨谷。有盤秀嶺，藍水出其南，東流合濁漳。〔四七〕有方山、伏牛山。樂陽 普泰中分長子、寄氏置。有望天嶺，絳水所出。有堯廟。

鄉郡 石勒分上黨置武鄉郡，後罷，延和二年置。

領縣四

陽城 二漢、晉屬上黨，曰涅，永安中改。有涅城、覆甑山，涅水出焉，東南合武鄉水。襄垣 二漢、晉屬上黨。有五晉山神祠、襄垣城、臨川城。鄉 郡治。晉屬上黨，真君九年罷遼陽屬焉。有武鄉城、魏城、榆社城、方山，上有堯廟。三臺嶺上有李陽墓，有古廠池，即石勒與李陽所爭池。銅鞮 二漢、晉屬上黨。有銅鞮城。石弟水東行入漳。[四八]有烏蘇城、沙石堆。有堯祠。

樂平郡 後漢獻帝置，真君九年治太原，孝昌二年復，治沽城。

領縣三

戶一萬八千二百六十七 口六萬八千一百五十九

遼陽 晉屬，真君九年併鄉，孝昌二年復。有黃澤嶺、遼陽城。樂平 晉屬，真君九年併沽，[四九]孝昌二年復。有象山祠、沾嶺、八賦嶺。石艾 前漢屬太原，後罷，[五〇]晉屬。真君九年罷，孝昌六年復故名上艾，後改。有井陘關、葦澤關、董卓城、妒女泉及祠。[五一]

襄垣郡 建義元年置，治襄垣城。

領縣四

戶七千五百一十三 口三萬六千五百六十七

襄垣 郡治。建義元年分鄉郡之襄垣置。有安民城、襄垣城。五原 建義元年分鄉郡之銅鞮置。建義 建義元年

分上黨之屯留置，有鹿臺山及祠。刈陵二漢、晉曰潞，屬上黨，眞君十一年改，後屬。有伏牛山、黎城、三壘山、積布山、潞城、武軍城、涉城。有涉水、臺壁。

瀛州 太和十一年分定州河間、高陽、冀州章武、浮陽置，治趙都軍城。

領郡三　縣十八

戶一十萬五千五百四十九　口四十五萬一千五百四十二

高陽郡 晉置高陽國，後改。

領縣九

戶三萬五百八十六　口一十四萬一百七

高陽 前漢屬涿，後漢屬河間國，晉復。有郝神、高陽城。博野 有博陸城、侯城、〔三〕武城、中鄉城。易 前漢屬涿，後漢、晉屬河間，後屬。有易京。扶輿 前漢屬涿，後漢罷，晉復屬。前漢、晉曰樊輿，後罷。太和中改，復。新城 二漢、晉曰北新城。前漢屬中山，後漢屬涿，晉屬。有清涼城、顓頊城、螽吾城、石羊壘。蠡吾 前漢屬涿，後漢罷，晉復屬。樂鄉 前漢屬信都，後漢罷，晉復屬。有樂鄉城。永寧 有班姬神、石蘭神。清苑 高祖太和元年分新城置。

章武郡 晉置章武國，後改。

地形志上

二四六九

領縣五

戶三萬八千七百五十四　口一六萬二千八百七十

成平 前漢屬勃海,後漢、晉屬河間國,後屬。治京城、[五三]有成平城、[五四]樂平城、間國,晉屬。二漢、晉曰東平舒。有章武城、平鄉城。有城頭神、里城神。束州 前漢屬勃海,後漢屬河屬。有束州城。文安 前漢屬勃海,後漢屬河間國,晉屬。有文安、[五五]平曲城、廣陵、[五六]趙君神。西章武 正光中分滄州章武置。有章武城。

河間郡 漢文帝置河間國,後漢光武併信都,和帝永元三年復,晉仍爲國,後改。

領縣四

戶三萬五千八百九　口一十四萬八千五百六十五

武垣 前漢屬涿郡,後漢、晉屬。有武垣城、小陵城。樂城 二漢、晉屬,治河間城。有高平陵、二王陵。中水 前漢屬涿郡,後漢、晉屬河間國。鄚 後漢、晉屬,治阿陵城。[五七]有鄚城。

殷州 孝昌二年分定、相二州置,治廣阿。

領郡三　縣十五

戶七萬七千九百四十三　口三十五萬七千一十六

趙郡 秦邯鄲，漢高帝爲趙國，景帝又爲邯鄲，後漢建武中復，〔五六〕後改。

領縣五

戶三萬一千八百九十九　口二十四萬八千三百一十四

平棘 二漢屬常山，晉屬。有平棘城。 房子 二漢屬常山，晉屬。有房子城、回車城、平州城、嶂洪祠。 元氏 二漢屬常山，晉屬。有元氏城、大嶺山。 高邑 二漢屬常山，晉屬。前漢曰鄗，後漢光武改，晉屬。有埋亭祠、漢光武卽位碑。有高邑城。 欒城 太和十一年分平棘置，治關城。有欒城。

鉅鹿郡 永安二年分定州鉅鹿置，治舊楊城。〔五九〕

領縣四

戶一萬三千九百九十七　口五萬八千五百四十九

廮陶 二漢、晉屬，治廮陶城。有沃州城。 宋子 二漢屬，後罷。永安二年復，治宋子城。 西經 永安二年分經縣置。有邑城、三女神。 鄡遙 永安二年分廮陶置，治楊城。有歷城。

南趙郡 太和十一年爲南鉅鹿，屬定州，十八年屬相州，後改。孝昌中屬。

領縣六

戶三萬二千四十六　口十五萬一百一十三

平鄉 晉屬，後罷。景明二年復，治鉅鹿城。有平鄉城。 南欒 二漢屬鉅鹿，晉罷，後復。眞君六年幷栢人，太和二

十一年復。有南欒城。**鉅鹿**二漢、晉屬鉅鹿，後屬。**柏人**二漢、晉屬。有柏人城、栢鄉城。**廣阿**前漢屬鉅鹿，後罷。太和十三年復。有廣阿城、堯臺、大陸陂、銅馬祠。**中丘**前漢屬常山，後漢、晉屬趙國，晉亂，罷。太和二十一年復。有中丘城、伯陽城、鵲山祠。

浮陽郡 太和十一年分勃海、章武置，屬瀛州，景明初併章武，熙平二年復。

領縣四

戶七萬一千八百三　口二十五萬一千八百七十九

滄州 熙平二年分瀛、冀二州置，治饒安城。

領郡三　縣十二

戶二萬六千八百八十　口九萬八千四百五十八

饒安二漢、晉屬勃海。前漢曰千童，靈帝改。有無棣溝、西鄉、茅焦冢。**浮陽**郡治。二漢、晉屬勃海。西接漳水，衡水入焉，今謂之合口。有浮水。**高城**二漢、晉屬勃海，治高城。有平津鄉。興和中綰流民立東西河郡隸城縣。武定末罷。**章武**二漢屬勃海，晉屬章武，後屬。治章武城。有漢武帝臺。漳水，入海。有沽水。[60]大家姑祠，俗云海神，或云麻姑神。

樂陵郡 晉為國，後改。

領縣四

戶二萬四千九百九十八　口八萬五千二百八十四

樂陵　郡治。二漢屬平原，後屬，魏初置義興郡，晉太和中罷。有樂陵城、東鄉城、白麻泉神。

陽信　二漢屬勃海，晉屬。治陽信城。有鹽山神祠。

厭次　二漢屬平原，後漢曰富平，孝明改，晉屬。治馬領城。有蒲臺祠。有富平城，邵續居之，號邵城。[六]中有鐵柱神、羊闌城。

濕沃　前漢屬千乘國，後罷，晉復屬。治亂城。有故闟閭、延鄉城、后父城。

安德郡　中興初分樂陵置，太昌初罷，天平初復，治般界。

領縣四

戶一萬九千九百二十五　口六萬八千一百三十七

般　二漢、晉屬平原，後屬勃海，熙平中屬樂陵，後屬。治般城。有故般河。

重合　二漢、晉屬勃海。正平元年併安陵，太和十八年復，後屬勃海。熙平中屬樂陵，後屬。治重合城。有苑康冢、勞敬通墓。

重平　前漢屬勃海，後罷，孝昌中復屬。有歐陽歆冢。

平昌　二漢、晉屬平原，後漢、晉曰西平昌，後罷。太和二十二年復，屬勃海。熙平中屬樂陵，後屬。治平昌城。

肆州　治九原。天賜二年為鎮，真君七年置州。

領郡三　縣十一

戶四萬五百八十二　口一十八萬一千六百三十三

永安郡 後漢建安中置新興郡,永安中改。

領縣五

戶二萬二千七百四十八　口一十萬四千一百八十五

定襄 前漢屬定襄,後漢屬雲中,晉屬新興。眞君七年併雲中、九原、晉昌屬焉。有趙武靈王祠,介君神、五石神、關門山、聖人祠、皇天神、定襄城、撫城。陽曲 二漢、晉屬太原,永安中屬。有羅陰城、陽曲澤。平寇 眞君七年併三堆、朔方、定陽屬焉。永安中屬。有雞頭山神祠、三會河。蒲子 始光三年置,眞君七年併平河屬焉。永安中屬。有索山祠。驢夷 二漢屬太原,曰慮虒,晉龍,太和十年復改。永安中屬。有思陽城、驢夷城、倉城、代王神祠。

秀容郡 永興二年置,眞君七年併肆盧、敷城二郡屬焉。

領縣四

戶一萬一千五百六　口四萬七千二百四

秀容 永興二年置。有秀容城、原平城、肆盧城、石鼓山神、女郎神、金山神、護君神、風神、大頹石神。肆盧 治新會城。眞君七年併三會屬焉。有清天神、大羅山、臺城、大邗城。敷城 始光初置郡,眞君

雁門郡 秦置，光武建武十五年罷，二十七年復。天興中屬司州，太和十八年屬。

領縣二

戶六千三百二十八　口三萬四百三十四

原平 前漢屬太原，後漢、晉屬。有陰館城、樓煩城、廣武城、龍淵神、亞澤神。 廣武 前漢屬太原，後漢、晉屬。有東西二平原。

七年改治敷城。有石谷山、亞角神、車輪泉神。

幽州 治薊城。

領郡三　縣十八

戶三萬九千五百八十　口一十四萬五千三百三十六

燕郡 故燕，漢高帝為燕國，昭帝改為廣陽郡，宣帝更為國，後漢光武并上谷，和帝永元六年復為廣陽郡，〔六二〕晉改為國，後改。

領縣五

戶五千七百四十八　口二萬二千五百五十九

薊 二漢屬廣陽，晉屬。有燕昭王陵、燕惠王陵、狼山神、屍陵陂。 廣陽 二漢屬廣陽，晉屬。有廣陽城。 良鄉 二

范陽郡　漢高帝置涿郡,後漢章帝改。[六三]

　領縣七　戶二萬六千八百四十八　口八萬八千七百七

涿　二漢屬涿,晉屬。有涿城、當平城、鸞城。

固安　二漢屬涿,晉屬。有固安城、永陽城、[六四]金臺、三公臺、易臺。

范陽　二漢屬涿,晉屬。有長安城、范陽城、梁門陂。

萇鄉　晉屬。有萇鄉城。

方城　前漢屬廣陽,後漢屬涿,晉屬。有遒城、南北二遒城。

容城　前、後漢屬涿,[六五]後罷。太和中復。

安城　前漢屬勃海,後漢屬廣陽,晉屬。有安次城、萇道城。

漁陽郡　秦始皇置。真君七年併北平郡屬焉。

　領縣六　戶六千九百八十四　口二萬九千六百七十

雍奴　二漢屬燕國,後屬。有泉州城、雍奴城。

泉州　真君七年併泉州屬。有泉州城、雍奴城。

　　　——(編排:此處為)——

　(按原文)

雍奴　二漢屬燕國,後屬。有泉州城、雍奴城。

　　　　　　　　　

漁陽　二漢屬,晉屬燕國,後屬。真君七年併安樂、平谷屬焉。有樂山神。

潞　二漢屬,晉屬燕國,後屬。真君七年併無終屬。有無終城、狼山。

無終　二漢,晉屬右北平,後屬。有無終城、狼山。

漁陽城、□樂城、[六六]桃花山。

土垠　二漢,晉屬右北平,後屬。有北平城。

徐無　二漢,晉屬右北平,後屬。有徐

無城。

晉州 孝昌中置唐州,建義元年改。治白馬城。

領郡十二 縣三十一

戶二萬八千三百四十九 口一十萬三十九

平陽郡 晉分河東置。真君四年置東雍州,太和十八年罷,改置。

領縣五

戶一萬五千七百三十四 口五萬八千五百七十一

禽昌 二漢屬河東,晉屬,即漢、晉之北屈也。〔六七〕神䴥元年世祖禽赫連昌,仍置禽昌郡。真君二年改,七年併永安屬焉。有乾城、郭城。 **平陽** 二漢屬河東,晉屬,州治。真君六年併禽昌,太和十一年復。有晉水,〔六八〕高梁城、龍子城、堯廟。 **襄陵** 二漢屬河東,晉屬。治襄陵城。 **臨汾** 二漢屬河東,晉屬。真君七年併泰平,太和十一年復。 **泰平** 真君七年置。有泰平城、齊城。

北絳郡 孝昌三年置。治絳。

領縣二

戶一千七百四十 口六千二百九十二

新安 二漢屬恆農,晉屬河南,後罷。孝昌二年復,後屬。北絳 二漢屬河東,晉屬平陽。二漢、晉曰絳,後罷。太和十二年復,改屬。

永安郡 建義元年置。[六九]治永安城。

領縣二

戶二千九百三十二　口一萬五百四十

永安 二漢屬河東,晉屬平陽。前漢曰彘,順帝改。眞君七年并禽昌,正始二年復屬。治仇池壁。有霍山祠、趙城。楊 二漢屬河東,晉屬平陽,後罷。太和二十一年復,後屬。治楊城。有岳陽山、東明神。

北五城郡 興和二年置。

領縣三

定陽郡 興和二年置。

平昌 興和二年置。石城 興和二年置。北平昌 興和二年置。

戶二百一十二　口八百六十四

領縣三[七〇]

平昌 興和四年置。西五城 興和四年置。

戶四百九十八　口一千九百四十一

敷城郡天平四年置。

領縣一

敷城 天平四年置。

戶九十　口三百五十九

河西郡 天平四年置。

領縣一

夏陽 天平四年置。

戶二百五十六　口一千一百四十四

五城郡 天平中置。

領縣三

北東 天平二年置。 南東 天平二年置。 永安 元象元年置。

戶四百一十一　口一千六百一十八

西河郡 舊汾州西河民，孝昌二年為胡賊所破，遂居平陽界，還置郡。

領縣三

戶一千七百六十一　口四千九百九十七

冀氏郡 建義元年割平陽郡置。

領縣二

冀氏 建義元年割禽昌、襄陵置。有冀氏城。 合陽 建義元年置。有合陽城。

戶一千三百二 口五千三百一十六

南絳郡 建義初置。治會交川。[七]

領縣二

南絳 太和十八年置,屬正平郡,建義初屬。 小鄉 建義元年罷。[七二]有小鄉城。

戶八百三十六 口二千九百九十一

義寧郡 建義元年置,治孤遠城。

領縣四

團城 建義元年置。治陶谷川。 義寧 建義元年分禽昌置。 安澤 建義元年置。 沁源 建義元年置。郡治。

戶二千四百七十八 口八千四百六十六

懷州 天安二年置,太和十八年罷,天平初復。

永安 孝昌中置。治白坑城。 隰城 孝昌中置。 介休 孝昌中置。

領郡二 縣八

河內郡 漢高帝置。 戶二萬一千七百四十　口九萬八千三百一十五

領縣四

武德郡 天平初分河內置。

領縣四

野王 二漢、晉屬，州、郡治。有太行山、華岳神。沁水 二漢、晉屬，治沁城。[七三]有沁水、濟水。河陽 二漢、晉屬，後罷，孝昌中復。軹 後漢、晉屬，治軹城。有軹關。

戶九千九百五　口四萬二千六百一

平皋 二漢、晉屬河內。有平皋陵、平皋城、安昌城。溫 二漢、晉屬河內。有溫、[七四]洇水。[七五]懷 二漢、晉屬河內。有長陵城、懷城。州 二漢、晉屬河內。有雍城、中都城、金城。

戶一萬一千八百三十五　口五萬五千七百一十四

建州 慕容永分上黨置建興郡，真君九年省，和平五年復。永安中罷郡置州。治高都城。

領郡四 縣十

地形志上

高都郡 永安中置。

戶一萬八千九百四　口七萬五千三百

領縣二

高都 二漢、晉屬上黨,後屬。陽阿 二漢屬上黨,晉罷,後復屬。有武靳關。

長平郡 永安中置。治玄氏城。[七六]

領縣二

戶六千四百九十九　口二萬七千六百三十五

高平 永安中置。治高平城。玄氏 二漢、晉屬上黨郡治。有羊頭山。

安平郡

領縣二

戶五千四百一十二　口二萬二千七百七十八

端氏 二漢屬河東,晉屬平陽,後屬。真君七年省,太和二十年復。濩澤 二漢屬河東,晉屬平陽,後屬。

泰寧郡 孝昌中置,及縣。

領縣四

戶五千六百五十八　口一萬九千五百五十七

戶一千三百三十五　口五千三百三十

東永安　西河　西濩澤　高延

汾州 延和三年爲鎭，太和十二年置州。治蒲子城。孝昌中陷，移治西河。

領郡四　縣十

戶六千八百二十六　口三萬一千二百一十

西河郡 漢武帝置，晉亂罷。太和八年復。治茲氏城。

領縣三

戶五千三百八十八　口二萬五千三百八十八

隰城 二漢、晉屬。太延中改爲什星軍，太和八年復。有虞城、陽城。

介休 二漢屬太原，晉屬。晉亂罷，太和八年復。有木瓜山、鄔城。有郭林宗墓、介休城、太岳山祠。

永安 太和十七年分隰城置。

吐京郡 眞君九年置。孝昌中陷，寄治西河。

領縣二

戶三百八十四　口一千五百一十三

新城 世祖名嶺東，太和二十一年改。吐京 世祖名嶺西，太和二十一年改。

五城郡 正平二年置,孝昌中陷,寄治西河。

領縣三

戶二百五十七　口二千一百

五城 世祖名京軍,太和二十一年改。有雞亭。平昌 世祖名刑軍,太和二十一年改。有白馬谷。石城 世祖為

定陽,太和二十一年改。

定陽郡 舊屬東雍州,延興四年分屬焉。孝昌中陷,寄治西河。

領縣二

戶七百九十七　口三千二百八

定陽 延興四年置。昌寧 延興四年置。有陰、陽二城。

東雍州 世祖置,太和中罷,天平初復。

領郡三　縣八

戶六千二百四十一　口三萬四百

邵郡 皇興四年置邵上郡,太和中併河內,孝昌中改復。

領縣四

戶五十二　口一百五十八

白水 有馬頭山。 清廉 有清廉山、白馬山。 葰平 有王屋山。 西太平

高涼郡

領縣二

高涼 太和十一年分龍門置。有高涼城、閻閎、麗姬冢。 龍門 故皮氏，二漢屬河東，晉屬平陽，眞君七年改屬。有臨汾城。

戶四千四百四十五　口二萬一千八百五十三

正平郡 故南太平，神䴥元年改為征平，太和十八年復。

領縣二

聞喜 二漢、晉屬河東，後屬。有周陽城。 曲沃 太和十一年置。

戶一千七百四十四　口八千三百八十九

安州 皇興二年置，治方城，天平中陷，元象中寄治幽州北界。

領郡三　縣八

戶五千四百五　口二萬三千一百四十九

密雲郡 皇始二年置。治提攜城。

領縣三

密雲 眞君九年併方城屬焉。 要陽 前漢屬漁陽，後漢、晉罷，後復屬。有桃花山。 白檀 郡治。

廣陽郡 延和元年置盆州，眞君二年改為郡。

領縣三

廣興 延和二年置，眞君九年併恒山，屬。 燕樂 州郡治。延和九年置，眞君九年併永樂。[七] 方城 普泰元年置。

戶二千二百三十一 口九千一十一

安樂郡 延和元年置交州，眞君二年罷州置。

領縣二

廣興 延和二年置，眞君九年併恒山，屬。 土垠 眞君九年置。 安市 二漢、晉屬遼東，眞君九年併當平屬焉。

戶二千八 口八千九百一十九

戶一千一百六十六 口五千二百一十九

義州 興和二年置，寄治汲郡陳城。

領郡七 縣十九

戶三千四百二十八　口一萬六千七百六十四[七八]

五城郡永安中置,屬司州,天平中屬北豫州,武定五年屬。

領縣三

戶二千一百　口一萬七千六百六十九

隰城 永安中置。有風皇臺、安郎神、皇侯神。 介休 永安中置。 五城 永安中置。

泰寧郡 興和中置。

領縣三

戶二百二十八　口一千一百二十七

泰寧 興和中置。 義興 興和中置。 邵陽 興和中置。

新安郡 興和中置。

領縣三

戶三百九十四　口一千五百九十五

西垣 興和中置。 新安 興和中置。 東垣 興和中置。

澠池郡 興和中置。

領縣三

恒農郡興和中置。

戶一百六十六　口八百二十八

北澠池興和中置。俱利興和中置。西新安興和中置。

宜陽郡興和中置。

領縣三

戶九十三　口五百四十三

恒農興和中置。北郟興和中置。崤興和中置。

宜陽興和中置。南澠池興和中置。金門興和中置。

金門郡興和中置。

領縣一

戶一百六十九　口六百八十六

北陸興和中置。

領縣一

戶二百七十八　口一千二百一十七

南汾州

領郡九　縣十八

戶一千九百三十二　口七千六百四十八

北吐京郡

領縣四

戶八十八　口三百五十一

平昌　北平昌　石城　吐京

西五城郡

領縣三

戶二百四十七　口一千一百十八

西五城　昌寧　平昌

南吐京郡

領縣一

新城

戶三十二　口七十三

西定陽郡

領縣一

戶四十二　口一百四十

洛陵

定陽郡

領縣一

戶五十四　口一百九十

永寧

北鄉郡

領縣二

戶二百九　口七百五十九

龍門　汾陰

五城郡

領縣二

戶二百一十四　口八百八十四

五城　平昌

中陽郡　領縣二　戶四百六十八　口一千六百三十七

洛陵　昌寧

龍門郡　領縣二　戶五百七十八　口二千四百九十六

西太平　汾陽

南營州孝昌中營州陷，永熙二年置。寄治英雄城。

領郡五　縣十一　戶一千八百一十三　口九千三十六

昌黎郡永興中置。

領縣三

遼東郡永熙中置。

龍城永熙中置。廣興永熙中置。定荒興和中置。

戶五百九　口二千六百五十八

建德郡永熙中置。

太平永熙中置。新昌永熙中置。

領縣二

戶五百六十五　口二千六百三十四

營丘郡天平四年置。

石城永熙中置。廣都興和中置。

領縣二

戶一百七十八　口八百一十四

富平天平四年置。永安元象中置。帶方元象中置。

樂良郡天平四年置。

領縣三

戶五百一十二　口二千七百二十七

東燕州|太和中分恒州東部置燕州,孝昌中陷,天平中領流民置。寄治幽州宣都城〔七九〕

永樂|興和二年置。

領縣一

戶四十九　口二百三

領郡三　縣六

戶一千七百六十六　口六千三百一十七

平昌郡|孝昌中陷,天平中置。

領縣二

戶四百五十　口一千七百一十三

萬言〔八〇〕|天平中置。 昌平|天平中置。有龍泉。

上谷郡|天平中置。

領縣二

戶九百四十二　口三千九百七十三

平舒|孝昌中陷,天平中置。 居庸|孝昌中陷,天平中置。

徧城郡 武定元年置。

領縣二

戶三百七十四　口一千五百一十三

廣武 武定元年置。沃野 武定元年置。

營州 治和龍城。太延二年為鎮，眞君五年改置。永安末陷，天平初復。

領郡六　縣十四

戶一千二十一　口四千六百六十四

昌黎郡 晉分遼東置，眞君八年併冀陽屬焉。

領縣三

戶二百一　口九百一十八

龍城 眞君八年併柳城、昌黎、棘城屬焉。有堯祠、榆頓城、狼水。[六] 廣興 眞君八年併徒何、永樂、燕昌屬焉。有

雞鳴山、石城、大柳城。定荒 正光末置。有鹿頭山、松山。

建德郡 眞君八年置。治白狼城。

領縣三

石城 前漢屬右北平，後屬。眞君八年幷遼陽、路、大樂屬焉。有白鹿山祠。廣都 眞君八年幷白狼、建德、望平屬焉。有金紫城。陽武 正光末置。有三合城。

遼東郡 秦置，後罷。正光中復。治固都城。

領縣二

襄平 二漢、晉屬，後罷。正光中復。有靑山。新昌 二漢、晉屬，後罷。正光中復。

戶一百三十一 口八百五十五

樂良郡 前漢武帝置，二漢、晉曰樂浪，後改，罷。正光末復。治連城。

領縣二

永洛 正光末置。有烏山。帶方 二漢屬，晉屬帶方，後罷。正光末復屬。

戶二百一十九 口一千八

冀陽郡 眞君八年幷昌黎，武定五年復。

領縣二

平剛 柳城

戶八十九 口二百九十六

戶二百 口七百九十三

營丘郡 正光末置。

領縣二

富平 正光末置。 永安 正光末置。

戶一百八十二　口七百九十四

平州 晉置。治肥如城。

領郡二　縣五

戶九百七十三　口三千七百四十一

遼西郡 秦置。

領縣三

戶五百三十七　口一千九百五

肥如 二漢、晉屬。有孤竹山祠、碣石、武王祠、令支城、黃山、濡河。 陽樂 二漢、晉屬，眞君七年併令支舍資屬焉。[八二]有武歷山、覆舟山、林楡山、太眞山。 海陽 二漢、晉屬。有橫山、新婦山、清水。

北平郡 秦置。

領縣二

戶四百三十　口一千八百三十六

朝鮮 二漢、晉屬樂浪，後罷。延和元年徙朝鮮民於肥如，復置，屬焉。昌新 前漢屬涿，後漢、晉屬遼東，後屬。[八三]有盧龍山。

恒州 天興中置司州，治代都平城，太和中改。孝昌中陷，天平二年置，寄治肆州秀容郡城。

領郡八　縣十四

代郡 秦置，孝昌中陷，天平二年置。

領縣四

平城 二漢、晉屬雁門，後屬。太平　武周 二漢屬雁門，晉罷，後復屬。永固

善無郡 天平二年置。

領縣二

善無 前漢屬雁門，後漢屬定襄，後屬。沃陽

梁城郡 天平二年置。

領縣二

參合 前漢屬代，後漢、晉罷，後復屬。裋鴻[八四]

繁時郡 天平二年置。

領縣二

崞山 二漢、晉曰崞,屬雁門,後改屬。

高柳郡 永熙中置。

領縣二

安陽 二漢曰東安陽,屬代郡,晉屬,後改屬。

北靈丘郡 天平二年置。

領縣二

靈丘 前漢屬代,後漢、晉罷,後復屬。

莎泉

內附郡 天平二年置。

靈丘郡 天平二年置。

繁時 二漢、晉屬雁門,後改屬。

高柳 二漢屬代郡,晉罷,後復屬。

朔州 本漢五原郡,延和二年置為鎮,後改為懷朔,孝昌中改為州。後陷,今寄治并州界。

大安郡

領郡五 縣十三

領縣二 狄那 捍殊

廣寧郡
領縣二
石門 中川

神武郡
領縣二
尖山 殊頽

太平郡
領縣三
太平 太清 永寧

附化郡
領縣四
附化 息澤 五原 廣牧〔八五〕

雲州 舊置朔州,後陷,永熙中改,寄治并州界。

領郡四 縣九

盛樂郡 永熙中置。

領縣二

歸順 永熙中置,〔八六〕州、郡治。 還安 永熙中置。

雲中郡 秦置。〔八七〕

領縣二

建安郡 永熙中置。 雲陽 永熙中置。

領縣二

延民 永興中置。 永樂 永熙中置。

永定 永熙中置。

眞興郡 永熙中置。

領縣三

眞興 永熙中置。 建義 永熙中置。 南恩 永熙中置。

蔚州 永安中改懷荒、禦夷二鎮置,寄治并州鄔縣界。

領郡三　縣七

始昌郡 永安中置。

領縣二

干門 永安中置。　蘭泉 永安中置。

忠義郡 永安中置。

領縣二

葦池 永安中置。　楊柳 永安中置。

附恩郡 天平中置。

領縣三

西涼 天平中置。　利石 天平中置。　化政 天平中置。

顯州 永安中置。治汾州六壁城。

領郡四　縣四

定戎郡 永安中置,治瓜城。

領縣二

零山 永安中置。 陽林 永安中置。

建平郡 永安中置,州治。

領縣二

武昌郡 武定四年置,治圜城。

眞君郡 天平中置,治東多城。

昇原 永安中置。 赤谷 永安中置。

廓州 武定元年置。治肆州敷城界郭城。

領郡三

廣安郡 武定元年置。

永定郡 武定元年置。

建安郡 武定元年置。

武州 武定元年置。治雁門川,武定三年始立州城。

領郡三 縣四

吐京郡 武定八年置。

領縣二

吐京 武定三年置,州治。 新城 武定三年置。

齊郡 武定元年置,州治。

領縣二

昌國 武定元年置。 安平 武定元年置。

新安郡 武定元年置。

西夏州 寄治幷州界。

領郡二

太安郡

神武郡

寧州 興和中置,寄治汾州介休城。

領郡四

武康郡 武定四年置,治東多城。

靈武郡 武定元年置。

初平郡 武定元年置。

武定郡 武定元年置。

靈州 太延二年置薄骨律鎮,孝昌中改,後陷關西。天平中置,寄治汾州隰城縣界。郡縣闕。

前自恒州已下十州,永安已後,禁旅所出,戶口之數,並不得知。

校勘記

〔一〕蕩城 溫曰鑑魏書地形志校錄下簡稱溫校云:「當即『蕩陰城』,脫『陰』字。」按上云「天平初併蕩陰」,故溫以為脫「陰」字。

〔二〕有南部右部西部尉 諸本無「尉」字。殿本考證云:「按此句下當脫『尉』字,下文臨漳縣注『有左部、東部、北部尉』即其證也。」按考證說是,無「尉」字,不可解,今補。

〔三〕後漢屬 溫校:「郡國志二屬鉅鹿。」按當脫「鉅鹿」二字,無此二字,似此縣後漢屬魏郡。

〔四〕二漢屬魏郡 諸本無「魏」字。殷本考證云:「『郡』字上當有『魏』字,係從來刊本之脫。」按清淵屬魏郡,見漢書卷二八上地理志上、續漢書郡國志二。今據補。

〔五〕崗城 溫校引水經注河水篇卷五「岡成亭」,續漢書郡國志二「陽平」下「岡成城」,疑此「城」上脫「成」字。

〔六〕治枋頭 諸本「枋」作「城」。溫校及張穆延昌志地形志卷二下簡稱延昌志、楊守敬北魏地形志札記下簡稱楊校並云「城」字乃「枋」之訛。按東魏汲郡治枋頭,見元和郡縣志卷一六衞州衞縣條,今據改。

〔七〕馬泉 延昌志卷二汲郡脩武下作「焦泉」,云:「收志作『馬泉』,涉下『馬鳴泉』而誤。」按張說據水經注卷九清水篇「有丁公泉發於焦泉之右」云云,地望相合。此注「焦泉」下即舉「丁公神」,可證。

〔八〕郡戒 按「郡戒」不可解,水經注清水篇鄧城西北有重泉,此注「郡戒」上即「重泉」,疑「郡戒」乃「鄧城」之訛。

〔九〕宜陽城 按「宜陽城」不應在脩武。清水篇云:「吳陂水『上承吳陂於脩武縣故城西北。脩武,故寧也,亦曰南陽矣。中略故應劭地理風俗記云:河內,殷國也,周名之為南陽。又曰:晉始啟南陽,今南陽城是也,秦始皇改曰脩武。』則南陽城即脩武故城。」又據清水篇,脩武故城南陽城西北有

〔一〇〕治新洛城　溫校：「『洛』當作『樂』。」水經注卷九『清水又東周新樂城,城在獲嘉縣故城東北。』後漢郡國志一、河內郡林慮注『徐吳陂,下又見『吳亭』,傍吳陂西。「吳亭」也即此注下之「吳城」。地望密合。此「宜陽城」疑是「南陽城」之訛。

〔一一〕建德城　溫校：「『建』疑『興』字之訛。」按水經注卷五河水篇:張甲河左瀆「北巡建始縣故城東,田融云:趙武帝十二年立建興郡,治廣宗,興德五縣隸焉。」建始、興德都是石趙所立建興郡的屬縣,而此注上文即舉建始城,故溫校以爲此「建德城」應作「興德城」。但也可能「德」爲「興」之訛,且所立五縣,不能證其必無「建德」。

〔一二〕凡豪城　按水經注卷八濟水篇:「酸瀆水又東北巡燕城北,又東巡滑臺城南,又東南巡瓦亭南。春秋定公八年,公會晉師於瓦。」楊守敬水經注疏下簡稱楊疏此條下熊會貞曰:「地形志,白馬有凡豪城,『凡豪』乃『瓦亭』之誤,在今滑縣南。」

〔一三〕有盤　楊校:「『盤』字有脫文。按水經注河水注卷五河水東北巡涼城縣,河北有盤祠。則此脫『祠』字。」

〔一四〕東流爲洹　諸本『洹』作『垣』。殿本考證云:『垣』應作『洹』。廣曰:洹水所出,蘇秦合諸侯盟處」是也。」溫、楊並引水經注洹水篇卷九,證這裏『垣』乃『洹』之

〔五〕桓門水南流名太清水　溫校：「『桓』當作『栢』。」水經注卷九清水篇作『北門陂，陂方五百步，在共縣故城西』，『其水三川南合，謂之清川』。按水經注戴校本「北門陂」作「百門陂」。元和郡縣志卷一六衞州共城縣有「百門陂」。「栢」「百」同音通用，「桓」字訛，溫說是。

〔六〕有累山　楊校：「水經蕩水注：卷九長沙溝水導源黑山，東流逕鄴郡故壘北，名之爲塢城。魏將城即此魏德，是黑山近魏德，『累山』當作『黑山』矣。」按元和志卷一六衞州衞縣稱「黑山在縣北五十五里」。楊說是。

〔七〕有河城　按水經注卷五河水篇云：「屯氏別河又東北逕清河故城。」這裏「河」上當脫「清」字。

〔八〕有焉卿城樂陽城　按水經注卷一一濁水篇引中山記「盧奴有三鄉」，「焉鄉其盧奴二鄉之一乎」？按此「卿」原誤作馬卿城，「卿」與「鄉」形近而訛。三鄉，其一已割歸安喜。下「樂陽城」亦即濁水篇之「樂羊城」。溫校以漢志常山郡之樂陽城當之，遠在盧奴西南，地望不合。

〔九〕有平樂城　百衲本「平」字半殘，南本作「前」，北、汲、殿、局四本注「闕」。按濁水篇，胡泉水「逕上曲陽縣南，又東逕平樂亭北」。「平樂亭」即「平樂城」，百衲本殘存下半是「平」字。今據補。

〔二〇〕義臺城　諸本「義」作「羲」。按卷二太祖紀皇始二年十月魏燕「戰於義臺塢」。晉書卷一二四

〔一〕慕容寶載記亦云:「麟出居新市,與魏師戰於義臺。」通鑑卷一〇九三四五九頁亦作「義臺」,胡注引地形志:「新市縣有義臺城。」則胡三省所見魏書,本卷作「義臺」。「羲」字訛,今改正。

〔二〕孝章建初中爲淮陽永元二年復 百衲本、南本、汲本、局本卷後有宋人校語云:「今案後漢書,章帝建初四年四月,徙常山王昞爲淮陽王,和帝永元二年五月,紹封故淮陽王昞子側爲常山王。昞傳云:徙淮陽王,以汝南之新安、西華益淮陽國。昞自常山徙封淮陽,非改常山爲淮陽,蓋魏收書誤。」北本此條校語有脫文,殿本據北本入考證。

〔三〕有所山 溫校:「『所』當作『房』。」後漢書章帝紀卷三元和三年趙,祠房山於靈壽。蓋漢人隸書『房』或作『防』,因訛爲『所』耳。」按元和志卷一七恒州房山縣下云:「房山一名王母山,在縣西北五十里,漢武帝於此山上立祠,今王母觀是也。」房山縣開皇十六年置,北魏此山當在靈壽境。志於「所山」下即舉「西王母祠」,可證「所山」乃「房山」之訛,溫說是。

〔四〕二漢晉屬趙國 溫校:「漢志,漢書卷二八上下曲陽屬鉅鹿,不屬趙國。」

〔五〕前漢屬眞定後漢屬 溫校:「郡國志二鉅鹿郡無藁城,蓋後漢省也。」

〔六〕有肥壘 錢氏考異卷二九云:「按漢志,卷二八上眞定有肥纍縣,晉以後改省入藁城,當云『有肥纍城』,後人轉寫作『壘』,又脫『城』字,誤以爲壘壁之『壘』矣。」

〔七〕鄡 「鄡」,百衲本作「壘」,南本以下諸本作「鄥」。錢氏考異卷二九云:「『鄥』不成字,當作『鄡』。」

〔二七〕安陽赤泉神　水經注卷一一滱水篇：蒲水「側有古神祠。中略又南逕安陽亭東」。楊疏、熊會貞云：「地形志有『安陽赤泉神』，疑『赤』為『亭』之誤，謂下『安陽亭』、『泉神』，即此水側神祠也。」按「安陽」，趙、戴本水經注並作「陽安」，楊據元和志卷一八定州北平縣作「安陽故關」以為作「安陽」是，今不俱論。熊說疑是。

〔二八〕孫山　滱水篇稱：高昌城東「有山孤峙，世以山不連陵，名之曰孤山」。楊疏、熊會貞云：「地形志，望都有孫山，『孫』與『孤』形近，乃『孤』之誤。」

〔二九〕太和二十二年復屬　諸本「復」作「後」。按上云「神瑞二年併廣川」，知「後」乃「復」之訛，下索盧縣也是神瑞二年併廣川，即云「太和二十二年復屬」，可證。今改正。

〔三〇〕晉屬廣川　溫枝：「今晉志卷一四屬渤海郡。」按魏晉郡縣分併置罷，晉志多不具載，如長樂郡，此志云「晉」，而晉志無此郡。以水經注河水篇卷五證之，知是晉太康五年改，魏收不誤。廣川縣之屬廣川郡號脩後改　錢氏考異卷二九云：「脩」與「漢」、晉、宋志與此志異者，不一一列舉。今後凡魏晉沿革，晉、宋志無異文，何以云改？據列傳高氏、封氏皆稱『勃海蓨人』，乃知晉以前本作『脩』。上一字當作『脩』，後魏改從艸耳。」楊校：「按元和

〔三一〕德州蓨縣，本漢條縣，即條侯國，屬信都，後漢屬勃海，晉改『條』為『脩』，隋廢勃海郡，改『脩』為『蓨』。 漢志卷二八下信都國脩縣，顏氏亦音『條』；郡國志二亦作『蓨』，宋志卷二六始以『脩』作『蓨』；後魏志偽作『脩』，而高湖、高肇等傳皆作『脩』。是『脩』『蓨』『條』古通用。按三字通用是對的。但這裏縣名既標名作『脩』，否則「號脩」之『脩』作『條』，亦通。疑這裏標縣名本作『蓨』，不能回答錢氏的問題。

〔三二〕晉置屬 諸本「屬」上有「勃」字。按晉書卷一四地理志上冀州渤海郡有東安陵。元和志卷一七德州安陵下云：「本漢蓨縣地，晉立安陵縣，屬渤海郡。」這裏本系於勃海郡下，無須更說「屬勃海郡」，知「勃」字衍，今刪。

〔三三〕前漢屬勃海後漢屬安平 溫校：「按郡國志二，安平國『阜城故昌城』。」與前漢之阜城，明是二縣。

〔三四〕神光二年併武邑太和十八年復 百衲本「二」訛「一」，今從諸本。楊校：「後魏無『神光』之號，而有神瑞，此『光』為『瑞』之誤。」按『神光』顯誤，但太和前魏有「神瑞」，也有「始光」拓跋燾年號，不知誤在哪一字。

〔三五〕二漢晉屬平原 諸本無「平原」二字。溫校：「『晉屬』下當有『平原』二字。」按元和志卷一七德州平原下云：「本漢舊縣，屬平原郡，後漢屬平原國，後魏屬安德郡。」晉書卷一四地理志上冀州平原國有平原。這裏脫「平原」二字。今據補。

〔三六〕出帝太昌中霸朝置大丞相府　諸本「太昌」作「永昌」。楊校:「孝武帝改元太昌,非永昌也。此『永』爲『太』之誤。」按北史卷六齊本紀上稱:「幷州平,神武以晉陽四塞,乃建大丞相府而定居焉。」「幷州平」在太昌元年七月,見卷一一出帝紀。這裏「永」乃「太」之訛,楊說是,今改正。

〔三七〕武定初齊獻武王上置晉陽宮　南本以下諸本「上」作「止」,獨百衲本作「上」,按北史齊紀上武定三年正月丁未記「神武請於幷州置晉陽宮」。「上」作「上請」解,今從百衲本。

〔三八〕有中都　溫校:「『中都』下脫『城』字。郡國志五幷州太原郡中都縣下引杜預曰:界休縣南中都城是也。」按鄔縣在界休東北,此城若在界休南,不得入鄔縣注,下「太岳山」即霍山,也是中隔界休。

〔三九〕豫水出得車嶺　本書卷一一二下靈徵志正光三年六月條云:「幷州靜林寺僧在陽邑城西橡谷掘藥。」元和志卷一三太原府太谷縣下云:「蔣谷水,今名象谷水,源出縣東南象谷六洞過水篇有「蔣谷水」。楊疏據上引靈徵志及元和志證地形志「豫水」乃「橡水」之訛,亦即蔣谷水。按楊說是。又洞過水注云:「有蔣谷大道,度軒車嶺,通於武鄉。」楊疏亦以此志「得車嶺」爲「軒車嶺」之訛。

〔四〇〕有汾陽追城　按水經注卷六汾水篇云:「汾水又南逕汾陽故城東。」這裏「汾陽」下脫「城」字,或衍「追」字。

〔四一〕徐水　水經注卷六洞過水篇：涂水「出陽邑東北大𡹔山涂谷西南。」溫、楊並據此證此「徐水」爲「涂水」之訛。

〔四二〕余五城　溫校：「『五』當作『吾』。」漢志，卷二八上上黨郡有余吾縣，後漢蓋省入屯留，郡國志五屯留下注云『在縣西北三十里』。」按此亦當是音近通用，非必字訛。

〔四三〕有廉山濁漳出焉　楊校：「水經濁漳注，卷一〇水出鹿谷山。此『廉』爲『鹿』之誤，並脫『谷』字。」溫校引漢志，卷二八上上黨郡長子縣鹿谷山，濁漳水所出。

〔四四〕雞鳴嶺一名大山　溫校「大」改「火」，無說。按元和志卷一五、太平寰宇記卷四五潞州上黨縣下並作「火山」。疑「大」字訛。

〔四五〕二漢爲猗氏屬晉　楊校：「按元和志，漢猗氏，至晉省，則此脫『省』字。」今檢元和志卷一二河中府猗氏條無「至晉省」文。然晉書卷一四地理志上上黨郡無猗氏，則楊以爲「晉」下脫「省」字是。

〔四六〕三想山北有水源出蒲谷東南流入給水　楊校：「寄氏不聞有給水，一統志卷一四二山西潞安府蒲谷水條引『給』作『絳』是也。」按此「三想山」當即上屯留下注之『三㮫山』。

〔四七〕藍水出其南東流合濁漳　百衲本「合」作「令」，北、汲、殿、局四本作「入」，唯南本作「合」。按「令」顯爲「合」之訛，今從南本。

〔四八〕石弟水東行入漳　楊校云：「寰宇記卷四六威勝軍石梯山下引水經注曰：銅鞮縣有石梯山。今水

〔四八〕經注卷一〇濁漳水篇云銅鞮水「出銅鞮縣西北石隥山」，是「石隥山」即「石梯山」，「銅鞮水」即「石梯水」也。此「弟」爲「梯」之脫爛。按元和志卷一五潞州銅鞮縣下有「石梯山」。

〔四九〕眞君九年併沾 諸本「沾」作「治」。楊校：「元和志卷一三太原府樂平縣『樂平縣，本漢沾縣。』『沾』與『治』形近，此『治』爲『沾』之誤。」按楊說是，今改正。

〔五〇〕前漢屬太原後罷 溫校：「按郡國志二上艾屬常山國，未嘗廢也。」

〔五一〕妬女泉及祠 諸本「妬」作「宏」。溫校：「『宏』當爲『妬』字之訛。中略 元和郡縣志卷一三太原府廣陽縣下云：『澤發水一名阜漿水，亦名妬女泉，源出縣東北董卓壘東。中略 泉旁有祠，土人祀之。』按溫說是，魏收避魏諱「宏」字，即本名作「宏」，也當改他字，況此本名「妬女」。今改正。

〔五二〕侯城 按水經注卷一一滱水篇，滱水逕博陵縣故城後，「又東北逕侯世縣故城南」。楊疏，熊會貞云：「地形志博野有侯城，疑即侯世城也。」

〔五三〕治京城 寰宇記卷六瀛州景城縣條云：「漢舊縣，屬渤海郡，後漢省，後魏延昌二年自今縣南二十里徙成平縣來理之。」溫、楊並以爲「京」乃「景」之訛。

〔五四〕有成平城 諸本無「成」字。楊校據前引寰宇記景城縣云：「『平』上脫『成』字。蓋成平移治景城，其故城在縣境，故云『有成平故城』也。」按寰宇記景城縣下有「成平故城」云：「後魏徙理景城，因而荒廢。」是「平」上脫「成」字無疑，今據補。

〔五五〕有文安 溫校:「『文安』下脫『城』字。」寰宇記:卷六七霸州文安縣「古文安縣城,在今縣東北三十里。」

〔五六〕廣陵 溫校疑下脫「城」字。按也可能與下「趙君神」連讀。

〔五七〕治阿陵城 諸本無「阿」字。寰宇記卷六六莫州任邱縣稱:「故阿陵,在縣東北二十里阿陵故是。後漢省,後魏會移鄭縣理此。」溫、楊並據此文證「陵城」上脫「阿」字。今據補。

〔五八〕後漢建武中復 殿本考證云:「景帝三年改趙國為邯鄲郡,五年即復為趙國,是以前志列趙國,豈遲至光武復置乎?」

〔五九〕治舊楊城 溫校:「按『舊楊城』即楊氏縣也。元和志:卷一七趙州寧晉縣本春秋時晉楊氏邑,漢以為縣,屬鉅鹿郡,晉省。」按「楊」下當有「氏」字,下麋遙縣注「治楊城」同。或當時習稱省「氏」字。

〔六〇〕有沽水 溫校引漢志卷二八下漁陽郡漁陽下注「沽水出塞外,東南入泉州入海」條及水經注卷一四沽河篇改「沽」為「沽」。按沽河篇,沽水逕泉州故城,「又東南合清河,今無水」,即鮑丘水篇之筒溝,在章武北,溫說疑是。

〔六一〕有富平城邵續居之號邵城 諸本「富」下無「平」字。溫校:「當作『富平城』,脫『平』字。」按水經注卷五河水篇:「商河又東北流,逕馬嶺城西北,屈而東注,南轉逕城東,中略 又東北逕富平縣故城北。」馬嶺城即厭次縣治,此「富城」自即「富平城」。又寰宇記卷六四棣州陽信縣有富平故城,在今縣東三十里,今名邵城,與此志合。知「富」下脫「平」字,溫說是。今據補。

〔六二〕和帝永元六年復爲廣陽郡　溫校：「按後漢書和帝紀卷四永元八年復置廣陽郡，此作『六年』誤也。郡國志五作『永平八年』，蓋『永元』之誤。」

〔六三〕漢高帝置涿郡後漢章帝改　殿本考證云：「按二漢俱名涿郡。晉志卷一四幽州曰：范陽國，『漢置涿郡，魏文更名』，是改稱范陽非後漢章帝也。」溫校同。按水經注卷一二聖水篇亦云「晉泰始元年改曰范陽郡」，與晉志合。

〔六四〕永陽城　按水經注卷一〇易水篇：「易水又東逕武陽城南。蓋易自寬中歷武夫關東出，是兼武水之稱，故燕之下都，擅武陽之名。」下引傅逮述遊賦有「登金臺，觀武陽」之句。「武陽」燕之下都，水經注所記甚詳，「永陽」不見記載。傅逮之賦，「武陽」與「金臺」並舉，而此注「永陽城」下即「金臺」，疑「永」字爲「武」之訛。

〔六五〕前後漢屬涿晉屬　溫校：「按郡國志五，涿郡無『容城縣』，『後』字衍。『屬涿』下當云『後漢省』也。」按志例稱「二漢」，不稱「前、後漢」，知非魏收原誤。原文如作「後漢省」，則「晉」下亦當有「復」字。

〔六六〕□樂城　百衲本闕字作空格，南本墨釘，北、殿二本注「闕」字，汲、局二本作「有」。按「有」字已出上「漁陽城」上，不應重複。水經注卷一四灅餘水篇、沽河篇皆見「安樂縣故城」，並引晉書地道記，晉封劉禪安樂公，即此地。縣在漁陽縣東，地望相合，所闕當是「安」字。

〔六七〕二漢屬河東晉屬即漢晉之北屈也　延昌志卷三平陽郡禽昌縣下云:「漢、晉北屈縣在今吉州東北,魏禽昌縣在今平陽東,相距絕遠,斷非一地。」

〔六八〕有晉水　諸本「水」作「永」。溫校云:「『永』疑『水』之訛。水經注:卷六汾水篇「平水出平陽縣西壺口山,又東逕平陽城南,東入汾,俗以爲晉水,非也。」楊校同。按「永」字顯誤,今改正。

〔六九〕建義元年置　諸本脫「置」字,今補。

〔七〇〕領縣三　楊校:「郡所領只二縣,『三』爲『二』誤。」按上晉州下云領縣三十一,這裏如只領二縣,則合計只三十縣,疑下脫去一縣。

〔七一〕治會交川　按水經注卷六澮水篇:「澮水又西南,與諸水合,謂之澮交。」「會交」疑當作「澮交」。建義元年罷　按郡於建義初置,建義也只有元年,何以即在元年罷此縣?且此縣乃新置,何以先不言置,忽記其罷?這裏「罷」字當是「置」字之訛。

〔七二〕治沁城　溫校云:「當作『沁水城』。」水經注:卷九沁水篇「蓋藉水以立名矣。」

〔七三〕有溫　溫校:「今本逸『城』字。」寰宇記:卷五二孟州溫城在溫縣西南三十里。」

〔七四〕浿水　楊校:「左傳襄十六年杜注:『浿水出河內軹縣。』水經濟水注卷七有『浿水』。義橋石像碑『沈、浿雙吐。』字從『泉』,不從『貝』,此『浿』爲『浿』之誤。」溫校亦引杜注,謂當作「浿」。

〔七六〕治玄氏城　按漢、晉、隋地志「玄」都作「泫」。元和志卷一五澤州高平縣下云:「在泫水之上,故

〔七〕以爲名，後魏俗南閣本訛作「漢」改爲玄氏。」楊守敬隋書地理志考證以爲地形志作「玄」，乃「汯」字脫爛。其實當時地名常用同音或音近字，去水去土皆只是書寫異文。見於此志者，如「樂浪」之作「樂良」，「渤海」之作「勃海」，「湖陸」之作「胡陸」，「湖城」之作「胡城」，本非改名，亦非脫爛，此「汯氏」之作「玄氏」，也同此類。今後此類，不再出校記。

〔七〕眞君九年併永樂 百衲本「永」作「氷」，北、汲、殿、局四本作「水」，獨南本作「永」。按「氷」「水」爲「永」形近而訛，今從南本。

〔八〕口一萬六千七百六十四 按義州七郡口數相加爲二萬三千六百六十五，相差甚巨，必有誤。南、局本與合加數相符，當是校者所改，非別有據。

〔九〕寄治幽州宣都城 錢氏考異卷二九云：「按幽州無『宜都城』，一本作『宜都』汲本亦誤，當是『軍都』之訛。」楊校：「幽州燕郡有『軍都縣』，此『宜都』當作『軍都』。」

〔一〇〕萬言 隋書卷三〇地理志中涿郡昌平縣下云：「開皇初，省萬年縣入焉。」溫、楊並據謂「言」字爲「年」之訛。

〔一一〕狼水 按水經注卷一四大遼水篇云：「白狼水又東北逕昌黎縣故城西。」寰宇記卷七一營州柳城縣引魏氏風土記云：「黃龍城西南有白狼河東北流。」「狼水」上疑脫「白」字。

〔一二〕併令支含資屬焉 諸本「含」作「合」，殿本作「令」。按續漢書郡國志四幽州樂浪郡，晉書卷一四

〔三〕前漢屬涿後漢晉屬遼東後屬　溫校：「按此縣亦後魏僑置,當從朝鮮注為例。且營州遼東郡新昌『二漢晉屬』。」此復書「後漢、晉屬遼東」,而以前漢涿郡之新昌合而為一,牴牾甚矣。漢志卷二八下新昌,明是兩縣。一屬涿郡,後漢省,今固安縣南三十里;一屬遼東,在今海城縣東。

〔四〕桓鴻　諸本下注「一本作祇鴻」。溫校:「通鑑注引此作『旋鴻』。考水經注卷一三㶟水篇如渾水出涼城旋鴻縣。今志作『桓』及『祇』,未詳。」楊守敬亦引㶟水篇云:「作『桓』作『祇』皆非。」

〔五〕廣牧　諸本「牧」作「收」。通鑑卷一五四七八七頁廣牧斛斯椿條胡注:「廣牧縣,漢朔方東部都尉治所也。魏省朔方,以廣牧縣屬新興郡。」魏書志,廣牧屬朔州附化郡。考椿傳魏書卷八○,椿,廣牧富昌人,則又似廣牧自為一郡也。」溫引此注未全。按廣牧,二漢屬朔方,漢末建安二十年屬新興郡,並見兩漢志。胡注引此志亦作「廣牧」。「收」字乃「牧」之訛,今改正。

〔六〕歸順永興中置　按此州他縣並云「永興中置」,獨此縣及下雲中郡延民縣稱「永興」。雲中之置朔州,見於史傳者最早在拓跋燾時卷三七司馬楚之傳,永興是拓跋嗣年號,當時是否立州,已不可知。疑兩縣稱「永興」皆「永熙」之訛。

〔七〕雲中郡秦置　按晉已罷郡為縣,屬新興郡,或魏置朔州時復置,也可能永熙復置。疑「秦置」下有脫文。

魏書 卷一百六中

地形志二中第六

兗州 後漢治山陽昌邑，魏、晉治廩丘，[一]劉義隆治瑕丘，魏因之。

領郡六　縣三十一

戶八萬八千三十二　口二十六萬六千七百九十一

泰山郡　漢高帝置。

領縣六

戶二萬六千八百　口九萬一千八百七十三

鉅平　二漢、晉屬，治平樂城。有亭亭山祠、霍城、陽關城、鉅平城、祝丘、防城、龍山祠。奉高　二漢、晉屬。有梁父山、岱岳祠、玉符山、故明堂基。博平　二漢、晉曰博，屬，後改。有博平城、防城、龍山祠、野首山、[二]牟山祠、伍子胥廟。嬴　二漢、晉屬。有馬耳山祠、汶水出焉。唐阜、嬴城、銅冶山。牟　漢、晉屬。有萊蕪城、平州城、牟城、望石山。梁父　二漢、晉屬。有菟裘澤、徂來山在北、梁父城、龜山、羊續碑、貞女山祠、雲母山。

魯郡 秦置,為薛郡,高后改為魯國。皇興中改。

領縣六〔三〕

戶一萬五千一百六十 口四萬七千三百二十九

魯 二漢、晉屬。有牛首亭、五父衢、尼丘山、房山、魯城、叔梁紇廟、孔子墓、廟、沂水、泗水、季武子臺、顏母祠、魯昭公臺、伯禽冢、魯文公家、魯恭王陵、宰我家、兒寬碑。 汶陽 二漢、晉屬。有桑杜丘、新甫山、崦山、春舒城、汶陽城。 鄒 二漢、晉屬。有叔梁紇城、嶧山、鄒山。 陽平 劉駿置,魏因之。有滕城。 新陽 前漢屬東海,後漢罷,劉駿復,魏因之。

高平郡 故梁國,漢景帝分為山陽國,武帝改為郡,晉武帝更名。

領縣四

戶一萬一千一百二十四 口二萬五千八百九十六

高平 二漢屬山陽,晉屬。前漢橐也,後漢章帝更名。有洸水、千秋城、胡陸城、齊城、高平山、承雀山、伏羲廟。 方與 二漢屬山陽,晉屬。有方與城。 金鄉 後漢屬山陽,晉屬。有金鄉山、范巨卿家碑。 平陽 二漢、晉曰南平陽。漢屬山陽,晉屬。有平陽城、漆城、白馬溝。

任城郡 後漢孝章帝分東平為任城國,晉永嘉後罷,神龜元年分高平置。

領縣三

任城　前漢屬東平，後漢、晉屬。有任城、唐陽城、華陽城、伯祠。　鉅野　二漢屬山陽，晉屬高平，後屬。有鉅野城、武安城、武平城、任山祠。

東平郡　故梁國，漢景帝分爲濟東國，武帝改爲大河郡，宣帝爲東平國，後漢、晉仍爲國，後改。

領縣七　戶二萬七千百五十二　口六萬一千八百一十

無鹽　二漢、晉屬。有龍山、無鹽城、南章、北章城。　壽張　有邱城。[四]　平陸　二漢、晉屬，曰東平陸，晉曰剛平，後改。有廣武城。　范　有涞溝。　須昌　前漢屬東郡，後漢、晉屬。治須昌城。有濟溝。　富城　二漢、晉屬。有富城、卜城、武強城、左丘明冢。　剛　前漢屬泰山，後漢屬濟北，晉曰剛平，後改。治剛城。

東陽平郡　故東平地，劉義隆置，尋罷。劉駿復，魏因之。治平陸城。

領縣五　戶六千一百四十六　口一萬八千八百九十四

元城　劉義隆置，魏因之。有寧陽城。　樂平　劉義隆置，魏因之。有青山祠、魯溝水。　頓丘　劉駿置，魏因之。有乘城。　館陶　劉義隆置，魏因之。有唐陽城。　平原　劉駿置，魏因之。有苦城、鉅野澤。

青州 後漢治臨淄,司馬德宗治東陽,魏因之。

領郡七　縣三十七

戶七萬九千七百五十三　口二十萬六千五百八十五

齊郡 秦置。

領縣九

戶三萬八百四十八　口八萬二千一百

臨淄 二漢、晉屬。有公孫接冢、晏嬰冢、齊莊公冢、營丘、齊臺、堯山祠。昌國 二漢、晉屬。有紀信冢。益都 魏置。有釣室。盤陽 前漢屬濟南,後漢、晉屬。有朱虛城、大峴山。有甗山、鉅平山、太山祠。平昌 前漢屬琅邪,後漢屬北海,晉屬城陽。延興三年屬。廣饒 二漢、晉屬。有吳頭山。西安 二漢、晉屬。有逢山、八士山。安平 二漢、晉曰東平,〔五〕後改。前漢屬淄川,後漢屬北海,後屬。廣川 有牛山、仲父冢、黑山、石硯山、齊桓公冢、四豪冢。有覆釜山。

北海郡 漢景帝置,治平壽城。

領縣五

戶一萬七千五百八十七　口四萬六千五百四十九

下密 前漢屬膠東國,後漢屬,晉屬齊郡,後屬。劇 二漢屬,晉屬琅邪,後屬。有倉山。都昌 二漢屬,晉屬齊郡,

後屬。有徐偉長冢。 平壽 二漢屬，晉屬齊郡，後屬。有浮山。有金關山。 膠東 前漢曰膠東國，後漢屬北海，晉

樂安郡 漢高帝為千乘國，後漢和帝更名樂安國，晉改。屬齊郡，後屬。有逢萌冢。

領縣四 戶五千九百一十六 口一萬三千二百三十九

千乘 前漢屬千乘，後漢屬，晉罷，後復屬。 博昌 前漢屬千乘，後漢、晉屬。 安德 般

勃海郡 故臨淄地，劉駿置，魏因之。

領縣三 戶五千二百七十九 口一萬三千七百五

重合 脩 長樂 有王陵冢。

高陽郡 故樂安地，劉義隆置，[大]魏因之。

領縣五 戶六千三百二十二 口一萬七千六百六十七

高陽 新城 鄚 安次 安平

河間郡 劉義隆置，魏因之。

領縣六

戶五千八百三十　　口一萬四千八百一十八

阜城　城平　武垣　樂城　章武 有張釋之冢。　南皮 劉駿置,魏因之。有望海臺。

樂陵郡 故千乘地,劉義隆置,魏因之。

領縣五

戶七千九百七十一　　口一萬八千五百一十五

陽信 有千乘城、博昌城。　樂陵 有薄姑城。[七]　厭次　新樂　溼沃

齊州 治歷城。劉義隆置冀州,皇興三年更名。

領郡六　縣三十五

戶七萬七千三百七十八　　口二十六萬九千六百六十二

東魏郡 劉駿置,魏因之。治歷城,後徙臺城。

領縣九

戶一萬九千一百三十　　口七萬三千五百七十

蠡吾 劉駿置,魏因之。有龍山。　頓丘 劉駿置,魏因之。有飛鳥峴。　肥鄉 有平陵城、巨合城。　聊城 有盝城、

東平原郡 劉裕置,魏因之。治梁鄒。

領縣六

戶一萬三千九百二十九　口四萬四百三

衛國 有挺城、石湯水、雞山。 博平 有土鼓城、[九]逢陵城、長白山。 安陽 有魚溝。 東魏 有嶂山、出鐵。 有蒼浪溝、時水。 臨邑 劉駿置,魏因之。 有刀環水、鵠山、隰陰城。

東清河郡 劉裕置,魏因之。治盤陽城。

領縣七

戶六千八百一十　口二萬二千五百七十四

平原 有黃山。 鬲 有高苑城、平原城。 臨濟 有鄴平城、建新城。 茌平 有口城。 廣宗 有胡山、平郭城。 高唐

清河 有黽水。 鄃 有淳于髡冢、金雀山。 零 武城 有昌國城。 貝丘 有萊蕪城。 饒陽 舊屬青州,太和十八年分屬。

廣川郡 劉裕置,魏因之。

領縣三

戶三千九百四十五　口一萬三千四百七十二

武強 索盧 中水 有長城、三繐山。

濟南郡

漢文帝為濟南國,景帝為郡,後漢建武中復為國,晉改。

領縣六　戶二萬一十七　口六萬八千八百二十

歷城　二漢、晉屬。有黃臺、華不注山、華泉、匡山、舜山祠、娥姜祠。

著　二漢、晉屬,治著城。

平陵　二漢、晉屬,曰東平陵,後改。有章丘城、洛盤城、平陵城、女郎山祠。

土鼓　二漢屬,晉罷,後復。有龍盤山。

逢陵　有於陵城。

朝陽　二漢屬,後漢曰東朝陽,後改。晉屬樂安,後屬。有朝陽城。

太原郡

劉義隆置,魏因之。

領縣四　戶一萬三千五百六十　口五萬八百二十三

太原　司馬德宗置,魏因之。治升城。有靡溝、垣城。〔一〇〕

祝阿　二漢屬平原,晉屬濟南,後屬。有唐城、〔一一〕陽城。

山茌　二漢、晉屬泰山,後屬。有咸山、衹山、格馬山。

盧　前漢屬太山,後漢、晉屬濟北,後屬。有盧城、平陰城、孝子堂。

鄭州

天平初置潁州,治長社城。〔一二〕武定七年改治潁陰城。

領郡三　縣九

許昌郡 天平元年分潁川置。

領縣四

戶六萬二千一百七十三　口二十七萬四千二百四十二

許昌　二漢、晉屬潁川，即許都也。治許昌城。有西梁城。

新汲　二漢、晉屬潁川。有新汲城、長合城、[三]臨春城、平侯城、馬領城、向城、張揚城、蔡澤陂、深陂、三門陂、唐且冢。

扶溝　前漢屬淮陽，後漢、晉屬陳留，眞君七年併長平屬焉，後屬。有白亭城、蔡河、扶溝城、康溝水、龍洲陂、刀陵岡。

鄢陵　二漢、晉屬潁川。有鄢陵城、馬領城、向城、平侯城、鴨子陂。

潁川郡 秦置，漢高改曰韓國，尋復。

領縣三

戶二萬五千三百二十七　口十萬四千四百六十三

潁陰　二漢、晉屬。眞君七年併臨潁，元象二年復。有荀爽墓、東西二武城、博望城。

長社　二漢、晉屬。有長葛城、長平城、望馬臺、雞鳴城、鍾皓墓、白雁陵。

陽翟郡

領縣二

戶一萬四千八百二　口六萬三千八百七十

戶二萬二千四十四　口十萬五千九百九

有殷湯城。[四] 潁陰 二漢、晉屬。眞君七年併潁陰屬之，

黃臺 興和元年分陽翟置。有葛溝水、黃臺岡。 陽翟 二漢屬潁川,晉屬河南尹,興和元年屬。有陽翟城、康城、禹山祠、赤沙澗、九山祠、呂不韋墓。

濟州 治濟北碻磝城。泰常八年置。

領郡五　縣十五

戶五萬三千二百一十四　口一十四萬五千二百八十四

濟北郡 漢和帝置。

領縣三

戶九千四百六十七　口二萬九千三百九十九

臨邑 二漢屬東郡,晉屬。有昌鄉城、臨邑城、吳城。 東阿 二漢屬東郡,晉屬。有東阿城、衡城、濟城。 盧 前漢屬泰山,後漢、晉屬。有柳舒城、鼓城、[五]盧子城。

平原郡 漢高帝置。皇始中屬冀州,太和十一年分屬,武泰初立南冀州,永安中罷州。

領縣四

戶二萬二千二百五十　口五萬九千四百三十七

聊城 二漢屬東郡,晉屬。魏置太平鎮,後罷併郡。有王城,郡、縣治。有畔城。 博平 二漢屬東郡,晉屬。有博平

城、桑葉城、濕水。**茌平** 前漢屬東郡，後漢屬濟北，晉屬。治鼓城。有茌平城、陽城。**西聊** 孝昌中分聊城置。治聊城。

東平郡 泰常中置，太和末罷，建義中復。治秦城。

領縣二

戶八千八百九十六 口二萬五千一百三

范 二漢屬東郡，晉屬兗州東平，後屬。治秦城。有梁山、高陽城、豐城、雲城。**壽張** 前漢曰壽良，屬東郡，光武改。後漢、晉屬兗州東平，後屬。

南清河郡 晉泰寧中分平原置。治莒城。[一六]

領縣三

戶一萬一百三十五 口一萬三千九百八十五

鄃 二漢、晉屬清河，太和中屬平原。治鄃城。**零** 二漢、晉屬清河，太和中屬平原，後屬。治零城。有莒城。**高唐** 二漢、晉屬平原，後罷，景明三年復。

東濟北郡 孝昌三年置。

領縣三

戶二千四百六十四 口六千六百七十八

肥城 前漢屬泰山，後漢屬濟北，晉罷，後復屬。治肥城。 穀城 後漢屬東郡，晉屬濟北，後屬。 蛇丘 前漢屬泰山，後漢、晉屬濟北，後屬。

光州 治掖城。皇興四年分青州置，延興五年改爲鎮，景明元年復。[一七]

領郡三 縣十四

戶四萬五千七百七十六 口二十六萬九百五十

東萊郡 漢高帝置。

領縣四

戶一萬九千一百九十五 口六萬二千四百四十

掖 州、郡治。二漢屬，晉罷，後復。有掖山祠、秀陽山、斧山。 西曲城 二漢、晉曰曲城，屬，後改。有倉石山。 東曲城 皇興中分曲城置。有昌丘、日山。 盧鄉 二漢、晉屬。有高君山、方山。

長廣郡 晉武帝置。治膠東城。

領縣六

戶一萬五千八百三十三 口五萬一千五百六十七

昌陽 二漢屬東萊，後罷，晉惠帝復，後屬。有挺城、望石山、凡馬祠、五龍廟、浮遊水。 長廣 前漢屬琅邪，後屬東

萊，晉屬。有馬山祠、即墨城、康王山祠、金泉山、昌城、沽水。

不其 前漢屬琅邪，後漢屬東萊，晉屬。有牢山、魚脊山。挺 前漢屬膠東，後漢屬北海，晉屬。有樂毅城。即墨 郡治。前漢屬膠東國，後漢屬北海，晉屬。有三戶山、膠水、甯戚冢。當利 二漢、晉屬東萊，後屬。有當利城。

東牟郡〔八〕

領縣四　戶一萬七百四十八　口四萬七千三百三十八

牟平 二漢屬東萊，晉罷，後復。有之罘山、成山、牟城〔九〕東牟城、劉寵墓、風山。黃 二漢、晉屬東萊。有黃城、萊山祠、龍溪。惤 二漢、晉屬東萊。有弦城、羅山。觀陽 前漢屬膠東，後漢屬北海，後罷。興和中復屬。有淳于城、觀陽城、昌城、馬寳山、牛耳山。

梁州 天平初置。治大梁城。

領郡三　縣十

陽夏郡 孝昌四年分東郡、陳留置。治雍丘城。

領縣五　戶四萬三千八百一十九　口一十八萬一千九百三

開封郡 天平元年分陳留置。治開封城。

領縣二

戶八千二百七 口三萬六千六百二

開封 二漢屬河南,晉屬滎陽。眞君八年併苑陵,景明元年復,孝昌中屬陳留。有開封城、陳留城、孔侯城。尉氏 二漢、晉屬陳留。興安初併苑陵,太安三年復。治尉氏城。有陵有亭。〔二一〕

陳留郡 漢武帝置,太和十八年罷,孝昌中復。

領縣三

戶一萬九千六百一十二 口八萬二千七百四十二

浚儀 州、郡治。二漢、晉屬,後罷,孝昌二年復。有信陵君冢、張耳冢、董仲舒冢、樊於期冢、邊讓冢、倉垣城。渠水在大梁城東分爲蔡渠。〔二二〕聖女淵、雉臺。封丘 二漢、晉屬。眞君九年併酸棗,景明二年復。治封丘城。有封丘

陽夏 前漢屬淮陽,後漢屬陳國,晉初併梁,惠帝復。眞君七年併扶溝,太和十二年復。治陽夏城。有大小扶溝。雍丘 二漢、晉屬陳留。郡治。有抱城,〔二〇〕廣陵城、高陽城、少姜城、華城、白楊陂。濟陽 二漢、晉屬陳留,延和二年置徐州,皇興初罷。有濟陽城、外黃城、東緡城、崔城。圍城 二漢、晉曰圍。前漢屬淮陽,後漢、晉屬陳留,後罷,景明元年復。有直陽城、牖鄉、牖倉。襄邑 二漢、晉屬陳留,後罷,景明元年復。有沙城。明元年復,後改。

戶一萬六千五百四十九 口六萬三千五百五十九

臺、白溝。小黃二漢、晉屬。真君八年併外黃,太和中復。有昭靈后冢、陳冢、蔡邕冢、小黃城。

豫州 劉義隆置司州,治縣瓠城。皇興中改。

領郡九　縣三十九

汝南郡 漢高帝置。

戶四萬一千一百七十二　口九萬六千九百一十六

領縣八

戶一萬五千八百八十九　口三萬七千六十一

上蔡 州、郡治。二漢、晉屬。有武陵城。**臨汝** 劉裕置,魏因之。有固城。**平輿** 二漢、晉屬。有平輿城。**安城** 二漢、晉屬。瞿陽二漢、晉為濯陽,[三]屬,後改。有瞿陽城。**陽安** 二漢、晉屬。**保城** 劉駿置,魏因之。

潁川郡 太和六年置。

領縣三

戶八千三百九十六　口二萬六百四十

邵陵 二漢屬汝南,晉屬。有邵陵城、鄧城。**臨潁** 二漢、晉屬。有葛丘、王陵城。**曲陽** 前漢屬東海,後漢屬下

邱,晉罷,後復屬。有華岳祠、鄳城。

汝陽郡

領縣三

戶七千二百五十四　口一萬五千二百四十五

汝陽 郡治。二漢、晉屬汝南,後屬。有章華臺　武津 有武津城。　征羌 後漢屬汝南,後屬。

義陽郡 永安三年置郢州,天平四年罷州置。

領縣五

戶一千七百九十　口四千五百九十五

義陽 清丘 有鍾離城。　平陽 有馬鄉城。　眞陽 有宜春城。　安陽 後漢屬汝南,晉罷,後復屬。有眞陽城。

新蔡郡 晉置,孝昌中陷,後復。治石母臺。

領縣三

戶一千九百一十七　口四千七百七十八

新蔡 二漢屬汝南,晉屬汝陰。孝昌中陷,後復屬。有蔡城。　固始 二漢屬汝南,晉屬汝陰,司馬衍併新蔡,後復屬,魏因之。　銅陽 二漢屬汝南,晉屬汝陰。前漢㡥,後漢光武更名,後屬。

初安郡 延興二年置,孝昌中陷,後復。

永安中陷,武定中復。

領縣四 戶二千二十六 口五千九百二十二

新懷 有樂山。 安昌 前漢屬汝南,後屬。 懷德 有清水山、銅山、浮石山。 昭越 有木連山。

襄城郡 晉武帝置,治襄城。

領縣三 戶一千四百四十六 口四千六百十三

義綏 遂寧 武陽

城陽郡 太和三年置,後罷,武定初復。

領縣五 戶五百四十六 口一千三百八十八

安定 淮陰 眞陽 建興 建寧

廣陵郡 興和中分東豫州置。

領縣五

宋安 興和中置。 光城 興和中置。 安蠻 興和中置。 新蔡 興和中置。 汝南 興和中置。

戶一千九百六 口三千二百二十四

北豫州後漢治譙,魏治汝南安城,晉治項。司馬德宗置司州。泰常中復,治虎牢,太和十九年罷,置東中府,天平初罷,改復。

領郡三　縣十二

戶四萬七百二十八　口一十八萬二千五百五十一

廣武郡天平初分滎陽置。治中左城。[三四]

領縣五

戶一萬五千五百九十六　口七萬四千五百一十九

曲梁孝昌中分密置。有武陵城、曲梁城。

陽武二漢屬河南,晉屬滎陽,天平初屬。有陽武城、黃雀溝。

原武二漢屬河南,晉罷。孝昌中復,後屬。有五馬淵、白馬淵、原武城。

中牟二漢屬河南,晉屬滎陽。眞君八年幷陽武,景明元年復,天平初屬。有中湯城、[三五]管城、堯祠。

苑陵二漢屬河南,晉屬汝陽,天平初屬。有新鄭城、鄭莊公廟、子產祠、苑陵城。

滎陽郡

領縣五

戶二萬一千四百七十二　口九萬二千三百一十

滎陽 二漢屬河南，晉屬。有滎陽山、滎陽城、敖倉、廣武城、石門城、管叔冢、周苛、紀信冢、滎澤。成皋 二漢、晉屬河南，後屬。京 二漢屬河南，晉屬。有萬尹山祠、高陽城、管城、索水、京水、樊噲冢。密 二漢、晉屬河南，晉屬。治密城。〔六〕有承雲山、青烟谷、開陽山、大龜山、子產墓、卓茂冢、祠。卷 二漢屬河南，晉屬。眞君八年省，太和十一年復。有卷城。

成皋郡 天平元年分滎陽置。

領縣二

西成皋 天平元年分滎陽之成皋置，州、郡治。有厄井、漢高祖壇、汜水、成皋城。鞏 二漢、晉屬河南，天平初屬。有長羅川、鞏城、九山祠。

戶三千六百六十 口一萬五千七百四十

徐州 後漢治東海郡，魏、晉治彭城。

彭城郡 漢高帝置楚國，宣帝改，後復爲楚國，後漢章帝更名彭城國，晉改。

領郡七 縣二十四

戶三萬七千八百一十二 口一十萬八千七百八十七

領縣六

戶六千三百三十九　口二萬三千八百四十一

彭城 前漢屬楚國,後漢、晉屬。有寒山、孤山、龜山、黃山、九里山、桓魋冢、亞父冢、楚元王冢、龔勝冢。**呂** 前漢屬楚國,後漢、晉屬。有呂梁城、茱萸山、偪陽城、明星陂、龍泉塘、石頭山、項羽山。**薛** 二漢、晉屬魯國,後屬。有奚公山、奚仲廟、薛城、孟嘗君冢。**龍城** 有楚王墓、龍漢赤唐陂、[二七]龍城。**留** 二漢、晉屬。有微山、留城、微子冢、張良冢、祠、廣戚城、薛城、戚夫人廟、黃山祠。**睢陵** 前漢屬臨淮,後漢、晉屬下邳。晉亂,屬濟陰。武定五年屬。有睢陵城、九子山、荊山。

南陽平郡 治沛南界,後寄治彭城。

領縣三

襄邑 孝昌三年置,元象二年併彭城,武定五年復。

戶三千七十一　口六千三百五十八

陽平　**濮陽**

蕃郡 治蕃城。[二八] **永興** 皇興初置,屬建昌郡,太和十五年罷郡,屬彭城,武定五年屬。

領縣三

戶四千三百九十二　口一萬八千八百四十二

福 皇興初置,屬建昌郡,太和十九年罷郡,屬彭城,武定五年屬。**蕃** 二漢、晉屬魯國,後屬。

沛郡　故秦泗水郡，漢高帝更名，後漢為國，後改。

領縣三

戶四千四百一十九　口一萬二千二百七十八

蕭　二漢、晉屬。有蕭城、漢高祖廟、谷水、華山。沛　二漢、晉屬。有漢高祖廟、沛城、呂母冢。相　二漢、晉屬。有厥城、相城、相山廟、羅山。

蘭陵郡　晉置，後罷。武定五年復，治承城。[二九]

領縣四

戶七千四百二十四[三〇]　口一萬五千七百七十六

昌慮　二漢、晉屬東海，後屬。有挑山、孤山。承　二漢、晉屬東海，後屬。有抱犢山、承城、坊山、屬東海，後屬。有三孤山。蘭陵　二漢、晉屬東海，後屬。有蘭陵山、石孤山、荀卿冢。合鄉　二漢、晉屬東海，後屬。

北濟陰郡　劉駿置，魏因之。治單父城。

領縣三

戶八千五百四十六　口二萬一千九百八十八

豐　二漢屬沛，後屬。有豐城、漢高祖舊宅、廟碑。離狐　晉亂置。郡治。有單襄公祠、宓子賤祠、漢高祖祠、平洛城。城武　前漢屬山陽，後漢、晉屬濟陰，後屬。治郚城。

魏書卷一百六中

碭郡孝昌二年置,治下邑城。

領縣二

安陽孝昌二年置,治廝城。 碭二漢屬梁國,晉罷,後復屬。治魯城。

戶三千六百二十一 口八千七百五十四

西兗州孝昌三年置,治定陶城,後徙左城。

領郡二 縣七

沛郡興和二年置,治孝昌城。

領縣三

戶三萬七千四百七 口一十萬三千八百九十四

濟陰郡

領縣四

戶七千五百七十一 口二萬三百一十四

考[二] 己氏前漢屬梁國,後漢、晉屬濟陰,後屬。有新中城、安陽城。新安興和中置。

戶二萬九千八百三十六 口八萬三千五百八十

二五四〇

南兗州 正光中置。[三三]治譙城。

領郡七　縣二十一

戶三萬七千一百三十　口十一萬五千五百三十九[三四]

陳留郡

領縣五

戶六千二百三十　口一萬六千七百四十九

小黃 劉裕置,魏因之。有曹騰墓、曹嵩墓、鄧艾祠。浚儀 有城父城。谷陽 有苦城、陽都陂、老子廟、欒城。東燕 有蔡水、馮唐冢。武平 正始中置。有武平城、賴鄉城。天平二年置鎮,武定七年罷。

梁郡 故秦碭郡,漢高帝為梁國,後改。治梁國城。

領縣二

戶一萬三百五十九　口二萬五千九百九十五

襄邑 二漢、晉屬陳留,後屬。治胡城。睢陽 二漢、晉屬。郡治。

乘氏 二漢、晉屬。有大鄉城、梁丘城、廩城。離狐[三二]前漢屬東郡,後漢、晉屬。有離狐城、桃城。冤句 二漢、晉屬。治冤句城。有南陽城。定陶 二漢、晉屬。有定陶城。

下蔡郡 太和十九年置,孝昌中陷,興和中復。

領縣四

戶三千三百六十二　口七千九百七十三

樓煩 孝昌中陷,興和中復。　下蔡 前漢屬沛,後屬。孝昌中陷,興和中復。　臨淮 永平二年置。孝昌中陷,興和中復。　龍亢 二漢屬沛,晉屬譙國,後罷。永安三年復屬,孝昌中陷,興和中復。

譙郡 二漢縣,屬沛,晉以為郡。[三六]太昌中陷,武定復。

領縣三

戶五千一百三十二　口一萬二千九百九十一

蒙 二漢、晉屬梁國,後屬。　蘄 二漢屬沛,晉屬。　寧陵 前漢屬陳留,後漢、晉屬梁國,後屬。孝昌中陷,後復。

北梁郡

領縣二

戶八千二百三十一　口四萬一千七百三十八

城安 孝昌中置,郡治。有蛟龍城。　孝陽 [三七]孝昌中置。治亳城。

沛郡 延昌中置,正光中陷,後復。治黃楊城。

領縣二

戶一千八百四十八　口四千五百六十五

蕭 延昌中置。相 延昌中置。

馬頭郡 司馬德宗置,魏因之。正光中陷,天平中復。治建平城。

領縣三

戶一千九百六十八　口五千五百二十八

己吾 後漢屬陳留。正光中陷,興和中徙治平石城。下邑 前漢、晉屬,晉屬梁國。孝昌元年置臨澳郡,縣屬。興和中罷郡,屬。

廣州 永安中置。治魯陽。武定中陷,徙治襄城。

領郡七　縣十五

戶二萬八千六百九十六　口九萬六千七百五十[二六]

南陽郡

領縣二

戶七千四百八十九　口二萬六千七百二十八

南陽 有大劉山祠。坺城 有坺城。

順陽郡 太和中置縣,後改。

領縣二

　戶二千四十五　口七千二百五十二

龍陽 太和十七年置。龍山 太和十七年置。有龍山。

定陵郡 永安中置。

領縣三

　戶三千六百九十　口八千七百五十六

北舞陽 皇興元年置。有木陂。雲陽 太和十一年置。西舞陽 天安元年置,正光中陷,興和二年復。

魯陽郡 太和十一年置鎮,十八年改爲荊州,二十二年罷,置。

領縣二

　戶二百四十五　口七百七十五

山北 太和十一年置。有應山、應城。河山 太和二十一年置。

汝南郡 永安元年置。治符壘城。

領縣二

　戶七百八十三　口二千三百四十四

汝南 太和十八年置。 符壘 太和中置。有沙水。

漢廣郡 永安中置。

領縣二

戶六千二百　口八千一十七

昆陽 二漢屬潁川，晉屬襄城，後屬。有漢廣城、昆陽城、新安。 高陽 太和元年置。有瀅水、南襄城、東西二蒲城、高陽山、皮城、首山祠。

襄城郡 晉置。

領縣二

戶八千二百四十四　口四萬二千八百七十八

繁昌 晉屬。有繁昌城、潁鄉城、安陽城、陽城陂。 襄城 二漢屬潁川，晉屬。有潁陽城、繁丘城。

膠州 永安二年置。治東武陵。〔二九〕

領郡三　縣十四

戶二萬六千五百六十二　口六萬三百八十二

東武郡 永安二年置。

領縣三　戶八千六百一十七　口一萬八千七百五十七

姑幕　二漢屬琅邪,晉屬城陽,後罷。永安中復屬。有荊苦山、公冶長墓。扶其　永安中置。有常山祠、扶其水、沙城、雲母山、盧水。梁鄉　永安中置。有梁鄉城。五弩山,膠水出焉。紀丘山、琅邪臺、秦始皇碑。興和中立臨海郡,尋罷,屬焉。

高密郡　漢文帝爲膠西國,宣帝更爲高密國,後漢併北海,晉惠帝復,劉駿併北海。延昌中復。

領縣五　戶七千五百五　口一萬六千一百五十三

高密　前漢屬,後漢屬北海,晉屬城陽,後屬。有高密城、維水、鄭玄墓。夷安　前漢屬,後漢屬北海,晉屬城陽,後屬。有夷安城、夷安澤。黔陬　前漢屬琅邪,後漢屬東萊,晉屬城陽,後屬。有黔陬城、野艾山祠。[二〇]平昌　前漢屬琅邪,後漢屬北海,晉屬城陽,魏初屬平昌郡,延昌中屬。治平昌城。有龍臺山,上有井,云與荊水通。東武　前漢屬琅邪,後漢屬城陽,晉屬城陽。有平昌城。

平昌郡　魏文帝置,後廢,晉惠帝復。

領縣六　戶一萬四百四十　口二萬五千四百七十二

昌安 前漢屬高密，後漢屬北海，晉屬城陽，後屬。有巨丘亭、昌安城。淳于 二漢屬北海，晉屬城陽，後屬。有淳于城、鐵山。營陵 二漢屬北海，晉屬琅邪，後屬。有營陵城、高密城。安丘 二漢屬北海，晉屬琅邪。有石□墓。[四]邴原墓。朱虛 前漢屬琅邪，後漢屬北海，晉屬琅邪，後屬。有丸山，[三]丹水所出。琅邪 二漢屬琅邪，晉龍，後復屬。有管寧墓。

洛州 太宗置，太和十七年改爲司州，天平初復。

　領郡六　縣十二

洛陽郡 天平初置。

　戶一萬五千六百七十九　口六萬六千五百二十一

洛陽 二漢、晉屬河南。天平初置。緱氏 二漢、晉屬河南。太和十七年併洛陽，天平初復屬。有緱氏城。

河陰郡 元象二年置。

　領縣一

　戶二千七百六十七　口一萬四千七百一十五

河陰　晉置,太宗併洛陽,正始二年復屬河南。

新安郡　天平初置。

領縣三

戶四百九十　口一千九百一十一

新安　二漢屬恒農,晉屬河南。太和十二年改為郡,十九年復,後屬。東垣　二漢、晉屬河東,後屬。河南　二漢、晉屬河南,後屬。

中川郡　天平初置。

領縣二

戶二千七十八　口八千二百二十五

埌陽　太和十三年分潁陽置。潁陽　天安二年置。河南　秦置三川守,漢改為河南郡。後漢、晉為尹,後罷。司馬德宗置,後罷。太宗復,太和中遷都,為尹,天平初改。

領縣一

戶三千六百四十二　口一萬四千七百一十五

宜遷　天平二年置。

陽城郡 孝昌二年置。

領縣三

戶三千四十三 口一萬一千八百八十三

陽城 二漢屬潁川,晉屬河南,後罷。正光中復屬。有少室山、嵩高山、許由墓、啓母廟。

潁陽 二漢屬潁川,後屬。

康城 孝昌中分陽城置。有陽城關、箕山、許由隱窟、刑山、鄭子產廟。

南青州 治團城。〔三〕顯祖置,爲東徐州,太和二十二年改。

領郡三　縣九

戶一萬五千二十四　口四萬五千三百二十二

東安郡 二漢縣,晉惠帝置。

領縣三

戶四千六百四十　口一萬六千五百五十一

蓋 二漢屬泰山,晉屬琅邪,後屬。有東安城、靈山廟。 新泰 有蒙山。 發干 有岇山廟。〔四〕

東莞郡 晉武帝置。

領縣三

戶九千六百二十　口二萬六千五百六

莒前漢、晉屬城陽,後漢屬琅邪,後屬。有莒城。東莞二漢、晉屬琅邪,後屬。諸二漢屬琅邪,晉屬城陽,後屬。

義塘郡 武定七年置,治黃郭城。

領縣三

義塘 武定七年置。歸義 武定七年置。有盧山、鹽倉。懷仁 武定七年置。有吳山、魏山、莒城。

戶七百六十四　口二千二百六十五

北徐州 永安二年置。

領郡二　縣五

戶一萬四千七百八十一　口四萬一百二十五

東泰山郡 皇興三年分泰山置,屬兗州,永安中屬。

領縣三

南城 前漢屬東海,後漢、晉屬泰山。有東安城、武城、□石山。[四五] 新泰 魏置,晉屬泰山,後屬。有嫩山。武陽二漢、晉為南武陽,屬泰山,後改。有顓臾城、蒙山。

戶五千七　口一萬六千三百八十一

琅邪郡 秦置,後漢建武中省城陽國,以其縣屬。

領縣二

戶九千七百七十四　口二萬三千七百四十四

即丘 前漢屬東海,後漢、晉屬。有繒城、臨沂城、即丘城、魯國山廟、王休徵冢。 費 前漢屬東海,後漢屬泰山,晉屬。有費城。

北揚州 天平二年置。治項城。

領郡五　縣十九

戶九千八百四十五　口三萬二千一百三十九

陳郡 漢高帝置,爲淮陽國,後漢章帝更名陳國,晉初併梁國,後復,改。

領縣四

戶三千二百四　口七千六百六十九

項 二漢屬汝南,晉屬梁國,後屬。有方城。 長平 前漢屬汝南,後漢屬陳國,晉屬潁川。有長平城、習陽城。 西華 二漢屬汝南,晉初省,惠帝永康元年復,屬潁川,後屬。治西華城。 襄邑 治思都城。[四六]

南頓郡 晉惠帝置。

領縣四

戶二千五百二十　口七千二百六十五

南頓 二漢、晉屬汝南，後屬。有潁陰城、南頓城、漢光武廟。和城 有高陽丘。平鄉 有平鄉城。新蔡 二漢屬汝南，晉屬汝陰，後屬。

汝陰郡 晉武帝置，太和十八年為東郢州，後罷。治社亭城。

領縣三

戶一千七百九十四　口八千四百九十八

汝陰 二漢屬汝南，晉屬。宋前漢曰新郪，屬汝南，後漢改，晉屬，後罷，太和元年復屬。許昌

丹楊郡

領縣四

戶二千一百四十四　口七千九百三十一

秣陵 有次水。邵陵　南陽　白水

陳留郡 武定六年置，及縣。

領縣四

戶三百六十七　口七百七十五

小黃　朱　雍丘　新蔡

東楚州 司馬德宗置宿豫郡。高祖初，立東徐州，後陷，世宗初，改爲鎮，後陷。武定七年復改。爲宿豫郡。〔四七〕

領郡六　縣二十

戶六千五百三十一　口二萬七千一百三十二

宿豫郡

領縣四

戶一千六百五十五　口七千三百七

宿豫 武定七年置。新昌 武定七年置。臨泗 武定七年改蕭衍平原、清河置。有東西二竹城。濠夷 朱沛 武定七年改蕭衍朱沛、脩儀、安豐三郡置。有朱沛水。徐君墓，卽延陵季子掛劍處。

高平郡 治大徐城。

領縣四

戶九百二十　口三千九十六

高平 武定七年改蕭衍東平、陽平、清河、歸義四郡置。白水 武定七年改蕭衍濟陰郡置。襄邑 武定七年改蕭衍館陶、下邳、梁招、高

淮陽郡　蕭衍置,魏因之。

領縣四

戶一千六百一十七　口七千二百七十七

角城　武定七年改蕭衍臨清、天水、浮陽三縣置。有昌武城。　綏化　武定七年改蕭衍綏化、呂梁二郡置。有單甫城,風、清河三郡置。　招農　武定七年改蕭衍蘭陵郡十二縣置。有晉寧城。　淮陽　武定七年改蕭衍西淮郡七縣置。　富城　武定七年改蕭衍下邳、扶

晉寧郡　蕭衍置,魏因之。

領縣四

戶一千二百二十二　口五千二十三

臨清　武定七年置。　魏興　武定七年改蕭衍梁興、臨沂、興義三縣置。　招義　武定七年改蕭衍恩撫郡二縣置。

安遠郡　武定七年改蕭衍安遠戍置。治安遠城。

領縣二

戶五百八十　口二千三百八十二

鉅鹿　郡治。武定七年改蕭衍鉅鹿郡六縣置。　淮浦　武定七年改蕭衍太山郡四縣置。有寧浦。

臨沭郡 蕭衍置,魏因之。

領縣二

戶五百三十五　口二千一百七

臨沭 招遠 有馬徽城。

東徐州 孝昌元年置,永熙二年州郡陷,武定八年復。治下邳城。

領郡四　縣十六

戶六千二百八十一　口三萬六百六十五

下邳郡

領縣六

戶一千一百四十八　口三千七百三十九

下邳 前漢屬東海,後漢、晉屬。有沂水、巨川神祠。 良城 前漢屬東海,後漢、晉屬。有栢山。 僮 前漢屬臨淮,後漢、晉屬。 坊亭 武定八年改晉寧置。 柵淵 武定八年分宿豫置。 歸正 武定七年置。有陳珪墓。

武原郡 武定八年分下邳置。

領縣三

武原 前漢屬楚國,後漢、晉屬彭城,後屬。有武原水、武原城、徐偃王墓。開遠 武定八年分良城置。有睹闌山祠。

戶二千八百一十七 口二萬五千五十五

艾山 武定八年分僮置。

郯郡 秦置,漢高改爲東海,後漢爲國,晉復,武定八年改。治郯城。

領縣四

戶一千二百一十九 口三千三百八

郯 二漢、晉屬。有建陵山。臨沂 前漢屬,後漢、晉屬琅邪,武定八年復。建陵 前漢屬。有建陵山。郡治。有海王神、白馬澤、馬嶺山。歸昌 武定八年置。

臨清郡 孝昌三年置盱眙郡,武定八年改。

領縣三

戶一千五百一十七 口三千五百六十三

下相 前漢、晉屬臨淮,後漢屬下邳,後屬。睢陵 武定七年置。有睢水。歸義 武定七年置。

海州 劉子業置青州,武定七年改。治龍沮城。

領郡六 縣十九

戶四千八百七十八　　口二萬二千二百一十

東彭城郡 蕭衍置，魏因之。

領縣三

戶八百　　口三千四百六十九

龍沮 蕭衍置，魏因之。有即丘城、房山。 安樂 蕭衍置彭城縣，武定七年改。有伊萊山神、聖母祠。 勃海 蕭衍置清河縣，武定七年改。有東海明王神。

東海郡 蕭衍改置北海郡，武定七年復。

領縣四

戶一千二百四十二　　口五千九百四

贛榆 前漢屬琅邪，後漢、晉屬。 安流 蕭衍置都昌縣，武定七年改。 廣饒 蕭衍置，魏因之。 下密 蕭衍置，魏因之。有堯廟。

海西郡 蕭鸞置東海郡，武定七年改置。

領縣三

戶八百六十　　口三千九百五十

襄賁 二漢、晉屬。 海西 武定七年分襄賁置。 臨海 蕭衍置，魏因之。

地形志中

二五五七

沇陽郡 蕭衍置僮陽郡，武定七年改。

領縣四

戶一千三百九十七　口七千五百八十三

下城 武定七年置。有浮瀆神。　臨渣 武定七年置。　懷文 武定七年置。　服武 武定七年置。有武都山。

琅邪郡

領縣三

戶三百五十六　口一千三百七十一

海安 蕭衍置，魏因之。有墜屋山、蘆石山。　朐 二漢屬東海，晉曰臨朐，屬。蕭衍改為招遠，武定七年復。有朐城、朐山郡治。　山寧 蕭衍北譙郡，武定七年改置。

武陵郡

領縣二

戶二百二十三　口七百三十三

上鮮 蕭衍齊郡，武定七年改置。　洛要 蕭衍高密縣，武定七年改。有武陵城。

東豫州 太和十九年晉治廣陵城。[四八]孝昌三年陷，武定七年復。

領郡六　縣十六

戶三千九百九十九　口一萬一千二百二十一

汝南郡孝昌三年陷，武定七年復。

領縣五

戶一千六百二十九　口六千四百八十二

南新息孝昌三年陷，武定七年復。　北新息　安陽　汝陽　長平

東新蔡郡

領縣四

戶二百四十七　口六百七十七

固始太和二年置，孝昌中陷，武定七年復。　銅陽太和二十三年置，孝昌中陷，武定七年復。　苞信孝昌中陷，武定七年復。　汝陽孝昌三年陷，武定七年復。

新蔡郡孝昌中陷，武定七年復。

領縣二

戶四百六十五　口一千五百一十三

苞信孝昌三年陷，武定七年復。　長陵

弋陽郡 孝昌三年陷,武定七年復。

領縣一

戶一百三十七　口五百三十三

弋陽 孝昌三年陷,武定七年復。有弋陽城、黃水。

長陵郡 蕭衍置,魏因之。

領縣三

戶三百八十七　口一千三百六十三

長陵 蕭衍置,魏因之。 苞信 蕭衍置,魏因之。 安寧 蕭衍置,魏因之。有期思城、孫叔敖廟。

陽安郡

領縣一

戶二十二　口一百三十一

永陽

義州 蕭衍置,武定七年內屬。

戶二百一十五　口三百二十二

潁州 孝昌四年置,武泰元年陷,武定七年復。

領郡二十　縣四十

戶三千六百一　口一萬三千三百四十三

汝陰、弋陽二郡 蕭衍置雙頭郡縣,魏因之。

領縣七

戶一千六百六十五　口六千七十八

汝陰 陳留 蕭衍置,魏因之。有高塘陂、蟹谷陂。 樓煩 建義中陷,武定七年復。 宋 蕭衍置,魏因之。 期思 蕭衍置荊亭城。 弋陽 新息 太和十九年置弋陽,後陷,武定七年復。蕭衍置新息,合弋陽,魏因之。

北陳留、潁川二郡 蕭衍為陳州,武定七年改置。

領縣五

戶三百五十一　口一千二百七十二

許昌 蕭衍置,魏因之。 圉城 雍丘 有蓬丘、梭水。 陳留 小黃 治安陽城。

財丘、梁興二郡 蕭衍置,魏因之。

領縣四 戶二百八十三 口一千六百六十九

梁興 蕭衍置,魏因之。有艾亭丘。 財丘 梁城 蕭衍置,魏因之。 汝陽 蕭衍置,魏因之。

西恒農、陳南二郡 蕭衍置,魏因之。

領縣三 戶二百三十一 口八百六十四

恒農 胡城 蕭衍置,魏因之。有燋丘雊鯛二陂、神廟。 南頓 蕭衍置,魏因之。有閏水、東陵城。

東郡、汝南二郡 治牛心丘。

領縣二 戶一百四十七 口六百二十一

白馬 濟陽 蕭衍置,魏因之。有石壓陂。

清河、南陽二郡 蕭衍置,魏因之。

領縣三 戶一百三十二 口五百六十五

清河 蕭衍置,魏因之。 南陽 汝南 蕭衍置,魏因之。

東恒農郡 蕭衍置,魏因之。

領縣三

戶一百一十九 口四百四十

滎陽 蕭衍置,魏因之。 陽武 蕭衍置,魏因之。 淮陽 武定七年置。有平陸。

新蔡、南陳留二郡 蕭衍置,魏因之。

領縣一

戶三百五十七 口一千二百四十二

銅陽 蕭衍置,魏因之。

滎陽、北通二郡 蕭衍置,魏因之。

領縣四

戶一百七十七 口四百七十二

北通 臨淮 蕭衍置,魏因之。 臨沂 汝陰 蕭衍置,魏因之。

汝南、太原二郡 蕭衍置,魏因之。

領縣四

戶八十七 口四百六

新興郡 蕭衍置,魏因之。

領縣四

平豫 蕭衍置,魏因之。 太原 新息 蕭衍置,魏因之。

安城 郡治。蕭衍置,魏因之。 都立 蕭衍置,魏因之。 新興 蕭衍置,魏因之。 義興 蕭衍置,魏因之。

戶一百一十二 口三百二十四

譙州 景明中置渦陽郡,孝昌中陷,武定七年復置州。治渦陽城。

領郡七 縣十七

戶二千六百一十七 口七千八百二十一

南譙郡 司馬昌明置,魏因之。

領縣四

渦陽 武定六年置。有北平城、曹操祠。 茅岡 武定六年置。有石山祠。 栢橋 武定六年置。 蜀坡 武定六年置。

戶四百七十六 口一千七百三十四

汴郡 蕭衍置,魏因之。

領縣二

戶二百五十三　口八百二十九

蕭 有平阿山。潁川

龍亢郡 蕭衍置,魏因之。

領縣二

葛山 武定六年置。龍亢 武定六年置。

蘄城郡 蕭衍置,魏因之。

領縣二

下蔡郡 蕭衍潁川郡,武定六年改置。

廣平 武定六年置。有艾平城、黃丘。蘄城 武定六年置。有蘄城。

戶三百二十四　口七百六

領縣二

黃城 蕭衍黃城戍,武定六年改置。肥陽 蕭衍寧陵縣,武定六年改。有大浮城、石子澗。

臨渙郡 蕭衍置,魏因之。

戶三百四十　口八百七十八

領縣三

戶七百九　口二千六十二

白撣 治白撣城。　丹城 治費城。　澳北 有石城。

蒙郡 蕭衍置,魏因之。

領縣二

戶一百八十一　口五百四十六

勇山 有丹城、勇山祠。　蒙郡治。

伊陽郡 武定二年置。治伏流城。後陷,寄治州城。

領縣一

戶四十八　口二百八十三

北荊州 武定二年置。

領郡三　縣八

戶九百三十三　口四千五十六

南陸渾

新城郡 天平中置。治孔城。後陷，徙治州城。

領縣二

戶三百三十一　口一千四百八十四

新城 二漢、晉屬河南。北陸〔四九〕武定五年陷。

汝北郡 孝昌三年置。治陽仁城。天平二年罷，武定元年復。移治梁崔塢。〔五〇〕五年陷，□年復。治楊志塢。

領縣五

戶五百五十四　口二千二百八十九

石臺 有平州城。南汝原 有汝水、石澗水。治城 東汝南 有石樓山、黃陂、隔陂。梁 有廣城澤。

陽州 天平初置，尋陷，武定初復。

領郡二　縣七

宜陽郡 孝昌初置，屬□州，〔五一〕天平初屬。

領縣三

宜陽　西新安 孝昌三年置。東亭

金門郡 天平初置。

南司州 劉彧置司州,正始元年改爲郢州,孝昌三年陷,蕭衍又改爲司州,武定七年復,改置。

金門　南洭池　南陝　盧氏

領縣四

齊安郡 正始元年置。

領郡三　縣七

義陽郡 魏文帝置,後罷,晉武帝復。

保城 劉駿置,魏因之。有羅山廟。 鄳 有石城山,有霸山廟。 齊安 正始元年置。

領縣三

平陽 有師水。 義陽 晉屬。

領縣二

宋安郡 劉彧置,魏因之。

樂寧 有成陽關、[三]雞頭山。 東隨 有黃峴關、長平山廟。

領縣二

楚州 蕭衍置北徐州，武定七年改。治鍾離城。

領郡十二　縣二十九

彭、沛二郡

領縣三

南陽 有曲陽城。　中陽　洛陽

馬頭郡

領縣二

蘄　平預

沛郡

領縣三

蕭　相　已吾 有當塗山、荊山。

安定郡

領縣四

濮陽　臨涇　新豐　南陽

廣梁郡

領縣一

相邑

魯郡 蕭衍置,魏因之。

領縣三

鄒 碭 魯

北譙郡 治陰陵城。

領縣二

南蔡 北譙 有苟甫城、〔五三〕龍淵。

濟陽郡

領縣四

樂平 睢陽 頓丘

北陽平郡

領縣二

陽平 濮陽

鍾離、陳留二郡

領縣五

燕 有孤山、白石山。 朝歌 有九山城、黃溪水。 零 浚儀 灌丘 有郡陽城。〔五四〕

合州 蕭衍置,魏因之。治合肥城。

領郡八 縣十七

汝陰郡 州治。

領縣二

汝陰 天水

南頓郡

領縣二

南頓 和城

南梁郡

領縣二

慎 南高

北梁郡

領縣二

北蒙 北陳

南譙郡

領縣二

蘄 邵陵

廬江郡

領縣三

潛 有野父山。 北始新 南始新

西汝南郡

領縣二

安城 有金牛山。 新野

北陳郡

領縣二

西華 有野王城、舒水。 陽夏

霍州 蕭衍置,魏因之。

領郡十七　　　縣三十六

安豐郡 治洛步城。

領縣一

安豐郡治。

平原郡

領縣一

清化

北潁川郡

領縣三

潁川　邵陵　天水

梁興郡

領縣一

陽夏 郡治。

陳郡

領縣三　開　陽夏　鯛陽

北陳郡 治衞山城。

領縣一　陽夏

扶風郡〔五五〕治烏溪城。

北沛郡

領縣五　沛　曲陽　相　順　新蔡 郡治。

南陳郡 州治。

領縣二　南陳 治玄康城。　邊水

新蔡郡

領縣三　新蔡　固始

汝陽

岳安郡

領縣二

安成　義興

邊城郡 治麻步山。

領縣一

史水

西邊城郡

領縣三

史水　宇樓　開化

西沛郡

領縣三

蕭　沛　平陽

淮南郡

領縣三

淮南　新興　清河

樂安郡

領縣三

新蔡 樂安 潁川

南潁川郡

領縣一

譙

睢州蕭衍置蘆州,武定六年平,改置。〔五六〕治取慮城。

淮陽郡武定六年置。

領郡五 縣十二

領縣二

淮陽武定六年置。睢陵武定六年置。有馬牙城。

穀陽郡治穀陽城。太和中置鎮,世宗開置平陽郡。〔五七〕孝昌中陷,武定六年復,改。

領縣二

連城武定六年置,有豪城、溦水。高昌武定六年置。郡治。有項羽祠。

睢南郡 蕭衍置沛郡,武定六年改。

領縣二

斛城 武定中改蕭衍淮陽置。有五丈陵、扶離城。 新豐 武定六年置。

南濟陰郡 治竹邑城。孝昌中陷,蕭衍爲睢州,武定五年復。

領縣二

頓丘 定陶 有諸陽山。

臨潼郡 治臨潼城。孝昌中陷,武定六年置。

領縣四

晉陵 郡治。武定六年置。 取慮 州治。 寧陵 武定六年置。 夏丘 武定六年置。有夏丘城。

南定州 蕭衍置,魏因之。治蒙籠城。

領郡五 縣七

弋陽郡 州治。

領縣二

汝南 期思

汝陰郡 治汝陰城。

領縣一

汝陰

安定郡

領縣一

安定

新蔡郡 治新蔡城。

領縣一

新蔡

北建寧郡

領縣二

建寧　陽武

西楚州 蕭衍置，魏因之。治楚城。

領郡三　縣七

汝陽郡 蕭衍置,魏因之。
領縣一
義陽 蕭衍置,魏因之。

仵城郡 蕭衍置,魏因之。
領縣二
城陽 蕭衍置,魏因之。
淮陰 蕭衍置,魏因之。

城陽郡 蕭衍置,魏因之。
領縣四
淮陰 蕭衍置,魏因之。 平春 蕭衍置,魏因之。 義興 蕭衍置,魏因之。 晈城 蕭衍置,魏因之。

蔡州 治豫州銅陽縣新蔡城。
領郡二 縣四
新蔡郡 治四望城。
領縣二
南趙 新蔡

汝南郡 治白馬澗。

領縣二

新息 南頓

西淮州 蕭衍置，魏因之。治豫州界白苟堆。

領郡一 縣二

淮川郡 州治。

領縣二

眞陽 梁興

譙州 蕭衍置，魏因之。治新昌城。

領郡四 縣十五

高塘郡 治高塘城。

領縣四

平阿 盤塘 石城 蘭陵

臨徐郡〔五六〕治葛城。

領縣三

懷德 烏江 鄴

南梁郡

領縣四

慎 梁 蒙 譙

新昌郡 州治。

領縣四

赤湖 荻港 薄陽 頓丘

揚州 後漢治歷陽，魏治壽春，後治建業。晉亂，置豫州，劉裕、蕭道成並同之。景明中改，孝昌中陷，武定中復。

領郡十 縣二十一

梁郡 州治。

領縣二

崇義 有楚城、韓城。 蒙 有馬頭城。

淮南郡

領縣三

壽春 故楚。有倉陵城。 汝陰 有楊泉城、少溝水。 西宋

北譙郡 永平元年置。

領縣二

安陽 北譙

陳留郡

領縣二

浚儀 有竹城。 雍丘 有曹城。

北陳郡

領縣一

長平 有沙陵城。

邊城郡

領縣二

期思 郡治。有九日山、[五九]豐城。 新息[六〇]

新蔡郡 領縣二

新蔡 郡治。有太蘇山。 固始 有大城陂。

安豐郡 領縣二

安豐 有關城。 松茲 有關城、闞城。

下蔡郡 領縣二

下蔡 樓煩

潁川郡 領縣三

相 西華 有澤水。 許昌 有峽石山。

淮州 蕭衍置，魏因之。治淮陰城。

領郡四 縣九

盱眙郡 治盱眙城。

領縣三

盱眙 郡治。 陽城 直瀆

山陽郡 治山陽城。

領縣二

山陽 郡治。 左鄉

淮陰郡

領縣三

富陵 懷恩 州、郡治。 魯

陽平郡 治陽平城。

領縣一

太清 郡治。

仁州 蕭衍置，魏因之。治赤坎城。

領郡一 縣二

臨淮郡

領縣二

已吾 州、郡治。 義城

光州 蕭衍置,魏因之。治光城。

領郡五　縣十

北光城郡

領縣二

光城 州治。 樂安

弋陽郡

領縣二

北弋陽 郡治。 南弋陽

梁安郡

領縣二

濟陽 郡治。 陽城

地形志中

南光城郡

　領縣二

光城 郡治。南樂安

宋安郡 治大城。

　領縣二

樂寧 郡治。宋安

南朔州 蕭衍置,魏因之。治齊坂城。

　領郡六　縣六

梁郡

　領縣一

新息

新蔡郡

　領縣二

銅陽

邊城郡 治石頭城。
　領縣一
　　邊城
義陽郡
　領縣一
　　義陽
新城郡 治新城。有關城。
　領縣一
　　新城
黃川郡
　領縣一
　　安定

南建州 蕭衍置，魏因之。治高平城。
　領郡七　縣十七

高平郡

領縣四

高平 譙 弋陽 義昌

新蔡郡

領縣二

新蔡 安定

陳留郡

領縣三

陳留郡治。 京兆 潁川

魯郡

領縣二

魯 義興

南陳郡

領縣二

南陳 環城

南郢州 蕭衍置,魏因之。治赤石關。

領郡三　縣四

定城郡

　領縣二

　　宇婁　　邊城

邊城郡

　領縣一

　　茹由

清河郡

　領縣一

　　清河

光城郡

　光城　　邊城　　婆水

光城郡

　領縣三

光城郡 治赤石城。

領縣一

光城

沙州 蕭衍置,魏因之。治白沙關城。

領郡二 縣二

建寧郡

領縣一

建寧

齊安郡

領縣一

梁豐

北江州 蕭衍置,魏因之。治鹿城關。

領郡六 縣六

義陽郡

領縣一

義陽 州、郡治。

齊昌郡

領縣一

齊昌

新昌郡

領縣一

興義

梁安郡 治建昌城。

領縣一

梁興

光城郡

領縣一

光城

齊興郡

　領縣一

　　西平

湘州 蕭衍置,魏因之。治大治關城。〔六〕

　領郡三　縣三

安蠻郡

　領縣一

　　新化 州、郡治。

梁寧郡

　領縣一

　　灄陽

永安郡

　領縣一

　　新城

汴州 蕭衍置,魏因之。治汴城。

領郡二　縣四

沛郡

　領縣三

　　蕭　潁川　相

臨淮郡

　領縣一

　　臨淮

財州 武定八年置。治豫州銅縣固始城。

前件自陽州已下二十三州並緣邊新附,地居險遠,故郡縣戶口有時而闕。

校勘記

〔一〕魏晉治廩丘　諸本「廩」字方框或注「闕」。楊校：「《宋志》,卷三五《州郡志》一『魏、晉治廩丘』,則此闕

〔二〕『廩』字也。」殿本考證、錢、溫並云當脫「廩」字。今據補。

〔三〕野首山　溫校:「『野首』疑『社首』之誤。」史記集解引應劭曰:「山在博縣。」按元和志卷一〇兗州乾封縣下有「社首山，在縣西北二十六里。」唐之乾封，即魏之博平。

〔四〕領縣六　局本「六」作「五」，諸本作「六」。按下只舉五縣，疑局本是。但上文兗州下稱領縣三十一，若此作「五縣」，就少一縣，可能下脫一縣，也可能上兗州領縣數衍「一」字，今皆不改。

〔五〕有邴城　諸本「邴」作「邡」。溫校改「邴」云:「漢志」卷二八下東平國『無鹽有邴鄉』。」按「邴鄉城見水經注卷二四汶水篇，在無鹽、壽張間，溫改是，今從之。

〔六〕二漢晉曰東平　溫校:「按宋志」卷三六州郡志二青州『安平令，六國時，其地曰安平，二漢、魏、晉曰東安平。」此脫「安」字。

〔七〕高陽郡故樂安地劉義隆置　汲、局本「樂安」作「安樂」，此漢、晉西安縣地。」按水經注卷二五淄水篇:「時水北逕西安城西，又北，京水、系水注之。」魏所置高陽僑郡亦見淄水篇，即在系水入時處，故楊云「此漢、晉西安縣地」。又溫校據宋書卷三六州郡志二冀州高陽郡注，云「劉義隆置」當作「劉駿置」。

〔八〕有薄姑城　諸本無「薄」字。史記正義引括地志:「薄姑故城在博昌縣東北。」按水經注卷八濟水篇二:「濟水又經薄姑城北，後漢郡國志青州樂安國曰:『博昌縣

〔八〕菅城　諸本「菅」作「管」。溫校:「『管』字誤,當作『菅』」,即漢志卷二八上濟南郡菅縣也。」按水經注卷八濟水篇二稱濟水「東北過臺縣北,東北過菅縣南」。此注上即「臺城」。溫說是,今改正。

〔九〕有土鼓城　諸本「土」作「七」。楊校:「按漢縣有『土鼓』見漢書卷二八上地理志上濟南郡。逢陵縣、長白山均在其東,此『七』爲『土』之誤。」按楊說是,今補。

〔一〇〕有麋溝垣城　錢氏考異卷二九云:「當云『垣苗城』,史脫『苗』字。慕容白曜傳,本書卷五〇旣至升城,垣苗、糜溝二戍拒守不下,是二城拒升城不遠也。但『垣苗』作『垣八濟水篇二。「麋」作「湄」,音近通用。」按二城並見水經注卷五河水篇五云:「祝阿縣西北有高唐城。」

〔一一〕有唐城　溫校:「疑即『高唐城』脫『高』字。左傳注:襄十九年『高唐在祝阿縣西北。』」按水經注卷五河水篇五云:「祝阿縣西北有高唐城。」溫說是。

〔一二〕治長社城　諸本無「社」字。楊校:「北齊書清河王岳傳卷一四武定六年,討王思政於長社。」元和志:卷八許州長社縣長社故城在長社原誤『葛』縣西一里,西魏大統十三年詔遣河南行臺、大都督王思政進據潁川,東魏遣將清河王岳率衆十萬圍潁川,即此城是。」按溫、楊說是,今補。

〔一三〕長合城　楊校:「水經洧水注:卷二二溵陂水南逕新汲縣故城東。又南,積而爲陂。陂之西北即長社」,潁州當亦治長社,此脫『社』字。」

〔一三〕『長舍城』。　全氏祖望謂『長舍』即『長社』之變，則此『合』爲『舍』誤。』延昌志亦據洨水篇謂『合』爲『舍』之訛，但以『長舍』非即『長社』，中隔許昌一縣，駁全說。按若『長舍』非即『長社』，則不能謂洨水篇作『舍』必是，此志作『合』必誤。

〔一四〕有殷湯城　水經注卷二二潁水篇云：『潁水又東逕灅陽城南，竹書紀年曰：孫何取灅陽。』楊疏以地形志『殷湯城』即『灅陽』，云：『『潕』與『灅』同，『殷』爲『溲』之省，『湯』爲『陽』之誤。』

〔一五〕鼓城　按下平原郡茌平治鼓城，漢之茌平即魏之鄗碬，魏之茌平則徙於鄗碬西北。此志『鼓城』與柳舒、盧子城並列。寰宇記卷一卷五河水篇五。此盧縣在鄗碬南，距鼓城甚遠。三郢州須城縣有『柳舒故城』，云：『左傳哀二十七年晉伐鄭，齊陳成子救之，及留舒，去穀七里，穀人不知。』此志盧縣之『柳舒』即春秋時之留舒，則此『鼓城』當是『穀城』之訛，亦即春秋時之『穀』。

〔一六〕南清河郡晉泰寧中分平原置治莒城　錢氏考異卷二九云：『按晉世紀元，有「太寧」而無「泰寧」。考房亮傳卷七二普泰中，濟州刺史張瓊表所部置南清河郡。乃知「晉」字本「普」字之訛，又衍「寧」字耳。』

〔一七〕皇興四年分青州置延興五年改爲鎮景明元年復　按卷七上高祖紀上太和七年正月、卷七下高祖紀下太和十九年十月詔、此詔又見文館詞林卷六六二。卷五七崔挺傳太和十八年、卷一一二上靈徵

志上地震類太和十九年,並見「光州」。疑延興五年於光州置東萊鎮,州實未廢,或廢而旋復,所謂「景明元年復」當誤。

〔一八〕東牟郡　諸本下有注云:「孝昌四年分東郡、陳留置,治雍丘。」錢氏考異卷二九云:「『孝昌』以下十三字當在陽夏郡下,誤重出於此。」按錢說是,今刪。

〔一九〕牟城　溫校:「按牟城已見泰山牟縣下,當作『牟平城』,寰宇記卷二〇登州在蓬萊縣東南九十里。」

〔二〇〕有抱城　延昌志卷二東郡陽夏縣下作「杞城」,云:「今本收志『杞』訛作『抱』。」元和志卷七忭州雍丘縣:「雍丘故城,今縣城是也,春秋時杞國城也。」

〔二一〕有陵有亭　延昌志卷二東郡尉氏下作「陵樹亭」,云:「今本作『有陵有亭』謬。」渠水注:水經注卷二二康溝東迆平陸縣故城北,建武元年,以戶不滿三千罷爲尉氏縣之陵樹鄉,又有陵樹亭,漢建安中封尚書荀攸爲陵樹鄉侯,故陳留風俗傳曰:陵樹鄉,故平陸縣也。渠水篇此條下楊疏亦以爲地形志「有樹有亭」下「有」字爲「樹」之訛。

〔二二〕渠水在大梁城東分爲蔡渠　百衲本「渠」作「柒」,南本作「㳂」,北、汲、殿、局四本作「漆」。楊校:「浚儀不聞有漆水,據水經,渠水東至浚儀縣。『渠』與『漆』形近,此『漆水』爲『渠水』之誤。」按百衲本作「柒」,乃「渠」字殘缺,南本「㳂」只右角微訛,痕跡甚顯,楊說是,今改正。

〔二三〕二漢晉爲灈陽 諸本「灈」作「瀘」。溫校:「宋志卷三六州郡志二豫州汝南郡瞿陽令,漢舊縣,作『灈陽』。應劭曰:『灈水出吳房,東入瀙。』見漢書卷二八上地理志上汝南郡灈陽注。說文亦同。蓋以水氏縣也。『瀘』字訛。」按溫說是,今改正。

〔二四〕治中左城 溫校:「當作『中牟城』。」隋志:卷三〇地理志中滎陽郡管城縣,舊曰中牟,東魏置廣武郡。」

〔二五〕有中湯城 延昌志「湯」字改「陽」,引水經渠水篇:卷二二「承水又東北入黃瓮澗,北逕中陽城西,中略竹書紀年:梁惠成王十七年,鄭釐侯來朝中陽者也。」楊疏於上引條下亦云地形志「湯」爲「陽」之訛。

〔二六〕治密城 諸本「密」作「容」。延昌志卷二滎陽郡密縣下改「密」,云「今本地形志作『容』誤」。楊校:「志例:縣已移治者,於故城則曰有某城,未移治者則云治某城。『容』與『密』形近,其爲『密』之誤無疑。」溫逕改『密』,無說。按楊說是,今改正。

〔二七〕龍漢赤唐陂 「龍漢赤唐陂」無從點斷,疑有訛字。

〔二八〕治蕃城 諸本「治」作「合」。楊校:「按『合』當『治』之誤。」按「合」字不可通,與「治」形近而訛,今從楊說改。

〔二九〕治承城 諸本「承」作「永」。溫校:「『永』當作『承』」,無說。楊校:「隋志:卷三一地理志下彭城郡『蘭

〔三〇〕陵,舊曰承,置蘭陵郡。 則郡治承城,此「永」爲「承」之誤。

〔三〇〕戶七千四百二十四 諸本「七」作「十」。殿本考證云:「『十』必是誤字。」按楊說是,今改正。

三萬七千八百一十二。 殿本考證云:「『考』下當有『城』字,蓋後魏置考城於此,至孝昌中,又於故考城置縣,因曰『考陽』。」

百二十四,相加,正得三萬七千八百一十二。「十」字乃「七」之訛,今改正。

除蘭陵郡外,六郡戶數相加爲三萬三百八十八,則蘭陵郡戶應爲七千四

〔三一〕考 楊校:「『考』下當有『城』字,蓋後魏置考城於此,至孝昌中,又於故考城置縣,因曰『考陽』。」

〔三二〕離狐 諸本「離」作「狐」。殿本考證云:「『孤』當作『狐』,」又注「『有離孤城』亦誤,《漢志》可證。」《水經濟水注》卷八稱「離狐故

城」,則此兩「孤」字皆「狐」之誤。按「孤」字顯誤,今改正。

〔三三〕南兗州正光中置 按《墓誌集釋·寇演墓誌圖版》二二六稱「時南兗州初開,詔以徐豫二境,民稀土曠,中略以世宗紀繁元英坐鍾

長流參軍」。集釋五云:「按《魏書·范紹傳》卷七九『中山王英攻鍾離敗,詔以徐豫二境,民稀土曠,中略以世宗紀繁元英坐鍾

離敗退除名爲民事於正始四年證之,州蓋正始年置。」演卒於神龜初,則南兗之置在正光前無疑

令紹量度處所,更立一州。紹以譙城形要之所,置州爲便,遂立南兗。

矣。」按「正光」當是「正始」之訛。

〔三四〕口一十一萬五千五百三十九 百衲、北、汲、局四本「一十一萬」作「一十萬」,南本、殿本作「一十

一萬」。按今以所屬七郡口數相加正得一十一萬五千五百三十九,與南、殿本合,今從之。此《志》

地形志中 校勘記

二五九九

〔三五〕記諸州戶口數字，和所屬郡的戶口數字合計常不符合，無可校正者皆不出校記。

龍亢二漢屬沛晉屬譙國後罷永安三年復屬孝昌中陷興和中復 按「永安」乃元子攸孝莊帝年號五二八──五三〇，在孝昌五二五──五二七後，不得先稱「永安三年復」，又稱「孝昌中陷」。疑「永安」乃「永平」之訛。永平三年為五一〇上臨淮條稱「永平二年置」，龍亢是廢縣，於永平三年復。

〔三六〕譙郡二漢縣屬沛晉以為郡 殿本考證云：「譙郡始置於曹魏，不始於晉也，志誤。」按晉書卷一四地理志總序，宋書卷三六州郡志二豫州譙郡條並云魏武所置。溫校引晉、宋志證此志誤。

〔三七〕孝陽 溫校「孝」逕改「考」，無說。楊校：「隋志卷三〇梁郡『考城，後魏曰考陽』，此『孝』為『考』之誤。」

〔三八〕口九萬六千七百五十 百衲本、北本、殿本「五十」作「八十」，局本作「五十」，南本作「五十」。按今以所屬七郡口數相加正得九萬六千七百五十，與南本合，今從之。

〔三九〕治東武陵 錢氏考異卷二九及溫、楊並以為「陵」乃「城」之訛。按魏之膠州，隋開皇五年改為密州。寰宇記卷二四密州總序云：「今州理即魯之諸城也。」諸城縣條云：「本漢東武縣，中略後魏置高密郡。」諸城即東武，隋密州治諸城即因襲魏膠州之治東武。「陵」字不當有，乃「城」字之訛。諸家說是。

〔四〇〕野艾山祠　水經注卷二六膠水篇云：「拒艾水出縣西南拒艾山，即齊記所謂『黔艾山』也。」溫、楊並引上條證「野艾」爲「黔艾」之訛。

〔四一〕有石□墓　諸本闕字作「崇」，百衲本空格。溫校：「寰宇記卷三河南府河南縣下引戴延之西征記，石崇家在邙上，與此地不合。按晉書卷三三石苞附崇傳，崇被殺，在洛陽，傳稱後來『葬以卿禮』，自亦在洛陽，且崇爲勃海南皮人，無由於安丘有墓。舊本「石」下本闕一字，其爲何人不可知，今從百衲本空格。

〔四二〕有丸山　諸本「丸」作「九」。溫校逕改「丸」。水經注卷二六巨洋水篇：朱虛城「東北二十里有『丹山』，世謂之『凡山』。」楊疏，熊會貞於此條下有考云：「酈注以『丹』爲正，史記封禪書，漢書郊祀志、地理志並作『凡山』；而史記五帝本紀作『丸山』。自徐廣以來諸家，紛紜不一。」今按此志「九」字訛，「凡」「丸」不知孰是。姑從溫校改。

〔四三〕治團城　諸本「團」作「國」。錢氏考異卷二九云：「按高閭傳〈魏書卷五四〉以本官領東徐州刺史，與張讜對鎮『團城』。劉休賓傳〈卷四三〉亦云東徐州刺史張讜所戍『團城』。」則「國城」當爲「團城」之訛。」楊校：「水經沂水注：〈卷二五〉東莞城，東燕錄謂之『團城』，魏南青州治。此尤州治『團城』之確證。」溫校同。按「國」字顯訛，今改正。

〔四四〕有峘山廟　諸本「峘」作「危」。水經注卷二五沂水篇云：「沂水又東逕爆山西。」楊疏：「按名勝

〔四五〕□石山　諸本「石」上注闕字,百衲本殘存似是「洞」字。

〔四六〕治思都城　水經注卷二三洍水篇:「洍水又南逕一故城西,世謂之思鄉城。在今西華北二十里。」楊疏:「按地形志,襄邑治思都城,『都』爲『鄉』之誤,當以此正之。

〔四七〕東楚州司馬德宗置宿豫郡高祖初立東徐州後陷世宗初改爲鎮後陷武定七年復改爲宿豫郡　錢氏考異卷二九云:「太和之世,東徐治團城,不應更置於宿豫也。」楊校:「元和志卷九泗州、興地廣記同。隋志、通典卷一八〇泗州並謂後魏置南徐州於下邳,始名東徐矣。」始名上當有「梁」字。宿豫郡句有誤。按隋志、通典,東魏爲東楚州,此「武定七年復改」當斷句。依志例,「爲宿豫郡」當作「治宿豫郡」。按卷六一沈文秀傳:「按是時沈陵據宿豫以叛,則南徐州治宿豫也,而地形志謂『宿豫郡,高祖初,立東徐州』,東魏又改爲東楚州。」與此異。」考異卷二八,世宗紀太和二十三年南徐州刺史沈陵外叛條又云:「按是時沈陵據宿豫以叛,則南徐州治宿豫也,而水經泗水注卷二五云:宿豫城,後魏太和中南徐州治。」似誤。

〔四八〕僞東徐州刺史沈陵降 考沈陵傳，陵在太和二十二年前已官南徐州刺史。疑此州初置本名「南徐」，太和二十二年改治團城之東徐州爲東徐。不及數月，沈陵降齊，州亦旋廢，故魏書猶稱其故官。此志云「高祖初，立東徐州」誤，「東」當作「南」。但此州曾名「東徐」，見於南齊書、元和志，未必誤。「爲宿豫郡」當作「治宿豫郡」楊附沈陵傳、卷四七盧玄附盧淵傳並稱陵爲南徐州刺史。唯南齊書卷七東昏侯紀永元元年稱秀

〔四九〕太和十九年晉治廣陵城 殿本考證云：「『年』字下當有『置』字，各本俱脫。」按若謂脫『置』字，則「晉治廣陵城」不可解，疑「晉」乃「置」之訛。

〔五〇〕北陸 溫校作「北陸渾」，無說。楊校：「伊陽郡有『南陸渾』，此與之對，當作『北陸渾』。」

〔五一〕移治梁崔塢 溫校「崔」改「雀」，云：「今本『雀』訛爲『崔』。《水經注》作『梁雀鄉』。」按《水經注》卷二一汝水篇朱謀㙔本、戴震本並作「梁瞿鄉」，趙一清本改作「雀」。楊疏以爲作「瞿」是，趙改非。此志「崔」字必訛，原作「瞿」或「雀」雖難判斷，然「崔」字形尤近「雀」，這裏疑當作「雀」。『梁雀塢』，在梁縣東北二十五里。《史記正義》引括地志，周承休城一名

〔五二〕屬□州 諸本「屬」下闕。按所闕當是「司」字，太和遷都置司州，西至潼關。孝昌立宜陽郡，當有成陽關 溫校：「『成』當是『武』字之訛。按義陽三關，謂平靖、武陽、黃峴也。」元和志，卷二七分恒農置，應屬司州。

魏書卷一百六中

〔五三〕有苟甫城　百衲本「甫」字殘，南、北、殿三本作「苟甫」，汲本、局本作「荷甫」。按水經注卷三〇淮水篇：「鵠甫水出東鵠甫谷，西北流，逕鵠甫亭南，西北流，注於洛水。」此「鵠甫亭」即在北譙郡治陰陵城南。楊疏，熊會貞云：「按初學記八引此亦作『鵠甫亭』。」又引寰宇記卷一二八濠州定遠下廢定遠縣城有「茭蒲塘」「茭甫亭」一本又作「艾甫塘」「艾甫亭」，云：「考名勝志引輿地紀勝，定遠縣西八十里有『苟甫城』，並稱梁典作『苟甫』。『苟』音『鵠』，疑『苟』『荷』『艾』皆『苟』之誤，『苟甫』『鵠甫』一也」。按熊考甚詳，這裏「苟甫」乃「苟甫」之訛，「苟甫」又訛爲「荷甫」。

〔五四〕有郡陽城　溫校：「『郡』當作『邵』。通鑑卷一四〇、四三七七頁齊建武二年，『魏主如邵陽，築城於水上，柵斷水路，夾築二城』。注：『邵陽城在鍾離城北淮水中。』」

〔五五〕扶風郡　按下不記領縣，當是脫去。但若本有領縣，又超出州領縣三十六之數，亦不合。

〔五六〕睢州蕭衍置潼州武定六年平改置　南本、汲本、局本「六」作「九」，百衲本、北本、殿本作「元」。錢氏考異卷二九云：「武定紀元止於八年，則以爲九年者誤矣。據下文淮陽、穀陽、睢南、臨潼諸郡俱是六年置，則睢州之置亦當在六年。字形相涉，誤爲『元』爾。」按梁書卷三武帝紀太清元年東魏武定五年七十一月稱東魏將慕容紹宗「進圍潼州」，即此睢州。攻圍在武定五年十一月，如即佔領，已在歲末，改名「睢州」，當在次年。此「元年」乃「六年」之訛，錢說是，今改正。

二六〇四

〔五七〕世宗開置平陽郡　楊校:「晉、卷一五徐州後序宋志卷五五徐州作『陽平』,後魏置郡,當因舊名。志作『平陽』,恐誤。」

〔五八〕臨徐郡　錢氏考異卷二九云:「『徐』當作『滁』。」楊校:「郡領有烏江、鄧等縣,皆近滁水。『滁』一作『涂』,此『徐』為『涂』之誤。」

〔五九〕有九日山　百衲本「日」作「彐」,北、汲、殿三本作「卩」,並不成字。南本、局本作「日」。按王先謙校勘記亦作「日」,今姑從南、局本。

〔六〇〕新息　諸本脫此縣,百衲本有。按上明云邊城郡領縣二,無新息便只期思一縣,與上文不合。南本以上期思下注「豐城」二字作大字正文,當是以意改,足二縣之數,殿、局二本從之。殿本考證反以北本「豐城」二字入期思下小注為誤,不知所脫為「新息」。今從百衲本。

〔六一〕治大活關城　楊校:「元和志,卷二七黃州『大活關』在黃陂縣北二百里;寰宇記,卷一三一黃州『大閩關』在縣東南一百九十步。此『治』為『活』之誤。」

魏書 一百六下

地形志二下第七

雍州 漢改曰涼，治漢陽郡隴縣，後治長安。

京兆郡 秦為內史，漢高帝為渭南郡，武帝為京兆尹，後漢因之，屬司隸，魏改屬。

領郡五　縣三十一

領縣八

長安 漢高帝置，二漢、晉屬。有昆明池、周靈臺、鎬池、彪池水。豐水出焉。

山北 有風涼原。

杜 二漢、晉屬。二漢曰杜陵，晉曰杜城，後改。

霸城 郡治。二漢曰霸陵，晉改屬。有軹道亭、長門亭、灞水、溫泉、安帝置。二漢、晉屬。有驪山、戲亭、首谷水。

新豐 漢高帝置，二漢屬。眞君七年併新豐，太和十一年復。有鴻門亭、靈谷水、戲水。

藍田 二漢、晉屬，眞君七年併霸城，太和十一年復。有白鹿原。

陰槃 二漢屬安定，晉屬。

鄠

馮翊郡 故秦內史，漢高帝二年更名河上郡，九年復為內史，武帝為左內史，後為左馮翊，後改。

領縣六

高陸 郡治。二漢曰高陵,屬。晉屬京兆,魏明帝改屬。有薄水。頻陽 秦置,二漢、晉屬。有漆沮水。蓮芍 二漢、晉屬。有據城、下封城。廣陽 景明元年置。萬年 漢高帝置,二漢、晉屬京兆,[一]後屬。有廣武城、南鹵原、鹽池。鄗[二] 太和二十二年置。

扶風郡 故秦內史,漢高帝二年更名為中地郡,九年復為內史,武帝為右內史,太初中更名主爵都尉,為右扶風,後改。世祖眞君年中併始平郡屬焉。

領縣五

好時 郡治。前漢屬,後漢、晉罷,後復。有武都城。始平 魏置,晉屬始平。有溫泉、新市城。美陽[三] 槐里 二漢、晉屬始平,周曰犬丘,秦更名廢丘,漢高帝改。有板橋泉。盩厔 漢武帝置,屬。後漢、晉罷,眞君七年併武功焉。

咸陽郡

領縣五

石安 石勒置。秦孝公築渭城,名咸陽宫。有四皓祠、安陵城、杜鄠亭、竇氏泉、周文王祠。池陽 郡治。二漢屬左馮翊,晉屬扶風,後屬。有鄭白渠。靈武 前漢屬北地,後漢罷,晉復,眞君七年分屬焉。寧夷 有甘泉、九嵏山。

涇陽 眞君七年併石安,景明二年復屬。

北地郡 魏文帝分馮翊之祋祤置。

領縣七

富平 眞君八年罷泥陽、弋居屬焉。有北地城、漢武帝祠。泥陽 二漢、晉屬。眞君七年併富平，景明元年復。有慈城山。弋居 二漢屬，晉罷，後復。眞君七年併富平，後復。雲陽 二漢屬左馮翊，晉罷，後復屬。有蒲池水、雲陽宮。銅官 眞君七年置。有關山、石槃山。土門 景明元年置。有土門山。宜君 眞君七年置。有宜君水。

岐州 太和十一年置。治雍城鎮。

領郡三 縣八

平秦郡 太延二年置。

領縣三

雍 二漢、晉屬右扶風，後屬。有周城。周城 眞君六年置。橫水 眞君十年分周城置。

武都郡 太延年置。

領縣三

平陽 眞君六年置，有新谷、五丈原、郿塢。南由〔三〕 高車

武功郡 太和十一年分扶風置。

領縣二

美陽 二漢、晉屬扶風,眞君七年罷郡屬焉,後屬。[六]有岐山、太白山、美原廟,[七]駱谷、邵亭。莫西[八]太和十一年分好時置。有梁山、武都城。

秦州 治上封城。

領郡三　縣十二

天水郡 漢武帝置,後漢明帝改爲漢陽郡,晉復。

領縣四

上封 前漢屬隴西,後漢屬漢陽,晉屬。犯太祖諱改。有席水。

平泉 眞君八年置。

顯親 後漢屬漢陽,晉屬,眞君八年併安夷,後屬。

當亭

略陽郡 晉武帝分天水置。

領縣五

安戎 前漢曰戎邑,屬天水,後漢、晉罷,後改屬。有蓲城。

綿諸 前漢屬天水,後漢、晉罷,後復屬。有楡亭。[九]

隴城 前漢屬天水,後漢屬漢陽,晉罷,後復屬。有隴城、略陽城。

清水 前漢屬天水,後漢罷,晉復屬。

阿陽 前漢屬天水,後屬漢陽,晉罷,太和十一年復屬。

漢陽郡 眞君七年分天水置。

領縣三

黃瓜 眞君八年置。有始昌城。 陽廉 有鄧松山。 階陵

南秦州 眞君七年置仇池鎮，太和十二年為渠州，〔一〇〕正始初置。治洛谷城。

領郡六 縣十八

天水郡 眞君七年置。

領縣三

水南 郡治。眞君二年置。 平泉 眞君三年置。 平原

漢陽郡 眞君五年置。

領縣二

穀泉 郡治。蘭倉 眞君三年置。有雷牛山、黃帝洞。

武都郡 漢武帝置。

領縣四

石門 郡治。眞君九年置。有羌道城。 白水 眞君九年置郡，後改。 東平 眞君九年置。 孔提

武階郡

　領縣三

北部 南五部太和四年置郡,後改。 赤萬太和四年置郡,後改。

脩城郡〔二〕

　領縣四

平洛太和四年置。 柏樹〔三〕太和八年置。 下辨二漢、晉屬武都郡,太和四年分屬焉。 廣長郡治。太和四年置。

仇池郡

　領縣二

階陵眞君四年置。有牛頭山。 倉泉太和四年置。

南岐州

　領郡三

固道郡延興四年置。

廣化郡

東益州 治武興。

領郡七　　縣十六

武興郡

　領縣四

景昌 武興州、郡治。　石門　　武安

仇池郡

　領縣二

西鄉　　西石門

槃頭郡

　領縣二

廣萇郡　　武世　　萇舉

廣萇郡

　領縣二

廣業郡

葭廣 新巴

廣業郡

領縣二 廣化

梓潼郡

廣業

領縣二

華陽 興宋

洛叢郡〔一三〕

領縣二

武都 明水

益州 正始中置。

領郡五 縣十

東晉壽郡 司馬德宗置,魏因之。〔一四〕

領縣四

黃　石亭　晉安司馬德宗置，魏因之。　晉壽晉惠帝置，〔二〕屬梓潼，後屬。

西晉壽郡
　領縣一
　　陰平

新巴郡司馬德宗置，魏因之。
　領縣一
　　新巴司馬德宗置，魏因之。

南白水郡
　領縣二
　　始平　京兆

宋熙郡
　領縣二
　　興樂　元壽

巴州郡縣闕。

梁州 蕭衍梁、秦二州,正始初改置。

領郡五 縣十四

晉昌郡

領縣三

龍亭 有安國城、鎮勢山、[一六]灊水。 興勢 延昌三年置。 南城

襃中郡

領縣三

襃中 二漢、晉屬漢中,後罷。永平四年復屬。 武鄉 延昌元年置。有牛頭山。 廉水

安康郡 劉準置,魏因之。

領縣二

安康 二漢曰安陽,屬漢中,漢末省,魏復,武帝更名,屬魏興郡,後屬。有直水。 寧都

漢中郡 秦置。

領縣三

南鄭 二漢、晉屬。 漢陰 有胡城。 城固 二漢、晉屬。

華陽郡 領縣三

華陽 有黃牛山、廉水、蕭何城。

沔陽 二漢、晉屬漢中,後屬。有白馬城、黃沙城、諸葛亮廟。

嶓冢 有嶓冢山、漢水出焉。

南梁州 郡縣闕。

東梁州

領郡三 縣四

戶一千二百二十二

金城郡

領縣一

戶二百八十六

直城

安康郡

領縣一

戶六百一十八

安康

魏明郡

領縣二

戶三百一十八

漢陽　寧都

涇州 治臨涇城。

安定郡 漢武帝置,太和十一年罷石堂郡,以其縣屬。

領郡六　縣十七

領縣五

安定 前漢屬,後漢、晉罷,後復。有銅城。 臨涇 二漢、晉屬。有洪城。 朝那 二漢、晉屬。有當原城、胡城。 烏氏[一七] 二漢、晉屬。有岐山、涇鄉城、陽邑城、撫夷城。 石堂 有自度山。

隴東郡

領縣三 涇陽 前漢屬安定，後漢、晉罷，屬〔一八〕有薄落山，涇水出焉。白城，方石淵，隴山。祖居 前漢屬，罷，後復，屬武威，〔一九〕晉罷，後復屬。 撫夷 前漢屬安定，後漢、晉罷，後復屬。

新平郡 後漢獻帝建安中置。

領縣四

白土 二漢屬上郡，晉屬金城，後屬。有歧亭嶺。 爰得 前漢屬安定，後漢、晉罷，後復屬。有邑成、東魏城。 高平 二漢屬安定，晉罷，後復屬。有石門山。 東槃〔二二〕

趙平郡〔二０〕

領縣二

鶉觚 前漢屬北地，後漢、晉屬安定，後屬。〔二一〕有口孤原，亭〔二三〕臺山。 陰密 前漢屬安定，後漢罷，晉復，後屬。

平涼郡

領縣二

鶉陰 郡治。前漢屬安定，後漢屬武威，晉罷，後復屬。有瓦亭，〔二四〕涇陽、〔二五〕平涼城。

平原郡

河州 有伏乾。闕二字。〔二六〕眞君六年置鎮,後改。治枹罕。〔二七〕

領縣一

陰槃 二漢屬安定,晉屬京兆,後屬。有安城、安武城。

金城郡 漢昭帝置,後漢建武十三年口隴西,〔二八〕孝明復。

領郡四　縣十四〔二九〕

榆中 二漢晉屬。大夏 二漢屬隴西,晉屬晉興。皇興三年改爲郡,後復屬。有白水、金柳城。

領縣二

武始郡 晉分隴西置。

領縣三

勇田 眞君八年置郡,後改。狄道 二漢屬隴西,晉屬。陽素

洪和郡

領縣三

水池 眞君四年置郡,後改。藍川 眞君八年置郡,後改。蕈州〔三〇〕延興四年置。

臨洮郡 二漢、晉縣,屬隴西。眞君六年改置。

領縣三

龍城 太和十年置。 石門 太和九年置。 赤水

渭州

領郡三　縣六

隴西郡 秦置。

領縣二

襄武　首陽

南安陽郡〔三〕

領縣二

桓道　中陶

廣寧郡

領縣二

彰　新興 眞君八年罷中陶、祿部、襄武屬焉。

原州 太延二年置鎮,正光五年改置,幷置郡縣。治高平城。

領郡二　縣四

高平郡

領縣二

高平　里亭

長城郡

領縣二

黃石　白池

涼州 漢置,治隴。神䴥中爲鎮,太和中復。

領郡十　縣二十

戶三千二百七十三

武安郡

領縣一

戶三百七十三

宜盛〔三〕

臨杜郡〔二〕

領縣二

戶三百八十九

建昌 安平 和平

領縣三

戶六百五十七

榆中 治城 蒙水

番和郡

領縣二

戶一百三十九

彰 燕支

泉城郡

領縣一

地形志下

新陽

戶七十二

武興郡 領縣三 戶三百八十五

晏然 馬城 休屠

武威郡 漢武帝置。

領縣二 戶三百四十

林中 襄城有休屠城、武始澤。

昌松郡 領縣三 戶三百九十七

溫泉 揟次〔三〕 莫口

東涇郡

領縣一

戶一百九十一

台城〔三五〕

梁寧郡

領縣二

戶三百三十一

園池 貢澤

酇州 郡縣闕。

瓜州 郡縣闕。

華州 太和十一年分秦州之華山、澄城、白水置。〔三六〕

領郡三 縣十三

華山郡

領縣五

華陰 前漢屬京兆,後漢、晉屬恒農,後屬。有華山、集仙館、巨靈原、潼關、[三七]北鄉城、重泉城。

鄭 二漢、晉屬京兆,後屬。有廣鄉原、鄭城、赤城。

夏陽 二漢、晉屬馮翊,後屬。故少梁,秦惠文王更名。有梁山、龍門山、黑水城。

郃陽 二漢、晉屬馮翊,後罷。太和二十年復屬。

敷西 太和十一年分夏陽置。有武平城、高平城。

澄城郡 眞君七年置。

領縣五

澄城 眞君七年置。有杏城。

五泉 眞君七年置。有五泉水、濕水、石谷城。

三門 眞君七年置。有陽苑城、衛城。

宮城 眞君七年置。

南五泉 太和十一年置。

白水郡 太和二年分澄城置。

領縣三

姚谷 太和二年置。有黃崖山。

白水 太和二年置。有五龍山、粟邑城。

南白水 太和十一年分白水置。有。

(闕五字)

北華州 太和十五年置東秦州,後改。治杏城。

領郡二 縣七

戶一萬四千五百九十六

中部郡

領縣四

戶八千九百二十四

中部 姚興置,魏因之。 石保 有回女山。 狄道 有狄兔城、淺石山。 長城 有五郊城。

敷城郡

領縣三

戶五千六百七十二

敷城 有女陰山。 洛川 眞君中置。 定陽

豳州 皇興二年為華州,延興二年為三縣鎮,〔三八〕太和十一年改為班州,十四年為邠州,二十年改焉。

領郡三 縣十

西北地郡 秦昭王置。

領縣三

彭陽 二漢屬安定,晉罷,後復屬。 富平 二漢、晉屬北地,後屬。有神泉、靈州城、彰獵山。 安武 前漢屬安定,後

漢、晉罷,後復屬。

趙興郡 眞君二年後復屬。

領縣五

陽周 前漢屬上郡,後漢、晉罷,後復屬。有橋山、黃帝冢、泥陽城、高平城、秋水。 獨樂 前漢屬上郡,後漢、晉罷,後復屬。 定安 眞君二年置。 趙安 眞君二年置。 高望 眞君二年置。有高望山。

襄樂郡 太和十一年置。

領縣二

襄樂 前漢屬上郡,後漢、晉罷,後復屬。 膚施 二漢屬上郡,晉罷,後復屬。有五龍山、黃帝祠。

夏州 赫連屈丐所都,始光四年平,為統萬鎮,太和十一年改置。治大夏。

化政郡 太和十二年置。

領郡四 縣九

革融 巖綠

領縣二

闡熙郡 太和十二年置。

領縣二

山鹿　新囶

金明郡 眞君十二年置。

領縣三

永豐 眞君十三年置。 啓寧　廣洛 眞君十年置。

代名郡 太安二年置。

領縣二

呼會 太安二年置。有橫水。 渠搜 太和二年置。

東夏州 延昌二年置。

領郡四　縣九

徧城郡 太和元年置。

領縣二

廣武 前漢屬太原，後漢、晉屬雁門，後屬。〔三九〕有三城、徧城。 沃野 二漢屬朔方，晉罷，後復屬。

朔方郡 漢武帝置。

領縣三

魏平 政和 朔方 二漢屬,晉罷,後復。有貰塭澤。

定陽郡 二漢縣,屬上郡,太安中改置。

領縣二

臨戎 二漢屬朔方,晉罷,後復屬。 臨眞 有丹陽山、白泉。

上郡 秦置。

領縣二

石城 因城

泰州 神䴥元年置雍州,延和元年改,太和中罷,天平初復,後陷。[二〇]

河東郡 秦置。治蒲坂。

領郡三[四] 縣七

安定 太和元年置。 蒲坂 二漢、晉屬。有華陽城、雷首山。 南解 二漢、晉曰解,屬,後改。有桑泉城。 北解 太和十一年置。有張楊城。 猗氏 二漢、晉屬河東,後復屬。有介山塘。

陝州 太和十一年置。治陝城。八年罷,〔四三〕天平初復,後陷。

領郡五　縣十一

恒農郡 前漢置,以顯祖諱,改曰「恒」。

領縣三

陝中 北陝二漢、晉曰陝,屬。有曲沃城、鄧芝祠。

崤 太和十一年置。有三崤山、白楊谷。

西恒農郡

領縣一

恒農 二漢、晉屬恒農,後屬。有桃林。

澠池郡

領縣二

俱利 北澠池 太和十一年置。有馬頭山、俱利城、牛耳山。

北鄉郡

領縣二

北猗氏 太和十一年置。有解城。 汾陰 二漢、晉屬河東,後屬。有北鄉城、后土祠。

石城郡 正始二年置縣,後改。

領縣一

同堤

河北郡

領縣四

北安邑 二漢、晉曰安邑,屬河東。太和十一年置為郡,十八年復屬。南安邑 太和十一年置。有中條山、夏陽城。

河北 二漢、晉屬河東,後屬。有芮城、立城、嫣水、首陽山、伯夷叔齊墓。太陽 二漢、晉屬河東,後屬。有虞城、

洛州 太延五年置荆州,太和十一年改。[三]治上洛城。

上洛郡 晉武帝置。

領郡五 縣七

上洛 前漢屬恒農,後漢屬京兆,晉屬。有丹水、南秦水、漢高祖祠、四皓祠、高東祠。[四]拒陽

上庸郡 皇興四年置東上洛,永平四年改。

領縣二

商 前漢屬恒農,後漢屬京兆,晉屬上洛,後屬。有京城。豐陽郡治。太安二年置。有圈地。

魏興郡 太延五年置。

領縣一

陽亭 太和五年置。

始平郡 景明元年置。

領縣一

上洛

萇和郡 景明元年置。

領縣一

南商

荊州 後漢治漢壽,魏、晉治江陵,太延中治上洛,太和中治穰城。

領郡八 縣四十一

南陽郡 秦置。

領縣十

宛 二漢、晉屬。有清水、〔四五〕梅溪水。 新城 太和二十二年置。有覆釜山、赤石山。 冠軍 漢武帝置,二漢、晉屬。有淯水、羊角。〔四六〕 舞陰 二漢、晉屬。有橫山。 酈 二漢、晉屬。有大鼓谷、懸鼓山。 涅陽 二漢、晉曰育陽,屬。有涅。〔四七〕 上陌 西鄂 二漢、晉屬。有棘司馬昌明改,魏因之。 西平 有精山、赭山。山、華城、張衡碑。

順陽郡 魏分南陽置,曰南鄉,司馬衍更名,魏因之。

領縣五

南鄉 後漢屬南陽,晉屬南鄉。 丹水 前漢屬恆農,後漢屬南陽,晉屬南鄉。漢哀帝置,卽博山也。後漢明帝改。 臨洮 有洮山。 槐里 順陽

新野郡 晉惠帝置。

領縣三

穰 二漢屬南陽,晉屬義陽,後屬。 新野 二漢屬南陽,晉屬義陽,後屬。 池陽

東恒農郡 太和中置。

領縣六

西城 二漢屬漢中,晉屬魏興,後屬。 北酈 有長山。 南鄉 左南鄉 有凡亭山。 上憶 東石

漢廣郡
　領縣二
南棘陽 二漢屬南陽，晉屬義陽，二漢、晉曰棘陽，後改屬。有漢廣城。　西棘陽

襄城郡
　領縣九
方城 有赭陽城、七石山。　郟城 有崩石山。　伏城 有廣陽山。　舞陰 有唐山。　清水　翼陽 有招泉。　鄭

北清郡[四八]
　領縣二
北平 有囚城。　赭城 有陵中山。

恒農郡
　領縣二
武川 有滍城、鹿鳴山、農山。　北雉 二漢、晉曰雉，屬南陽，後改屬。有西鄂城。

國[四九]
　領縣四
　恒農　南鄉　邯鄲

襄州 孝昌中置。

領郡六　縣二十

襄城郡 蕭道成置，魏因之。治赭陽城。

領縣六

方城　郟城　伏城　舞陰　翼陽　赭城

舞陰郡 孝昌中置。

領縣二

舞陰　安陽

南安郡 太和十三年置郢州，十八年改為南中府，天平初罷府置，後陷。

領縣四

安南　南舞　葉　南定

期城郡 孝昌中置。

領縣四

西舞陽　東舞陽　南陽　新安

北南陽郡 孝昌中置，為宣義郡，後改。州治。

領縣二

建城郡 太和十八年置,景明末罷郡置戍,永熙二年復。

領縣二

　　北平　白水

赭陽　北方城

南襄州

領郡三　縣五

西淮郡〔三〇〕

領縣二

　　鍾離　襄城

襄城郡

領縣二

　　陳陽　上馬

北南陽郡

領縣一

地形志下

二六三七

南陽

南廣州 領郡五 縣七

襄城郡 領縣一
　襄城

魯陽郡 領縣二
　冠軍　繁昌

高昌郡 領縣一
　高昌

南陽郡 領縣一

南陽

襄城郡

領縣二

扶城　南陽

郢州　領郡三　縣八

安陽郡

領縣四

城陽郡

眞陽　安陽　清陰〔五二〕　淮陰

領縣三

汝南郡

平春　義陽　義興

領縣一

地形志下

南郢州〔五三〕 領郡十二 縣二十九

上蔡

北遂安郡 領縣一

新安

馮翊郡

領縣四

山陽 彭城 城 建安

江夏郡 領縣二

屈陽 郢陽

□子郡 領縣四

南新陽　西新　北新陽　新興

香山郡

領縣二

北新安　郹陽

永安郡〔五三〕

領縣二

永安　南新興

新平郡

領縣二

□城　安城

永安郡

領縣二

劉剛　上城

宕郡

領縣三

地形志下

西新化　東平陽　安城

宜民郡

領縣三

西新安　新安　平陽

南遂安郡

領縣一

安興

□□郡

領縣三

東新市　西新市　長安

析州

脩陽郡

領郡五　縣十一

領縣二

蓋陽　脩陽

固郡

領縣三　南鄉　固

懷裏

朱陽郡

領縣二　朱陽

黃水

南上洛郡

領縣二　南上洛

單水

析陽郡

領縣二　西析陽　東析陽

校勘記

〔一〕二漢晉屬京兆　溫校：「漢志卷二八上屬『左馮翊』。」

〔二〕鄠　諸本「鄠」作「鄗」。溫校：「『鄗』當作『鄠』。」寰宇記卷五一雍州後魏太和中分萬年置鄠縣。水經注：卷一九渭水篇『渭水又東逕障縣西，蓋隴西之障徙也』。」楊校同。按「隴西之鄠」亦見卷一八渭水篇作「彰」。「郚」字乃「鄠」形近而訛，今改正。

〔三〕美陽　按下武功郡下亦有「美陽」，與此重出。武功郡美陽下注云：「二漢、晉屬扶風，眞君七年罷郡屬焉，後屬。」太和十一年置武功郡，此縣即屬武功，扶風不應又有「美陽」。觀扶風屬縣獨美陽下無注，則「美陽」當是衍文。然去之則五縣闕其一，或別脫一縣，或本有注說明重出之故，傳本脫去。

〔四〕有慈城山　溫校：「太平御覽卷四四、二〇九頁引四夷郡國縣道記：『截薛山在雲陽縣東北十里，一名慈峨山，俗云嵯峨山。』疑『城』字當爲『峨』字，形相涉而誤。」按寰宇記卷三一耀州雲陽縣巘薛山條與御覽同，唯多「王褒雲陽宮記：東有慈峨山，今士人謂之嵯峨山」。

〔五〕南由　諸本「由」作「田」。溫校：「『田』當作『由』。」元和志卷二隴州南由縣下：「『後魏孝明帝於縣西南由谷口溫引脫『口』字置。」隋志卷二九扶風郡亦作「南由」。水經注卷一七渭水篇上「逕南由縣南」。楊疏：「朱謀瑋『由』誤作『田』，全同，趙、戴改作『由』。」又云：「周書趙昶傳卷三三、兩唐志舊

〔六〕美陽二漢晉屬扶風眞君七年罷郡屬焉後屬太和十一年前美陽仍屬扶風。這裏所謂「眞君七年罷郡屬焉」，所罷者何郡？「屬焉」又屬何郡？當是「二漢、晉屬扶風」下有脫文。《唐書》卷三八、《新唐書》卷三七《地理志》一《隨州》《寰宇記》卷三二《隨州》並作「由」，而《通典》卷一七三《隨州》作「田」。按「田」字譌，今改正。

〔七〕美原廟 溫校：「『美原』疑卽『姜嫄』，形似而誤。《水經注》卷一八《渭水篇》中漦縣故城東北有姜嫄祠。《元和志》卷二《京兆下·武功》祠在武功縣西南二十二里。」楊疏於《渭水篇》此條下引《地形志》作「姜嫄廟」，無說。

〔八〕莫西 諸本「莫」作「漢」。溫校：「《隋志》卷二九《京兆郡·上宜縣》作『莫西』。《寰宇記》卷三一《乾州·好畤縣》『莫谷水』，源出高泉山，中略後魏於水西置縣，因名莫西。」此「漢」字當是「莫」字之譌。楊守敬《隋書地理志考證》卷一《京兆·上宜縣》「有舊莫西縣」條云：「考《魏書·江悅之傳》卷七一《宜武帝時封士孫天與爲莫西男》，則當以作『莫西』爲是。」按此縣又見《寰宇記》卷三一《乾州·好畤》，亦作「莫西」。「漢」字譌，今改正。

〔九〕有楡亭 《水經注》卷一七《渭水篇》上：「渭水又東南出橘亭西。」楊疏：「按《地形志略陽郡·綿諸》有『楡亭』，相其地望，卽此亭也，乃與此作『橘』異。據注下文《東亭水》『亦謂之橘水』，則亭因水得名，作

〔一〇〕太和十二年為渠州　楊校：「渠州無考，一統志卷二七七階州二仇池故城條引作『梁州』，亦無考。按魏書氐傳卷一〇一，補楊難當已於劉義隆時拜秦梁二州牧、南秦王。是時南鄭之梁州尚為宋有，魏書氏傳卷一〇一，梁州亦仍屬齊。此改為梁州者，或即以楊氏已為秦梁二州牧，因以立之。厥後夏侯道遷以南鄭降魏，故以此地為南秦州，而南鄭之梁州如故，後又於巴西置南梁州，於情事頗合。」

〔一一〕脩城郡　諸本「城」作「武」。溫、楊並引隋志卷二九順政郡作「脩城」。隋志考證云：「水經注卷二〇漾水篇漢水東南，巡脩城道南。又周書趙昶傳卷三三世宗初，鳳州人仇周貢、魏興等反，分兵圍廣業、脩城二郡。又杜杲傳卷三九世宗初，轉脩城郡守。據此則地形志作『脩武』誤也。」按楊說是，今改正。

〔一二〕柏樹　諸本「柏」作「和」，不成字，局本作「和」。溫校：「隋志卷二九順政郡水縣作『柏樹』」，元和志卷二二興州鳴水縣下同。此『和』為『柏』之誤。」按『和』當是以意改，『和』乃『柏』字形訛，今改正。

〔一三〕洛業郡　諸本「業」作「聚」。溫校：「隋志卷二九順政郡鳴水縣作『落叢』」，楊校引隋志同，云：「『叢』一作『藂』，此『洛聚』二字並脫艸頭。」按通典卷一七六興州鳴水縣下亦作「落叢」，隋書卷七四燕榮傳封「落叢郡公」。『後魏宣武帝於此置落叢郡，因落叢山為名』。

〔一四〕「洛」「落」音同通用,「聚」字當如楊說,脫艸頭,今據隋志改「叢」。

〔一五〕東晉壽郡司馬德宗置魏因之 溫校:「寰宇記卷一三五利州下:『齊明帝永泰元年分晉壽郡之安縣置東晉壽郡於烏奴北一里,即今州是也。』若晉之晉壽郡,晉志卷一四梁州後序『孝武分涪潼北界立』,宋志卷三七梁州晉壽郡下稱『晉地記:孝武太元十五年梁州刺史周馥表立』,亦非司馬德宗置」。

〔一六〕晉惠帝置 溫校:「宋志卷三七梁州晉壽郡晉壽縣『晉起居注,武帝太康元年改涪之漢壽曰晉壽。』元和志卷二二興元府利州『蜀先主改葭萌為漢壽縣,屬涪潼郡,晉改為晉壽』。按晉書卷一四地理志上梁州前序亦云『武帝太康元年改漢壽為晉壽』。但漢壽之名,疑是蜀立,云惠帝立非也。」據宋志,這裏以晉壽為惠帝置者乃是據何承天志,非魏收敘誤。

〔一七〕鎮勢山 溫校:「『鎮』當作『興』。寰宇記卷一三八洋州興勢山〈卷二二興元府洋州興勢山在興道縣北二十里。下略〉水經注〈卷二七沔水篇小成固城北百二十里有興勢坂。〉」

諸本「氐」作「氏」。溫校:「郡國志五安定郡作『烏枝』。」按漢書卷二八下地理志下安定郡「烏氏」,顏注:「氏音支。」本書卷四五韋閬附梁穎傳稱梁嵩遹封「烏氏縣開國伯」。這裏「氏」乃「氐」形近而訛,今改正。

〔一八〕涇陽前漢屬安定後漢晉罷屬後復 按所謂「後漢、晉罷屬」不知屬何郡,且既云「罷」,則當「併」

地形志下 校勘記

二六四七

〔一八〕或「入」他縣,無所謂「屬」。 疑「屬」字在「後復」下,本云:「後漢、晉罷,後復屬。」同下撫夷及新平郡爰得、三水、高平諸縣例。

〔一九〕祖居前漢罷後復屬武威 殿本考證云:「祖居,即二漢之祖厲縣也,前屬安定,後屬武威。注『前漢屬』下似脫『安定』二字,衍『罷』字,又訛『後漢』『漢』字爲『復』字。」按無「安定」二字,似前漢已有隴東郡,『祖厲屬之』,豈非大謬。考證云脫『安定』二字是。但所云「罷、後復,屬武威」即指後漢復,兩漢間或曾罷縣,魏收別有所據,不一定衍訛。

〔二〇〕趙平郡 諸本「趙」作「隨」。溫校:「隋志卷二九安定郡鶉觚縣作『趙平』,又考靈徵志卷一一二年『趙平郡上言鶉觚縣木連理』。此『隨』字誤。」楊校引元和志卷三涇州靈臺縣、寰宇記卷三四邠州宜祿下、輿地廣記卷一五涇州靈臺縣並作「趙平郡」,證此志「隨」字爲「趙」之訛。

〔二一〕鶉觚前漢屬北地後漢晉屬安定後屬諸本「觚」作「鶉」,「北地」作「山城」,句末無「屬」字。此誤校:「縣,前漢曰鶉孤,屬北地,續漢志郡國志五涼州安定郡、晉志卷一四雍州馮翊郡『孤』作『觚』。『觚』爲『鶉』,又誤『北地』爲『山城』,『後』下脫『屬』字。」按楊說是,今從改補。

〔二二〕有□孤原亭 按寰宇記卷三四邠州宜祿縣下云:「鶉觚原一名淺水原。」「孤」上當是「鶉」字。「亭」連上讀,也可能上有脫文。

〔二三〕東縈　溫校:「當作『東陰縈』。」無說。按元和志卷三邠州宜祿縣下云「後魏爲東陰槃縣」，寰宇記卷三四宜祿縣下引周地圖記云「後魏孝明熙平二年析鶉觚縣置東陰槃縣」。則此志「東」下當有「陰」字。

〔二四〕有瓦亭　諸本「瓦」作「凡」。按水經注卷一七渭水篇上云:「隴水『東北出隴山，其水西流，右逕瓦亭南。隗囂聞略陽陷，使牛邯守瓦亭，即此亭。一水亦出隴山，東南流，歷瓦亭北，又西南合爲一水，謂之瓦亭川』。」楊疏，熊會貞據上引條謂此志「凡」乃「瓦」之訛。元和志卷三涇州平高縣、卷三九秦州隴城縣並有「瓦亭故關」，寰宇記卷三三原州平高縣下同元和志。溫校亦云:「『凡亭』爲『瓦亭』之訛。」今改正。

〔二五〕涇陽　溫校:「『涇陽』下脫『城』字。」元和志卷三原州涇陽故城在平涼縣西四十里。楊校:「元和志卷三九今河州卽漢金城縣之枹罕縣也。又云:『太和十六年，改枹罕鎮爲河州。』此後魏河州治枹罕城。」錢氏考異卷三〇云:「按乞伏國仁嘗自稱河州牧，當云『乞伏乾歸置』。『有』蓋『乞』之訛。」

〔二六〕河州有伏乾歸二字

〔二七〕治枹罕　諸本「枹罕」作「抱至」。溫、楊並云「抱至」爲「枹罕」之訛。『抱至』爲『枹罕』之誤，又脫『城』字。」按「抱至」顯訛，今改正。下亦當有「城」字，但他處也多此例，今皆不補。

〔二八〕縣十四 按合計諸郡所領縣只十一,「四」字當訛。

〔二九〕後漢建武十三年□隴西 百衲本所闕字作「抈」,不成字。諸本空格或注「闕」字。溫校:「據元和志卷三九蘭州當是『省入』二字。」楊校亦引元和志,云「此乃闕『併』字也」。按所闕止一字,疑楊說是,但與百衲本訛字不類,今從諸本空格。

〔三〇〕葦州 溫校:「隋志卷三九枹罕郡下作『葦川』。考水經注卷二河水篇二『洮水又北出門峽,歷東歷川戴本「東歷」作「未厭」,溫乃用趙本,葦川水注之。』蓋縣以水名也。」楊校同。

〔三一〕南安陽郡 錢氏考異卷三〇云:「此『陽』字疑衍。隋志:卷二九隴西郡隴西縣舊曰內陶卽中陶,置南安郡。」按元和志卷三九渭州隴西縣條云:「本漢獂道縣也,屬天水郡,後漢末于此置南安郡。」晉書卷一四秦州有南安郡,統獂道、新興、中陶三縣。「獂」音「桓」。今此南安陽郡統桓道、中陶二縣,則郡必因漢晉舊置,何以忽加「陽」字,當如錢說是衍文。

〔三二〕宜盛 楊校:「兩漢、魏、晉武威郡並有『宜威縣』,此作『宜盛』,以形近致誤。」

〔三三〕臨松郡 諸本「杜」下注一作「社」。楊校:「寰宇記卷一五二涼州『後魏太和中置臨松郡,故城在臨松山下。』則『杜』『社』皆『松』字之誤。」按隋書卷三九張掖郡張掖縣云:「又有臨松縣,後周廢,有甘峻山、臨松山。」晉書卷一四地理志上涼州後序云:「張天錫又別置臨松郡。」則魏當因前涼舊名。「杜」「社」並「松」之訛。

〔三四〕掯次 諸本下有注云:「本作『撮沙』,又作『掯次』。」晉書卷一四地理志上涼州武威郡下作「揝次」。錢氏考異卷一九云:「當作『揝次』,漢隸『胥』『且』二字文相亂,故訛爲『揝』。」按漢書卷二八下地理志下、續漢書郡國志五武威郡下並作「揝次」,此志傳本不誤。

〔三五〕台城 溫校:「通鑑注引作『治城』。」

〔三六〕太和十一年分秦州之華山澄城白水置 按華山等三郡當本屬治蒲坂之「泰州」,「泰」訛「秦」,見下校記〔四〇〕。

〔三七〕潼關 諸本「潼」作「濕」。溫校引元和志卷二華州華陰下「潼關」條,楊校引左傳文十三年杜注「桃林在華陰縣東潼關」條,證此「濕關」爲「潼關」之訛。按華陰下舉關塞,無不舉「潼關」之理,「潼關」也不聞別名「濕關」,必是形近而訛,今改正。

〔三八〕延興二年爲三縣鎮 百衲本「鎮」作「樅」,南本以下諸本「縣」下旁注「疑」字。溫校引元和志云「後魏延興二年爲三縣鎮」,他本逕注「疑」字即引此志文。當是「鎮」字殘缺,後人旁注「疑」字,與殘存筆畫相合,訛作「樅」。今據元和志卷三寧州序當作「三縣鎮」。

〔三九〕廣武前漢屬太原後漢屬雁門後屬 溫校:「此注已見上卷雁門郡廣武縣下。」又引通鑑注以此注爲誤。按雁門之廣武在今山西代縣境內,此廣武在今陝西延安境內,相距遙遠。隋書卷二九延安郡豐林縣下云:「後魏置曰『廣武』,及偏城郡。」元和志卷三延州豐林縣下云:「本漢高奴縣

〔二〇〕地,後魏孝文帝置廣武縣,屬偏城郡。

泰州神䴥元年置雍州延和元年改太和中罷天平初復後陷 諸本「泰」作「秦」。錢氏考異卷三〇云:「上略延和元年改雍州為秦州,其時赫連定甫平,秦州初入版圖,豈有復置秦州之理?予積疑者數載。後讀食貨志卷一一〇稱:『幷、肆、汾、建、晉、泰、陝、東雍、南汾九州,靈徵志卷一一〇天平四年泰州井溢,太和二年泰州獻五色狗』,薛辯傳卷四二贈都督冀、定、泰三州諸軍事;出帝紀:卷一二泰州刺史万俟普撥,又齊書莫多婁貸文傳卷一九仍為汾、陝、東雍、晉、泰五州大都督;周書薛端傳:卷三五高祖謹,泰州刺史,侯植傳:卷二九父欣,泰州刺史。史言泰州者多矣,而地形志無之。乃悟蒲坂之秦州當為『泰州』之訛,字形相涉,讀史者不能是正,非一日矣。」溫校:「北史魏宗室傳,卷一五常山王遵傳贊弟淑,孝文時為河東太守,為之謠曰:『泰州河東,杼軸代舂。』連下所屬河東郡書之,『更明』。」楊校:「隋太僕卿元公墓誌:曾祖忠,為相,太二州刺史。『太』『泰』往往通用,亦後魏有泰州之證。」又墓誌集釋有蕭宗充華盧令璦墓誌圖版三七,稱:「祖淵,夫人李氏,父孝伯,平西將軍、泰州刺史。」集釋卷二跋此誌以為魏書李孝伯傳卷五三作「秦州」,傳誤而誌是。今按錢氏所引諸條,其中也或有「秦」訛「泰」的,如出帝紀之泰州刺史万俟普撥便是,見卷一一校記〔二〕但結論是可信的。

元、盧二誌,當時石刻,足為堅證。元誌「泰」作「太」,也見於其他史籍碑刻。本書卷四四薛野䐗傳,北齊書卷一七斛律金傳、卷二〇薛脩義傳,文館詞林卷六六二

北齊文宣帝征長安詔，山右石刻叢編卷二六周故譙郡太守曹□□□□碑，均作「太州」，而觀其地望，征長安詔和曹□□□□碑皆確指蒲坂。「泰」「太」同音通用，若本作「秦」，音形皆殊，何以史籍碑誌都有「太州」記載？此州應作「泰州」無疑。

但水經注卷四河水篇，酈注於經文「又南過蒲坂西」下云：「魏秦州刺史，太和遷都罷。」故楊疏爲酈注解釋，以爲志稱延和元年改秦州，後又改泰州，涉及考證，今不具論。但李孝伯出爲泰州刺史，據本傳在興安二年四五三名泰州，此州都名泰州。至魏末復置，則「泰」或「太」屢見於齊、周書及文館詞林所載北齊討長薛野䐗之爲太州刺史，在和平中四六〇──四六五，則至遲元濬統治時直到元宏太和十八年四九四遷都，此州都名泰州。此志本以所謂「永熙綰籍」卽北魏末年的州郡爲準，卽使延和元年曾爲秦州，按之志例，也不應不標「泰州」，而遠取百年前久廢之故名。則此「秦州」必爲「泰州」之訛，非如楊說，按志與水經注都只是略去改泰州事而已。今改正。

〔一〕 安詔。 錢氏考異卷三〇云：「當云『太和十八年罷』，蓋遷洛之後，以畿內罷州也。」

〔二〕 八年罷 錢氏考異卷三〇云：「當作『太和十八年』，字誤。」按志中洛州條注云：「太宗置，太和十七年改爲司州。」太和十一年洛陽尙名洛州，不得此州又改洛州，錢說是。

〔三〕 領郡三 按下只有河東、北鄕二郡，二郡領縣七，和總數相符，知非脫一郡。「三」當是「二」之訛。

〔四〕 太和十一年改

〔四四〕高東祠　楊校：「『御覽』卷四三一二〇六頁引高士傳：『高車山上有四皓碑及祠，皆漢惠帝所立也。』漢高后使張良迎四皓之處，因名『高車山』。此『東』爲『車』之誤。」溫校同，唯未注明引自御覽。

〔四五〕有清水　按南陽一帶較大之水只有『清水』，水經注卷三一清水篇稱清水「又南逕宛城東」。元和志卷二一鄧州南陽縣，新野縣並有「清水」，別無所謂「清水」。唯寰宇記卷一四二鄧州南陽縣下引隋圖經有「清水」，而所經流獨山、史定伯碑、瓜里津等並同清水篇，明是一水。雖也可能「清水」一名「清水」，但諸地志所未言，疑「清」爲「清」字形訛。

〔四六〕羊角　殿本考證云：「『羊角』下疑有脫字。」

〔四七〕有涅　殿本考證云：「以縣在涅水之陽，故名。」『有涅』之下，當有「水」字。楊校引水經注淯水篇卷三一涅水「東南逕涅陽縣故城西。」應劭曰：在涅水之陽矣」。亦云：「當作『有涅水』。」

〔四八〕北清郡　錢氏考異卷三〇云：「『清』當作『清』。肅宗紀：卷九孝昌元年十一月詔『北清縣危，南陽告急』。」楊大眼傳：卷七三出爲荊州刺史，北清郡嘗有虎患，大眼搏而獲之。」按「北清」以清水得名，錢說是。

〔四九〕國　錢氏考異卷三〇云：「『國』當作『圍』，字之訛也。」宋志卷三七雍州之弘農郡寄治五壟，領邯鄲、圍、盧氏三縣。」按南齊書卷一五州郡志雍州弘農郡同。「國」當是「圍」之訛。

〔五〇〕西淮郡　溫校：「『隋志』卷三〇春陵郡湖陽縣下作『西淮安郡』。」

〔五一〕清陰　諸本下有注「一本作『清丘』」。

〔五二〕南郢州　楊校云：「前已有南郢州，治赤石關。此州在郢州之西，當作『西郢州』。隋志卷三〇淮安郡比陽『比陽故城置西郢州，西魏改曰鴻州』，卽此也。」

〔五三〕永安郡　錢氏考異卷三〇云：「南郢州所領十二郡，今刊本殘缺，失其二。又有兩永安郡，所領縣各不同，而不加東、南、西、北以別之。六朝郡縣僑置，雖多重複，然一州領郡若干，未有同名者。獨南廣州有兩襄城與此兩永安，皆可疑。」

魏書卷一百七上

律曆志三上第八

大聖通天地之至理，極生民之能事，體妙繫於神機，作範留於器象。然則制物成法，故冥賾可尋；推變有因，而化生以驗。昔黃帝採竹昆崙之陰，聽鳳岐陽之下，斷自然之物，寫自然之音。音既協矣，黃鍾以立；數既生矣，氣亦徵之。於是乎備數、和聲、審度、嘉量、權衡之用，皆出於茲矣。三古所共行，百王不能易。漢孝武置協律之官，元帝時京房明六十律，事為密矣。王莽世，徵天下通鍾律之士，劉歆總而條奏之，最為該博，故班固取以為志。後漢待詔嚴崇頗為知律，至其子宣不傳，遂罷。魏世杜夔亦以通樂制律，晉中書監荀勗持夔律校練八音，以謂後漢至魏尺長古尺四分有餘。又得古玉律，勗以新律命之，謂其應合，遂改晉調，而散騎侍郎阮咸譏其聲高。永嘉以後，中原喪亂，考正鍾律，所未聞焉。其存於夷裔，聲器而已。

魏氏平諸僭偽，頗獲古樂。高祖慮其永爽，太和中詔中書監高閭修正音律，久未能定。

閭出爲相州刺史,十八年,閭表曰:『書稱『同律度量衡』,論云『謹權量,審法度』。此四者乃是王者之要務,生民之所由。四者何先?以律爲首。豈不以取法之始,求天地之氣故也。孔子曰:『移風易俗,莫尚於樂。』然則樂之所感,其致遠矣。今調音制樂,非律無以克和,然則律者樂之本也。臣前被敕理樂,與皇宗博士孫惠蔚、太樂祭酒公孫崇等考周官、國語及後漢律曆志,案京房法作準以定律,吹律以調絲,案律寸以孔竹,八音之別,事以粗舉。書既三奏,備在前文。臣年垂七十,日就衰頹,恐一朝先犬馬,竟無絲髮之益,使律法長絕,遺恨沒世,是以慺慺惓惓,不敢忘怠。近在鄴見崇,臣先以其聰敏精勤,有挈瓶之智,雖非經國之才,頗長推考之術,故臣舉以教樂,令依臣先共所論樂事,自作鍾磬志議二卷,器數爲備,可謂世不乏賢。今崇徒教樂童書學而已,不恭樂事,臣恐音律一曠,精賞實難,習業差怠,轉乖本意。今請使崇參知律呂鍾磬之事,觸類而長之,成益必深。求持臣先所奏三表,勘後漢律曆志,陛下親覽,以求厥衷,俱然易了。又著作郎韓顯宗博聞強識,頗有史才,粗解音律,亦求令崇以時往參知。臣雖在外官,竊慕古人舉善之義,愚意所及,不能自己,雖則越分,志在補益,願不以言廢人。』詔許之。

景明四年,并州獲古銅權,詔付崇以爲鍾律之準。永平中,崇更造新尺,以一黍之長,累爲寸法。尋太常卿劉芳受詔修樂,以秬黍中者一黍之廣即爲一分,而中尉元匡以一黍之

廣度黍二縫，以取一分。三家紛競，久不能決。太和十九年，高祖詔，以一黍之廣，用成分體，九十黍之長，以定銅尺。有司奏從前詔，而芳尺同高祖所制，故遂典修金石。迄武定末，未有諳律者。

曆者數之用，探靈測化，窮微極幽之術也。所以上齊七政，下授萬方。自軒轅以還，迄於三代，推元革統，厥事不一也。秦世漢興，曆同顓頊，百有餘年，始行三統。後漢孝章世改從四分，光和中易以乾象，魏文時用韓翊所定，至明帝行楊偉景初，終於晉朝，無所改作。司天測象，今古共情，啟端歸餘，為法不等，協日正時，俱有得失。太祖天興初，命太史令晁崇修渾儀以觀星象，仍用景初曆。歲年積久，頗以為疏。世祖平涼土，得趙㪍所修玄始曆，後謂為密，以代景初。眞君中，司徒崔浩為五寅元曆，未及施行，浩誅，遂寢。高祖太和中，詔祕書鍾律郎上谷張明豫為太史令，修綜曆事，未成，明豫物故。

世宗景明中，詔太樂令公孫崇、太樂令趙樊生等同共考驗。正始四年冬，崇表曰：「臣頃自太樂，詳理金石，及在祕省，考步三光，稽覽古今，研其得失。然四序遷流，五行變易，帝王相踵，必奉初元，改正朔，殊徽號，服色，觀于時變，以應天道。故易，湯武革命，治曆明

時。是以三五迭隆，曆數各異。伏惟皇魏紹天明命，家有率土，戎軒仍動，未遑曆事，因前魏景初曆，術數差遠，不協晷度。世祖應期，輯寧諸夏，乃命故司徒、東郡公崔浩錯綜其數。浩博涉淵通，更修曆術，兼著五行論。是時故司空、咸陽公高允該覽羣籍，贊明五緯，並述洪範。然浩等考察未及周密，高宗踐祚，乃用敦煌趙𢾺甲寅之曆，然其星度，稍爲差遠。臣輒鳩集異同，研其損益，更造新曆。以甲寅爲元，考其盈縮，晷象周密，又從約省。起自景明，因名景明曆。然天道盈虛，豈曰必協，要須參候是非，乃可施用。太史令辛寶貴職司玄象，頗閑祕數；祕書監鄭道昭才學優贍，識覽該密，長兼國子博士高僧裕乃故司空允之孫，世綜文業；尚書祠部郎中宗景博涉經史，前兼尚書郎中崔彬微曉法術：請此數人在祕省參候。而伺察晷度，要在冬夏二至前後各五日，然後乃可取驗。臣區區之誠，冀效萬分之一。」詔曰：「測度晷象，考步宜審，可令太常卿芳率太學、四門博士等依所啓者，悉集詳察。」

延昌四年冬，侍中、國子祭酒領著作郎崔光表曰：「易稱『君子以治曆明時』；書云『曆象日月星辰』，『廼同律度量衡』；孔子陳後王之法，曰『謹權量，審法度』，春秋舉『先王之正時也』，『履端於始』，又言『天子有日官』。是以昔在軒轅，容成作曆，洎乎帝唐，羲和察影。皆所以審農時而重民事也。及遷中京，臣自博士遷著作，忝司載述，時舊鍾律郎張明豫推步曆法，治己丑元，草創未備。未幾喪亡，所造致廢。臣中修史，景明

初奏求奉車都尉、領太史令趙樊生,著作佐郎張洪,給事中、領太樂令公孫崇等造曆,功未及訖,而樊生又喪,洪出除涇州長史,唯崇獨專其任。暨永平初,云已略舉。時洪府解停京,又奏令重修前事,更取太史令趙勝、太廟令龐靈扶、明豫子龍祥共集祕書,與崇等詳驗,推建密曆。然天道幽遠,測步理深,候觀遷延,歲月滋久,而崇及勝前後並喪。洪所造曆爲甲午、甲戌二元,又除豫州司馬。靈扶亦除蒲陰令。洪至豫州,續造甲子、己亥二元。唯龍祥在京,獨修前事,以皇魏運水德,爲甲子元。兼校書郎李業興本雖不預,亦和造曆,爲戊子元。三家之術並未申用。故貞靜處士李謐私立曆法,言合紀次,求就其兄瑒追取,與洪等所造,遞相參考,以知精粗。臣以仰測晷度,實難審正,又求更取諸能算術兼解經義者前司徒司馬高綽、駙馬都尉盧道虔、前冀州鎮東長史祖瑩、前幷州秀才王延業、謁者僕射常景等日集祕書,與史官同檢疏密;幷朝貴十五日一臨,推驗得失,擇其善者奏聞施用。限至歲終。但世代推移,軌憲時改,上元今古,考準或異,故三代課步,始卒各別。臣職預其事,而朽惰已甚,旣謝運籌之能,彌愧意算之藝,由是多歷年世,茲業弗成,公私負責,俯仰慚靦。」

靈太后令曰:「可如所請。」

延昌四年冬,太傅、清河王懌,司空、尚書令、任城王澄,散騎常侍、尚書僕射元暉,侍中、領軍、江陽王繼奏:「天道至遠,非人情可量;曆數幽微,豈以意輒度。而議者紛紜,競起

端緒,爭指虛遠,難可求衷,自非建標準影,無以驗其眞僞。頃永平中雖有考察之利,而不累歲窮究,遂不知影之至否,差失少多。臣等參詳,謂宜今年至日,更立表木,明伺晷度,三載之中,足知當否。令是非有歸,爭者息競,然後採其長者,更議所從。」

神龜初,光復表曰:「《春秋》載『天子有日官,諸侯有日御』,又曰『履端於始』,『歸餘于終』,皆所以推二氣,考五運,成六位,定七曜,審八卦,立三才,正四序,以授百官于朝,萬民于野。陰陽剛柔,仁義之道,罔不畢備。由是先代重之,垂於典籍。及史遷、班固、司馬彪著立書志,所論殊術。其消息盈虛,覘步疏密,莫得而識焉。去延昌四年冬,代,歷祀數千,軌憲不等。謹案曆之作也,始自黃帝,辛卯爲元,迄于大魏,甲寅紀首,十有餘中堅將軍、屯騎校尉張洪,故太史令張明豫息盪寇將軍龍祥,校書郎李業興等三家並上新曆,各求申用。臣學缺章程,藝謝籌運,而竊職觀閣,謬忝厥司,奏請廣訪諸儒,更取通數兼通經義者及太史,並集祕書,與史官同驗疏密,藝謝籌運,而竊職觀閣,謬忝厥司,奏請廣訪諸儒,更取通數兼用。奉詔聽可。時太傅、太尉公、清河王臣懌等以天道至遠,非卒可量,請立表候影,期之三載,乃採其長者,更議所從。又蒙敕許。於是洪等與前鎭東府長史祖瑩等研窮其事,爾來三年,再歷寒暑,積勤構思,大功獲成。謹案洪等三人前上之曆,並駙馬都尉盧道虔、前太極採材軍主衛洪顯、殄寇將軍太史令胡榮及雍州沙門統道融、司州河南人樊仲遵、定州

鉅鹿人張僧豫所上,總合九家,共成一曆,元起壬子,律始黃鍾,考古合今,謂爲最密。昔漢武帝元封中治曆,改年爲太初,即名太初曆;魏文帝景初中治曆,即名景初曆。伏惟陛下道唯先天,功邁稽古,休符告徵,靈蔡炳瑞。壬子北方,水之正位;龜爲水畜,實符魏德;修母子應,義當麟趾。請定名爲神龜曆。今封以上呈,乞付有司重加考議。事可施用,幷藏祕府,附於典志。」肅宗以曆就,大赦改元,因名正光曆,班於天下。其九家共修,以龍祥、業興爲主。

壬子元以來,至魯隱公元年歲在己未,積十六萬六千五百七,算外;入甲申紀來,至隱公元年己未,積四萬五千三百七,算外。

壬子元以來,至今大魏正光三年歲在壬寅,積十六萬七千七百五十,算外;壬子歲入甲申紀以來,至今孝昌二年歲在丙午,積四萬六千五百五十四,算外。從壬子元以來,至今大魏孝昌三年歲次丁未,積十六萬六千七百五十六,算上;壬子歲入甲申紀以來,[一]至今大魏孝昌三年歲次丁未,積四萬六千五百五十六,算上。

章歲,五百五。古十九年七閏,閏餘盡爲章。積至多年,月盡之日,月見東方,日蝕先晦,輒復變曆,以同天象。故先儒及緯文皆言「三百年斗曆改憲」。候天減閏,五百五年減閏餘一,九千二百年多一日,三百年多一日半,晦朔失。

五百九十五年減一閏月,則從僖公五年至今,日蝕不失晦與二日,合朔者多。閏餘成月,餘盡爲章奇,謂爲最近。一百一十三歲減□日,減之太深,是以三十餘年改徙四子也。

斗分,一千四百七十七。四分度法得一千五百一十五,爲古法。今減三十八者,從僖公五年以來減七日有

蔀法,六千七百六十。十二章爲一蔀。五百五年所有月之小餘成日,爲度法。

章月,六千二百四十六。五百五年閏月之數,其中減舊十九分之一。

章閏,一百八十六。五百五年至今,日蝕不失晦與二日,合朔者多。

紀法,六萬六百。十蔀成紀,大餘十也。

統法,十二萬一千二百。二紀成統,大餘二十。

元法,三十六萬三千六百。三統成元,大餘盡。

日法,七萬四千九百五十二。十二乘章月爲日法。章月,一年之閏分。

周天分,二百二十一萬三千三百七十七。以度法通三百六十五度,內斗分。

氣法,二十四。歲中十二,一年十二次,[二]次有初中,分爲二十四。

經月,大餘二十九,小餘三萬九千七百六十九。日法除周天分得之。日法者一蔀之月數,周天分者

一蔀之日數。以蔀月除蔀日,[三]得一月二十九及餘,是周天分卽爲月通。

會數,百七十三,餘二萬三千二百八。五月二十三分月之二十爲一會。以二十三乘五月,內二十,得一

會通,一千二百九十八萬九千六百四。以日法乘會數,內會餘。

周日,二十七,餘四萬一千五百六十二。

通周,二百六十六萬五千二百六十六。日法乘周日二十七,內周餘。

小周,六千七百五十一。月一日行十三度,乘章歲,內章閏也。

月周,八萬一千一百一十二。以十二乘小周即得,與度同。

百三十五,以乘周天分。以二十三乘日法除之,得一百七十三及餘。

推月朔術第一

推積月術曰:置入紀年,算外,以章月乘之,如章歲為積月,不盡為閏餘。閏餘滿三百一十九以上,其歲有閏。

推朔積日術曰:以通數乘積月,為朔積分,分滿日法為積日,不盡為小餘。六旬去積日,不盡為大餘。命以紀,算外,則所求年天正十一月朔日。

推上下弦望術曰:加朔大餘七、小餘二萬八千六百八十、小分一,小分滿四,從小餘;小餘滿日法,從大餘一;大餘滿六十,去之,即上弦日。又加,得望;又加,得下弦;又加,得後月朔。

推二十四氣術第二

推二十四氣術曰：置入紀年以來，算外，以餘數乘之為實。以蔀法除之，所得為積沒，不盡為小餘。以六旬去積沒，不盡為大餘。命以紀，算外，所求年天正十一月冬至日。求次氣，加大餘十五、小餘一千三百二十四、小分一，小分滿氣法二十四，從小餘一；小餘滿蔀法，從大餘一；大餘滿六十，去之，命如上，即次氣日。

推閏術曰：以閏餘減章歲五百五，餘以歲中十二乘之。滿章閏一百八十六，得一月；餘半法已上，亦得一月。數從天正十一月起，算外，閏月月也。閏有進退，以無中氣為正。

冬至十一月中　　　　小寒十二月節　　　　大寒十二月中

雨水正月中　　　　　驚蟄二月節　　　　　春分二月中

穀雨三月中　　　　　立夏四月節　　　　　小滿四月中

夏至五月中　　　　　小暑六月節　　　　　大暑六月中

處暑七月中　　　　　白露八月節　　　　　秋分八月中

霜降九月中　　　　　立冬十月節　　　　　小雪十月中

　　　　　　　　　　　　　　　　　　　　大雪十一月節

推交會術第三〔四〕

推合朔交會月蝕去交度術曰：置入紀朔積分，又以交會差分并之，今用甲申紀，差分七百四十一萬八千七百八十四也。以會通去之，所得為積交，餘不盡者，以日法除之，所得為度餘，即所

求年天正十一月朔却去交度及餘。

　求次月去交度術曰：加度二十九日、度餘三萬九千七百六十九，除如上，則次月去交度及分。

　求望去交度術曰：加度十四日、度餘五萬七千三百六十半，度餘滿日法從度，滿會數去之，亦除其餘；餘若不足減者，減度一，加會虛，則望去交度及分。朔望去交度分如朔望合數十四度、度餘五萬七千三百六十半已下，入交限數一百五十八度、度餘四萬七百九十半以上者，朔則交會，望則月蝕。

甲子紀合朔日月如合璧，交中。		
甲戌紀合朔月在日道裏。	交會差四十九	度餘三萬六千七百四十四
甲申紀合朔月在日道裏。	交會差九十八	度餘七萬三千四百八十八
甲午紀合朔月在日道裏。	交會差一百四十八	度餘三萬五千二百八十[五]
甲辰紀合朔月在日道表。	交會差二十四	度餘四萬八千八百一十六
甲寅紀合朔月在日道裏。	交會差七十四	度餘一萬六千八

　求交道所在月：以十一月朔却去交度及餘，減會數及餘，餘若不足減者，減一度，加日法，[六]乃減之。乃以十一月朔小餘加之，滿日法，除去之，從日一，餘爲日餘。命起往年十

一月,如曆月大小除之,不滿月者爲入月,算外,交道日。交在望前者,其月朔則交會,望則月蝕,交在望後者亦其月月蝕,後月朔則交會。交正在望者,其月月蝕旣,前後朔皆交會;交正在朔者,日蝕旣,前後望皆月蝕。

求後交月及日:以會數及餘加前入月日及餘,滿日法,從日一,如曆月大小除之,命起前蝕月,得後交月及日。

推月在日道表裏術曰:置入紀朔積分,又以紀交會差分加之,〔今用甲申紀〔七〕交會差分七百四十一萬八千七百八十四。〕倍會通,去之。餘不滿會通者:紀首裏者,則天正十一月合朔,月在日道裏,紀首表者,則月在表。若滿會通者:紀首表者,則月在裏,紀首裏者,則月在表。其滿會通者去之,餘如日法而一,卽往年天正十一月朔却交度及餘。以南爲表,北爲裏。

却去交度及餘減會數及會餘,會餘若不足減者,減一度,加日法乃減。餘爲前去度及餘。

〔八〕又以十一月朔小餘加之,滿日法從度一。命起十一月,如曆月大小除之,不滿月者爲入月日及餘,算外,交道日。若十一月朔月在日道裏者,此交爲出外,後交爲入內;十一月朔在表者,此交爲入內,後交爲出外。一出一入,常法也。

其交在朔後望前者,朔,月在日道表裏與十一月同,望則反矣。若先交會後月蝕者,朔,月在日道裏;望,在表。朔在表,則望在裏。

若交在望後朔前者,望與十一月同,後月朔則異矣。若先月蝕後交會者,望在表則朔在裏也。望在裏則朔在表矣。

推交會起角術曰：其月在外道，先會後交者，虧從東南角起；先交後會者，虧從西南角起。其月在內道，先會後交者，虧從西北角起；先交後會者，虧從西北角起。合交中者，蝕之既。其月蝕在日之衝，起角亦如之。凡日月蝕，去交十五爲限，十以下是蝕也，十以上，虧蝕微少，光影相接而已。

推蝕分多少術曰：置入交限十五度，以朔望去交日數減之，餘則蝕分。

推合朔入曆遲疾盈縮第四

推合朔入曆遲疾術曰：置入紀以來朔日積分，又以紀遲疾差分并之。今用甲申紀，遲疾差分一百八十一萬九千七百九十二。[九]以通周如一爲積周，不盡者以日法約之，爲日，不盡爲日餘。命日算外，卽所求年天正十一月合朔入曆日。

甲子紀　　遲疾差二十四日　日餘六萬三千五百六十八

甲戌紀　　遲疾差二十四日　日餘四萬二千二百五十六

甲申紀　　遲疾差二十四日　日餘二萬九百四十四

甲午紀　　遲疾差二十三日　日餘七萬四千五百八十四[一〇]

甲辰紀　　遲疾差二十三日　日餘五萬三千二百七十二

甲寅紀　　遲疾差二十三日　日餘三萬一千九百六十

求次月入曆日術曰：加一日、日餘七萬三千一百五十九，日餘滿日法從日，日滿二十七去之，亦除餘如周日餘；日餘若不足，減一日，加周虛。日滿二十七而餘不滿周日日餘者，為入曆值，周日法滿去之，為入曆一日。

求望入曆術曰：加十四日、日餘五萬七千三百六十半。又加，得後月曆日。

月行遲疾度及分

	損益率	盈縮幷	盈縮積分
一日十四度 三百六十一	益六百八十	盈初	
二日十四度 三百分	益六百一十九	盈縮積	
三日十四度 二百三十六	益五百五十	盈六百八十	盈積分七千五百五十
四日十四度 一百七十一分〔二〕	益四百九十	盈一千二百九十九	盈積分一萬四千四百二
五日十四度 九十九分	益四百一十八	盈一千八百五十四	盈積分二萬五百八十四
六日十三度 四百七十一	益二百八十五	盈二千三百四十四	盈積分二萬六千二百四
		盈二千七百六十二	盈積分三萬六千六百一十五

七日十三度 二百六十六　　益八十
分
八日十三度六十一分　　損一百二十五　　盈積分三萬三千八百二十九〔三〕
九日十二度 四百三十九　　損二百五十二　　盈積分三萬四千七百一十七
分〔一四〕
十日十二度 三百三十八　　損三百五十三　　盈積分三萬三千五百三十二
分　　　　　　　　　　　　　　　　　　　　　　　十九
十一日十二度 二百三十　　損四百五十四〔一五〕盈積分三萬六百一十
七分　　　　　　　　　　　　　　　　　　　　　　十二
十二日十二度 一百三十　　損五百五十五　　盈積分二萬一千五百七百四十
六分　　　　　　　　　　　　　　　　　　　　　　十二
十三日十二度 三十五分　　損六百五十六　　盈積分一萬五千四百三八十八
　　　　　　　　　　　　　　　　　　　　　　　　一十〔一六〕
十四日十一度 四百六十　　損七百三十二〔一七〕盈積分八千一百二十七

律曆志上　　　　　　　　　　　　　　　　　　　　　　　　　　　　二六七一

四分

十五日十二度三十六分　益六百五十五

十六日十二度一百九分[八]　益五百八十二　縮六百五十五

十七日十二度一百八十九分　益五百二　縮初

十八日十二度二百九十分　益四百一　縮一千二百三十七　縮積分七千二百七十[一九]

十九日十二度三百九十二分[三]　益二百九十九　縮一千七百三十七　縮積分一萬三千七百三十[一九]

二十日十二度四百九十六分　益一百九十五　縮二千四百三十九　縮積分一萬九千三百十四

二十一日十二度一百十八分　益六十八　縮二千六百三十四　縮積分二萬三千七百七十九

二十二日十三度二百　損五十七　縮二千七百二　縮積分二萬九千二百四十十四[三三]

縮積分二萬九千九百九

四十三分〔二三〕　　損二百二　　縮二千六百四十五　縮積分二萬九千三百六　十九

二十三日十三度三百　　損二百二　　縮二千六百四十五　縮積分二萬九千三百六
八十八分

二十四日十四度二十　損三百四十八　縮二千四百四十三　縮積分二萬七千一百二
九分　　　　　　　　　　　　　　　　　　　　　　　　　十三

二十五日十四度一百　損四百九十三　縮二千九十五　　縮積分二萬三千二百五
　　　　　　　　　　　　　　　　　　　　　　　　　　十九

二十六日十四度二百　損六百六　　　縮一千六百二　　縮積分一萬七千七百八
八十七分〔二四〕　　　　　　　　　　　　　　　　　　　十六

二十七日十四度三百　損六百三十一　縮九百九十六　　縮積分一萬一千五十
一十二分〔二五〕　　　　　　　　　　　　　　　　　　　八〔二六〕

周日十四度　三百三十九　損六百五十　縮三百六十五　縮積分四百五十二
　　　　　　　　　　　　小分九千
分小分九千六百八十四　　六百八十四分

推合朔交會月蝕定大小餘術曰：以入曆日餘乘所入曆下損益率，以小周六千七百五十
一除之，所得以損益盈縮積分，爲定積分。〔二七〕值盈者，以減本朔望小餘；值縮者，加之。加

之滿日法者,〔二八〕交會加時在後日。減之,不足減者,減上一日,加下日法乃減之,交會加時在前日。月蝕者,隨定大小餘爲定日加時。

推加時術曰:以時法六千二百四十六除定小餘,所得命以子起,算外。朔望加時有餘不盡者,四之,如法得一爲少,〔二九〕二爲半,三爲太半。又有餘者,三之,如法得一爲強,半法以上排成之,不滿半法棄之。以強并少爲少強,并半爲半強,并太爲太強,得二強者爲少弱,以之并少爲半強,〔三〇〕以之并半爲太弱。以之并太爲一弱,隨所在辰命之,則其強弱。日之衝爲破,月常在破下蝕。

入曆值周日者術曰:以周日日餘乘損率,〔三一〕以周日度小分并。又以入曆日餘乘之爲實,以小周乘周日日餘爲法,實如法得一,以減縮積分。

推日月合朔弦望度術第五

推日度術曰:置入紀朔積日,以日度法乘之,滿周天去之,餘滿日度法爲度,不盡爲餘。命度起牛前十二度,牛前十二度,在斗十五度也。宿次除之,不滿宿者,算外,即天正十一月朔夜半日所在度。

推日度又法,術曰:置周天三百六十五度、斗分一千四百七十七,以冬至去朔日數減

一,餘以減周天度,冬至小餘減斗分,不足減者,減度一,加日度法,乃減之。命起如上,即所求年天正十一月朔日夜半日所在度。

求次月日所在度術曰:月大加三十度,月小加二十九度,求次日加一度,宿次除之,斗去其分一千四百七十七。

推合朔日月共度術曰:以章歲乘朔小餘,以章月除之,所得為大分,不盡為小分,〔二〕以加夜半日度分,分滿日度法從度,命如前,即所求年天正十一月合朔日月共度。

求次月合朔共度術曰:加度二十九、大分三千二百一十五、小分二千四百五十五,小分滿章月從大分,大分滿日度法從度,宿次除之,迺斗除其分,則次月合朔日月共度。

推月度術曰:置入紀朔積日,以月周八萬一千一百一十二乘之,滿周天去之,餘以日度法約之為度,不盡為度分。命度起牛前十二度,宿次除之,不滿宿者,算外,即所求年天正十一月朔夜半月所在度及分。

推月度又一法,術曰:以小周乘朔小餘為實,以章歲乘日法為法,實如法得一為度,不滿法者,以章月除之,為大分,不盡為小分。〔三〕所得以減合朔度及分,餘即所求年天正十一月朔夜半月所在度及分。

求次月度術曰:小月加度二十二、分二千六百五十一、大月加度三十五、分四千八百八

十三,分滿日度法從度,宿次除之,不滿宿者,算外,[三]次月所在度。

求次日月行度術曰:加度十三、分二千二百三十二,分滿日度法從度,宿次除之,逕斗去其分。

求弦望日所在度術曰:加合朔度七、大分二千三百一十八、小分五千二百九十八、微分一,微分滿四從小分,小分滿章月從大分,大分滿日度法從度,命如上,則上弦日所在度。又加得望、下弦、次月合朔。[三]

斗二十六度　　牛八度　　　女十二度　　虛十度

危十七度　　　室十六度　　壁九度

北方玄武七宿:九十八度一千四百七十七分

奎十六度　　　婁十二度　　胃十四度　　昴十一度

畢十六度　　　觜二度　　　參九度

西方白虎七宿:八十度

井三十三度　　鬼四度　　　柳十五度　　星七度

張十八度　　　翼十八度　　軫十七度

南方朱鳥七宿:一百一十二度

角十二度　　亢九度　　氐十五度　　房五度

心五度　　尾十八度　　箕十一度

東方倉龍七宿：七十五度

周天三百六十五度、六千六百分度之一千四百七十七。通分，得二百二十一萬三千七百七十七，名曰周天分。

五行沒滅易卦氣候上朔術第六

推五行用事日：水、火、木、金、土各王七十三日、小餘二百九十五、微分三；春木、夏火、秋金、冬水四立卽其用事。始求土者，置立春大小餘及分，以木王七十三日、小餘二百九十五、小分九、微分三加之，微分滿五從小分一，小分滿氣法二十四從小餘一，小餘滿蔀法從大餘一，大餘滿六十去之，命以紀，得季春土王日。求次如法。又加土王十八日、小餘一千五百八十八、小分二十、微分二，滿從命如上，卽得立夏日。若大餘不足減者，加六十而後減之；小餘不足減者，減取大餘一，加蔀法乃減之。

推沒滅術曰：因冬至積沒有小餘者，加積一，以沒分乘之，如沒法而一，爲積日，不盡爲

沒餘。以六旬去積日，餘爲沒日，命以紀，算外，即所求年天正十一月冬至後沒日。

求次沒術曰：加沒日六十九、沒餘二萬七千六百六十四，沒餘滿沒法三萬一千七百七從沒日，沒日滿六十去之，命以紀，算外，即次沒日。〔三六〕一歲常有五沒或六沒，小餘盡者爲滅日。

又，以冬至去朔日加沒日，冬至小餘滿蔀法從沒日，不足，除者入月算，命以朔，算外，即冬至後沒日。求次沒：加沒沒日六十九，沒餘三千九百五十九、沒分二萬四千六百九十七，分滿沒法從沒餘，沒餘滿蔀法從沒日〔三七〕命起前沒月，曆月大小除之，〔三八〕即後沒日及餘。

推四正卦術曰：因冬至大小餘，即坎卦用事日；春分，即震卦用事日；夏至，即離卦用事日，秋分，即兑卦用事日。

求中孚卦：加冬至小餘五千五百三十、小分九、微分一，微分滿五從小分，小分滿氣法從小餘，小餘滿蔀法從大餘，命以紀，算外，即中孚卦用事日。其解加震，咸加兑，賁加

求次卦：加坎大餘六、小餘五百二十九、小分十四、微分四，微分滿五從小分，小分滿氣法從小餘，小餘滿蔀法從大餘，命以紀，算外，即復卦用事日。大壯加震，姤加離，觀加兑，亦如中孚加坎。

如中孚加坎。

十一月,未濟、蹇、頤、中孚、復;十二月,屯、謙、睽、升、臨;正月,小過、蒙、益、漸、泰;二月,需、隨、晉、解、大壯;三月,豫、訟、蠱、革、夬;四月,旅、師、比、小畜、乾、大有、家人、井、咸、始;六月,鼎、豐、渙、履、遯;七月,恒、節、同人、損、否;八月,巽、萃、大畜、賁、觀;九月,歸妹、无妄、明夷、困、剝;十月,艮、既濟、噬嗑、大過、坤。

四正為方伯,中孚為三公,復為天子,屯為諸侯,謙為大夫,睽為九卿,升還從三公,周而復始。九三應上九,清淨微溫陽風;九三應上六,絳赤決溫陰雨;六三應上九,麴塵決寒陽風。諸卦上有陽爻者,陽風,上有陰爻者,陰雨。

推七十二候術曰:因冬至大小餘,即虎始交日,加大餘五,小餘四百四十一、小分八、微分一,微分滿三從小分,小分滿蔀法從小餘,小餘滿氣法從大餘,[二九]命以紀,算外,所候日。

冬至　　　　虎始交
小寒　　　　蚯蚓結
大寒　　　　雁北向
立春　　　　雞始乳
雨水　　　　魚上冰

　　　　　　獺祭魚
　　　　　　鴻雁來

芸始生
麋角解
鵲始巢
東風解凍
蟄蟲始振

荔挺出
水泉動
雉始雊

驚蟄	始雨水	桃始華
春分	鷹化鳩	倉庚鳴
清明	電始見	雷始發聲
穀雨	桐始花	蟄蟲咸動
立夏	萍始生	蟄蟲啓戶
小滿	蚯蚓出	戴勝降於桑
芒種	靡草死	田鼠化爲駕〔三〇〕
夏至	蟬始鳴	王瓜生
小暑	鵙始鳴	小暑至
大暑	溫風至	螳蜋生
立秋	腐草化螢	苦菜秀
處暑	白露降	螻蟈鳴
白露	天地始肅	虹始見
秋分	玄鳥歸	鷹乃學習
寒露	蟄蟲附戶	木槿榮
	殺氣浸盛	鹿角解
	羣鳥養羞	涼風至
	暴風至	鷹祭鳥
	寒蟬鳴	鴻雁來
	土潤溽暑	雷始收聲
	蟋蟀居壁	陽氣始衰
	反舌無聲	
	半夏生	

| 霜 降 | 水始涸 | 鴻雁來賓 | 雀入大水化爲蛤
| 立 冬 | 菊有黃華 | 豺祭獸 | 水始冰
| 小 雪 | 地始凍 | 雉入大水化爲蜃 | 虹藏不見
| 大 雪 | 冰益壯 | 地始坼 | 鶡旦不鳴

術曰：因冬至虎始交後，五日一候。

推上朔法：置入紀年減一，加八，以六律乘之，以六十去之，[四]餘爲大餘，以甲子算外，上朔日。

推五星六通術第七

上元壬子以來至春秋隱公元年己未，積十六萬六千五百七，算外；至今大魏熙平二年，歲次丁酉，積十六萬七千七百四十五，算外。

木精曰歲星，其數二百四十一萬六千六百六十。

火精曰熒惑，[三]其數四百七十二萬五千八百四十八。

土精曰鎭星，其數二百二十九萬一千二百一十。[四]

金精曰太白，其數三百五十三萬八千一百三十一。

水精曰辰星，其數七十萬二千一百八十二。

推五星:置上元以來盡所求年,減一,以周天二百二十一萬三千三百七十七乘之,名爲六通之實。以蔀法除之,所得爲冬至積日,不盡爲小餘。以六旬去積日,不盡爲大餘,命以甲子,算外,即冬至日。以章歲五百五除冬至小餘,所得爲命子,算外,即律氣加時。

五星各以其數爲法,除六通歲實,所得即所求天正十一月冬至後晨夕合度算及餘。以日度約之,所得即所求天正十一月冬至後晨夕合度算及餘。不盡爲合餘。以合餘減法,餘爲入歲度分,以日度約之,所得即所求天正十一月冬至後晨夕合度算及餘。

合餘減合度算及餘,得一者爲夕見,無所得爲晨見。若度餘不足減,減合度算一,加日度法乃減之。命起牛前十二度,宿次除之,不滿宿者,算外,即天正十一月冬至後晨夕合度及餘。

求後合月及日:以合終日數及餘如前入月算及餘,餘滿日度法從日,曆月大小除之,起前合月,算外,即後合月及日。其金、水,以一合日數及餘,加晨得夕,加夕得晨。

求後合度:以行星度及餘加前合度算及餘,餘滿日度法從度,命起前合度,宿次除之,不滿宿者,算外,即後合度及餘。逕斗去其分一千四百七十七。

求星合月及日:置冬至朔日數減一,以加合度算,以冬至小餘加度餘,度餘滿日度法去之,加度一,合度算變成合日算,餘爲日餘。命起天正十一月,如曆月大小除之,不滿月者,算外,星合月及日,有閏計之。

歲星：合終日數三百九十八，合終日餘四千七百八十，行星三十三度，度餘三千三，周虛一千二百八十。

歲星：晨與日合，在日後伏，十六日、餘二千三百九十，行星二度、餘四千六百八十一半。去日十三度半，晨見東方，順，疾，日行五十七分之十一，五十七日行十一度。順，遲，日行九分，五十七日行九度而留。不行，二十七日而旋。逆，日行七分之一，八十四日退十二度。〔四〕復留二十七日。復順，遲，日行九分，五十七日行九度。復疾，日行十一分，五十七日行十一度，在日前，夕伏西方。凡一見三百六十六日，行星二十八度，在日前後伏三十二日、餘四千七百八十，〔四五〕行星五度、度餘三千三百三，復終於晨見。

熒惑：合終日數七百七十九，合終日餘五千一百八，〔四六〕周虛九百五十二，行星四十九度，度餘二千一百五十四。

熒惑：晨與日合，在日後伏，七十一日、餘五千五百八十四，行星五十五度、餘四千八百四十五半。去日十六度，晨見東方，順，疾，日行二十三分之十四，一百八十四日行一百十二度。順，遲，日行二十三分之十二，九十二日行四十八度而留。不行，十一日而旋。〔四七〕復留十一日。復順，疾，日行十四分，一逆，日行六十二分之十七，六十二日退十七度。

百八十四日行一百一十二度。在日前,夕伏西方,順,七十一日、餘五千六百八十四,行星五十五度、度餘四千八百四十五半,而與日合。凡一見六百三十六日,行星三百三度;在日前後伏一百四十三日、餘五千一百八,行星一百一十一度、餘三千六百三十一,過周四十九度、度餘二千一百五十四,復終於晨見。

鎮星:合終日數三百七十八日、餘三百四十一,行星十二度、餘四千九百二十四,周虛五千七百一十九。

鎮星:晨與日合,在日後伏,十八日、日餘一百七十半,行星二度、餘二千四百六十二,去日十五度半,晨見東方。順,日行十二分之一,八十四日行七度而留。不行,三十六日而旋。逆,日行十七分之一,一百二日退六度。復留三十六日。復順,日行十二分之一,八十四日行七度,在日前,伏西方。順,十八日、日餘一百七十半,行星二度、餘二千四百六十二,而與日合。凡見三百四十二日,行星八度,在日前後,伏三十六日、日餘三百四十一,行星四度、度餘四千九百二十四,復終於晨見。

太白:再合終日數五百八十三日、日餘五千一百五十一,周虛九百九,行星二百九十一度、亦日一合日數。度餘五千六百五半。亦日一合日餘。

太白:晨與日合,在日後伏,六日、退四度,去日十度,晨見東方。逆,日行三分之二,九

日退六度。留,不行八日。順,遲,日行十五分之十一,四十五日行三十三度。順,疾,日行一度、十三分之二,九十一日行一百一十二度、在日後,晨伏東方。

順,四十一日行一百五度。大疾,日行一度、十三分之三,九十一日行一百五度。順,遲,日行十五分之十一,四十五日行三十三度而留。不行,八日而旋。逆,日退六度,在日前,夕伏西方。

凡見東方二百四十四日,行星二百四十四度,[四〇]在日後伏,四十一日、餘五千六百五半,而與日合。

凡再見四百八十八日,行星四百八十八度,[五三]在日前後,夕伏西方。六日退四度,而與日合。

凡一見四百八十八日,行星四百八十一度、餘五千六百七十四,[五四]過周二百一十八度、度餘三千六百七十四,復終於晨見。

水星:辰星再合終日數一百一十五、餘五千二百八十二,行星五十七度、亦日一合日數。周虛七百七十八。

辰星:與日合,在日後,伏十一日,退六度,去日十七度,晨見東方而留。不行,四日。

順,疾,日行一度、十三分之二,九十一日行一百一十二度,在日後,晨伏東方。

餘五千六百七十一,亦日一合日餘。

順,遲,日行七分之五,七日行五度。順,疾,日行一度、三分之一,十八日行二十四度,在日後,晨伏東方。

辰星:夕與日合,在日前,伏十七日,餘五千六百七十一,行星三十四度,餘五千六百七十一,〔五五〕在日後,伏二十八日、餘五千六百七十一,而與日合。凡見東方二十九日,行星二十九度,〔五四〕餘五千六百七十一,而與日合。順,十七日,餘五千六百七十一,行星三十四度、三分之一,十八日行二十四度,在日前,夕伏西方。逆,十一日退六度,而晨與日合。

凡再見五十八日,行星四十六度,〔五七〕在日前後,伏五十七日,餘五千二百八十二,行星六十九度,〔五八〕餘五千二百八十二,復終於晨見。

斗一至牛五,星紀,丑。

危五至壁三,娵訾,亥。

婁八至畢二,大梁,酉。

井五至鬼三,鶉首,未。

張七至軫一,鶉尾,巳。

亢三至心四,大火,卯。

牛五至危五,玄枵,子。

壁三至婁八,降婁,戌。

畢二至井五,實沈,申。

鬼三至張七,鶉火,午。

軫一至亢三,壽星,辰。

心四至斗一,析木,寅。

校勘記

〔一〕入甲申紀以來　諸本「申」作「寅」。按從壬子元至魏孝昌三年,係入第三紀甲申紀。上稱魯隱公元年、魏正光三年並入甲申紀,可證。「寅」字顯誤,今改正。

〔二〕歲中十二一年一十二次　諸本「十二一年」作「十三年」。錢氏考異卷三〇云:『歲中十三』年一十二次」,當云『歲中十二』一年一十二次」,誤併『二一』爲『三』字。」錢說是,今改正。

〔三〕以蔀月除蔀日　諸本「蔀月」作「用月」,「蔀日」作「衆日」。按上文云「日法者一蔀之月數」當簡稱「蔀月」;「周天分者一蔀之日數」,當簡稱「蔀日」。「用月」、「衆日」顯誤,今改正。

〔四〕推交會術第三　諸本皆無此標題。錢氏考異卷三〇云:「案正光術凡七篇,推月朔術第一,推二十四氣術第二,推合朔入曆遲疾盈縮第四,……獨不見第三。蓋推合朔交會去交度以下,本別爲一篇,當云推交會術第三,列於此行之前。轉寫遺脫爾。」錢說是,今據補。

〔五〕度餘三萬五千二百八十　諸本「八十」作「二十八」。按於甲申紀交會差九十八度、度餘七萬三千四百八十八,加一紀交會差四十九度、度餘三萬六千七百四十四,度餘滿日法進度一,得甲午紀交會差一百四十八度、度餘三萬五千二百八十。原文「二十八」誤,今改正。

〔六〕加日法　諸本「日」作「入」。按滿日法成一度,今退一度,則於度餘當加日法。「入」字顯誤,

今改正。

〔七〕甲申紀 諸本「紀」作「如」。按上文云「以紀交會差分加之」,今用者當爲甲申紀交會差分,「如」顯爲「紀」之誤,今改正。

〔八〕餘爲前去度及餘 諸本「及」作「乃」。依文義改。

〔九〕遲疾差分一百八十一萬九千七百九十二 諸本「八十一萬九千」作「八十二萬九千」。按以甲申紀遲疾差二十四日乘日法七萬四千九百五十二,幷日餘二萬九千四百四十四,得遲疾差分一百八十一萬九千七百九十二。原數顯誤,今改正。

〔10〕日餘七萬四千五百八十四 諸本「七萬」作「十萬」。按各紀間遲疾差之差率爲日餘二千三百六十一分。從甲申紀遲疾差二十四日、日餘二萬九千四百四十四減此差率,日餘不足減,退一日,加日法再減,卽得甲午紀遲疾差二十三日、日餘七萬四千五百八十四。原文「十萬」誤,今改正。

〔11〕三百六十一分 諸本「三百」均誤作「二百」。按本表各項數字譌誤甚多,今依下述方法加以校算:(一)月行遲疾度及分:以月日平行分六千七百五十一加減本日損益率(損減、益加),以章歲五百五約之爲度,餘爲分。(二)損益率:以各日月實行度分化成分,減以月日平行分六千七百五十一(卽小周),卽得。(三)盈縮率:將本日前各日損益率累加得之。(四)盈縮積分:盈縮幷乘日法七萬四千九百五十二,約以小周六千七百五十一,卽得。以下至校勘記〔二六〕逐指出

校正原文譌誤之所在,其具體演算不再贅述。

〔二〕二百三十六分 諸本「三十」譌「四十」,今據校算改正。

〔三〕盈積分三萬三千八百二十九 諸本「三萬」譌「二萬」,今據校算改正。

〔四〕十二度四百三十九分 諸本「十二度」譌「十三度」,「三十九分」譌「十九分」,今據校算改正。

〔五〕損四百五十四 諸本「四百」譌「五百」,今據校算改正。

〔六〕盈一千九百四十三 諸本「三」譌「二」,今據校算改正。

〔七〕損七百三十二 諸本「二」譌「一」,今據校算改正。

〔八〕一百九分 諸本「一」譌「二」,今據校算改正。

〔九〕縮積分七千二百七十二 諸本「二百」譌「一百」,今據校算改正。

〔一〇〕縮積分一萬九千三百九 諸本「三百九」譌「三百七」,今據校算改正。

〔一一〕三百九十二分 諸本「三百」譌「二百」,今據校算改正。

〔一二〕縮積分二萬九千二百四十四 諸本「二百」譌「一百」,今據校算改正。

〔一三〕二百四十三分 諸本「四十三」譌「三十三」,今據校算改正。

〔一四〕二百八十七分 諸本「二百」譌「三百」,今據校算改正。

〔二五〕三百一十二分　諸本「一十二」訛「一十一」,今據校算改正。

〔二六〕縮積分一萬一千五十八　諸本原均闕「一千」兩字,今據校算補。

〔二七〕爲定積分　諸本「爲定積分」上有「加之」兩字。按上既云「所得以損益盈縮積分」,則下不當再云「加之」。本曆推合朔交會月蝕定大小餘術襲自景初諸曆,術文也基本相同,此句見宋書卷一二、卷一三曆志,景初、元嘉皆作「以損益盈縮積分爲定積分」。此處「加之」兩字顯衍,今刪。

〔二八〕加之滿日法者　諸本脫「加之」兩字,今參照景初、元嘉術補。

〔二九〕如法得一爲少　諸本「如」作「加」。錢氏考異卷三〇云:「加當作如。」錢說是,今據改。

〔三〇〕以之幷少爲半強　諸本「之」作「定」。錢氏考異卷三〇云:「定當作之。」錢說是,今據改。

〔三一〕以周日日餘乘損率　諸本「日餘」作「月餘」,顯誤,今改正。

〔三二〕不盡爲小分　諸本脫「爲」字,今依文義補。

〔三三〕不盡爲小分　諸本脫「分」字,今依文義補。

〔三四〕不滿宿者算外　諸本脫「外」字,今依文義補。

〔三五〕次月合朔　諸本「次」字作「月」,今依文義改。

〔三六〕即次沒日　諸本「日」作「月」,今依文義改。

〔三七〕沒餘滿蔀法從沒日　諸本脫「沒餘」及「法」字,今依文義補。

〔三八〕曆月大小除之 諸本「月」作「日」，今依文義改。

〔三九〕小餘滿蔀法從大餘 諸本脫「法」字，今依文義補。

〔四〇〕田鼠化爲駕 諸本脫「化」字。按禮月令：「田鼠化爲駕」，本志下與和曆推七十二候也作「田鼠化爲駕」。今據補。

〔四一〕以六十去之 諸本「六十」作「六千」。殿本考證云：「千字疑十字之訛。又下卷作『以六旬去之』。」按考證說是，今據改。

〔四二〕火精曰熒惑 諸本「熒惑」下有「星」字。按據各史五星命名及後與和曆例，熒惑下「星」字衍，今删。

〔四三〕其數二百二十九萬一千二百二十一 諸本「二百」作「三百」。按以鎮星合終日數三百七十八日乘蔀法六千六十，幷以餘三百四十一，得二百二十九萬一千二百二十一。原文「三百」誤，今改正。

〔四四〕退十二度 諸本「十二」作「十三」。按日行七分之一，以七約八十四，得十二度。原文「三」誤，今改正。

〔四五〕餘四千七百八十 諸本「八」下脫「十」字。按歲星在日後伏十六日、餘二千三百九十，在日前伏十六日、餘二千三百九十，則在日前後共伏三十二日、餘四千七百八十。今據補。

〔四六〕合終日餘五千一百八 諸本「一百」作「十」。按熒惑數四百七十二萬五千八百四十八約以蔀

〔四七〕六十二日退十七度　諸本「十」下脫「七」字。按日行六十二分之十七，則六十二日應行十七度。今據補。

〔四八〕餘三千六百三十一　諸本「三十」作「四十」。按熒惑在日後，伏，行星五十五度，餘四千八百四十五半；在日前，伏，行星五十五度，餘四千八百四十五半，則日前後伏時共行星一百一十一度、餘三千六百三十一。原文「四十」誤，今改正。

〔四九〕日行十七分之一　諸本「行」上脫「日」字，今依文義補。

〔五〇〕行星二百四十四度　諸本「十」下脫「四」字。按依太白於東方所見各日行星度，順加、逆減，共計行星度當為二百四十四。今據補。

〔五一〕在日後伏四十一日餘五千六百五半行星五十一度餘五千六百五半　按太白在日後先伏六日，退四度；次伏四十一日，餘五千六百五半，順，行星五十一度、度餘五千六百五半，共伏四十七日、餘五千六百五半，行星四十七度、度餘五千六百五半。「四十一日」當作「四十七日」。「五十一度」當作「四十七度」。原文未將先伏之六日、退四度計算在內，以致錯誤；下前後伏總計數亦同。

〔五二〕凡再見四百八十八日行星四百八十八度　諸本兩「八十」下俱脫「八」字。按太白見東方二百

〔五三〕在日前後伏八十三日餘五千一百五十一行星一百三度 按「八十三日」當作「九十五日」、「一百三度」當作「九十五度」，原文計算錯誤。詳見校勘記〔五一〕。

〔五四〕行星三十四度 諸本「三十」作「四十」。按下辰星在日前伏時行星度數作「三十四」，參照伏時總行星度「四十四」乃「三十四」之誤，今改正。

〔五五〕行星二十九度 諸本「九」作「二」。按辰星晨見東方，先行五度，次行二十四度，共行星二十九度。原文顯誤，今改正。

〔五六〕行星三十四度餘五千六百七十一 按辰星在日後，先伏十一日，退六度；次伏十七日，餘五千六百七十一，順，行星三十四度、餘五千六百七十一，共伏二十八日、餘五千六百七十一，行星二十八度、餘五千六百七十一。志未將先伏退行度數減去，致總日數未誤，而總行星度數「二十八」誤作「三十四」。下前后伏總行星度數亦同以致誤。

〔五七〕行星四十六度 按辰星見東方，共行星二十九度，見西方，亦行星二十九度，再見共行星五十八度。〈志誤。

〔五八〕行星六十九度 按「六十九」當作「五十七」，詳見校勘記〔五六〕。

魏書卷一百七下

律曆志三下第九

孝靜世，壬子曆氣朔稍違，熒惑失次，四星出伏，曆亦乖舛。興和元年十月，齊獻武王入鄴，復命李業興，令其改正，立甲子元曆。事訖，尚書左僕射司馬子如、右僕射隆之等表曰：

自天地剖判，日月運行，剛柔相摩，寒暑交謝，分之以氣序，紀之以星辰，弦望有盈缺，明晦有修短。古先哲王則之成化，迎日推策，各有司存，以天下之至王，盡生民之能事，先天而天弗違，後天而奉天時。及卯金受命，年曆屢改，當塗啓運，日官變業，分路揚鑣，異門馳騖，回互靡定，交錯不等。豈是人情淺深，苟相違異？蓋亦天道盈縮，欲止不能。

正光之曆既行於世，發元壬子，置差令朔。[一]測影清臺，懸炭之期或爽，候氣重室，布灰之應少差。伏惟陛下當璧膺符，大橫協兆，乘機虎變，撫運龍飛，苞括九隅，牢

籠萬宇,四海來王,百靈受職。大丞相、勃海王降神挺生,固天縱德,負圖作宰,知機成務,撥亂反正,決江疏河,效顯勤王,勳彰濟世。功成治定,禮樂惟新,以履端歸餘,術數未盡,乃命兼散騎常侍執讀臣李業興、大丞相府東閤祭酒、夷安縣開國公臣王春,大丞相府戶曹參軍臣和貴興等,委其刊正。但囘舍有疾徐,推步有疏密,不可以一方知,難得以一途揆。大丞相主簿臣孫搴、驃騎將軍、左光祿大夫臣暉、前給事黃門侍郎臣季景,勃海王世子開府諮議參軍事、定州大中正臣崔䜣、業興息國子學生、屯留縣開國子臣子逖等,並令參豫,定其是非。

竊以蒙戎爲飾,必藉衆腋之華;輪奐成宇,寧止一枝之用。必集名勝,更其修理。

左光祿大夫臣盧道約、大司農卿、彭城侯臣李諧、左光祿大夫、東雍州大中正臣裴獻伯、散騎常侍、西兗州大中正臣溫子昇,太尉府長史臣陸操、尚書右丞、城陽縣開國子臣盧元明、中書侍郎臣李同軌,前中書侍郎臣邢子明、中書侍郎臣宇文忠之、前司空府長史、建康伯臣元仲悛、大丞相法曹參軍臣杜弼,尚書左中兵郎中、定陽伯臣李溥濟,尚書起部郎中臣辛術、尚書祠部郎中臣元長和、前青州驃騎府司馬、安定子臣胡世榮、太史令、盧鄉縣開國男臣趙洪慶、太史令臣胡法通,應詔左右臣張喆,員外司馬督臣曹魏祖、太史丞郭慶、太史博士臣胡仲和等,或器標民譽,或術

臣等職司其憂,猶恐未盡。

兼世業,並能顯微闡幽,表同錄異,詳考古今,共成此曆。甲為日始,子實天正,命曆置元,宜從此起。運屬興和,以年號為目,豈獨太初表於漢代,景初冠於魏曆而已。謹以封呈,乞付有司,依術施用。

詔以新曆示齊獻武王田曹參軍信都芳,芳關通曆術,駁業興曰:「今年十二月二十日,新曆歲星在營室十三度,[二]順,疾;天上歲星在營室十一度,留,天上鎮星在亢四度,留。今月二十日,新曆太白在斗二十五度,晨見,逆行;天上太白在斗二十一度,逆行。便為差殊。」

業興對曰:

歲星行天,伺候以來八九餘年,恒不及二度。今日仰看,如覺二度,及其出沒,還應如術。鎮星,自造壬子元以來,歲常不及,故加壬子七度,亦知猶不及五度,適欲幷加,恐出沒頓校十度,十日,將來永用,不合處多。太白之行,頓疾頓遲,取其會歸而已。行星三日,頓校四度。如此之事,無年不有,至其伏見,還依術法。

又芳唯嫌十二月二十日星有前却。業興推步已來,三十餘載,上算千載之日月星辰有見經史者,與涼州趙𢾺、劉義隆廷尉卿何承天、劉駿南徐州從事史祖沖之參校,業

興甲子元曆長於三曆一倍。考洛京巳來四十餘歲,五星出沒,歲星、鎮星、太白,業興曆首尾恆中,及有差處,不過一日二日、一度兩度;三曆之失,動枝十日十度。熒惑一星,伏見體自無常,或不應度。祖沖之曆多甲子曆十日六度,何承天曆不及三十日二十九度。今曆還與壬子同,不有加增。辰星一星,沒多見少,及其見時,與曆無舛,今此亦依壬子元不改。太白、辰星,唯起夕合爲異。業興以天道高遠,測步難精,五行伏留,推考不易。今曆還與壬子同。人目仰窺,未能盡密,但取其見伏大歸,略其中間小謬,如此曆便可行。若專據所見之驗,不取出沒之效,則曆數之道其幾廢矣。夫造曆者,節之與朔貫穿於千年之間,閏餘斗分推之於毫釐之內。必使盈縮得衷,間限數合,周日小分不殊錙銖,陽曆陰曆纖芥無爽,損益之數驗之交會,日所居度考之月蝕,上推下減,先定衆條,然後曆元可求,猶甲子難值。又雖值甲子,復有差分,如此蹐駁,參錯不等。今曆發元甲子,七率同邅,合璧連珠,其言不失。法理分明,情謂爲可。如芳所言,信亦不謬。但一合之裏星度不驗者,至若合終必還。依術,鎮星前年十二月二十日見差五度,今日差三度,太白前差四度,今全無差。以此準之,見伏之驗,尋效可知,將來永用,大體無失。

芳又云,以去年十二月中算新曆,其鎮星以十二月二十日在角十一度留,天上在

九四度留,是新曆差天五度,太白、歲星並各有差。校於壬子舊曆,鎮星差天五度,太白、歲星亦各有差,是舊曆差天為多,新曆差天為少。凡造曆者,皆須積年累日,依法候天,知其疏密,然後審其近者,用作曆術。不可一月兩月之間,能正是非。若如熒惑行天七百七十九日,一遲、一疾、一留、一逆、一伏、一見之法,七頭一終,太白行天五百八十三日,七頭一終;辰星行天一百一十五日,晨夕之法,七頭一終;歲星行天三百九十八日,七頭一終;鎮星行天三百七十八日,七頭一終。得七頭者造曆為近,不得頭者其曆甚疏,皆非一二日能知是非。造曆者必須測知七頭,然後作術。

自五帝三代以及秦、漢、魏、晉,造曆者皆積年久測,術乃可觀。其倉卒造者,當時或近,不可久行。若三四年作者,初雖近天,多載恐失。今甲子新曆,業興潛構積年,雖有少差,校於壬子元曆,近天者多。若久而驗天,十年二十年間,比壬子元曆,三星行天,其差為密。

獻武王上言之,詔付外施行。

上元甲子以來至春秋魯隱公元年,歲在己未,積二十九萬二千七百三十六,算上。甲子之歲入甲戌紀已來,積十二萬四千一百三十六,算上。

上元甲子以來,至大魏興和二年歲在庚申,積二十九萬三千九百九十七,算上。

甲子之歲入甲戌紀至今庚申,積十二萬五千三百九十七,算上。

元法,一百一萬一千六百。

統法,三十三萬七千二百。三統之數。

紀法,十六萬八千六百。二紀之數。

蔀法,一萬六千八百六十。十蔀成紀,[三]日數至十。

度法,一萬六千八百六十。三十乘章歲,得日月餘皆盡之年數。

日法,二十萬八千五百三十。三十乘章月,得此數。

氣時法,一千四百五。十二分度法[四]得一時之數。

章歲,五百六十二。二十九章,十一年減閏餘一,一萬六千七百七十八年減一閏月。[五]

章閏,二百七。五百六十二年之閏月數。[六]

章月,六千九百五十一。五百六十二年之月數并閏。

章中,六千七百四十四。五百六十二年月除閏月數。

周天,六百一十五萬八千一十七。度法通度,內斗分之數。

通數,六百二十五萬八千一十七。日法通二十九日,內經月餘之數。

沒分,六百一十五萬八千一十七 餘數通經沒六十九,內分五萬七千二百四十四[七]得此數。

沒數,八萬八千四百一十七。

餘數,八萬八千四百一十七。度法通一年下五,內斗分之數。

沒法,八萬八千四百一十七。一年之內成甲之外分數。

斗分,四千一百一十七。從斗量周天至此,不成度之分。

虛分,九萬七千八百八十三。

小分法,二十四。二十四氣除周天分之數也。

歲中,十二。十二月之中氣。

會數,一百七十三。月一出一入黃道之日數,五月、二十三分月之二十也。[八]

會餘,六萬七千一百一十七。百七十三日[九]外不成日之分。

會通,三千六百二十四萬二千八百七。以日法通百七十三[一〇]內會餘之數。

會虛,十四萬一千四百二十三。會餘之外不成度之數。

周日,二十七。

周餘,十一萬五千六百三十一。周天用一日月行數除。[一一]

通周,五百七十四萬五千九百四十一。周天用日外及本處之分數。

周虛,九萬二千八百九十九。周餘[一二]外不成日之數。

小周,七千五百一十三。月一日行之數。

月周,二十二萬五千三百九十。通小周,內度數。

朔望合數,十四。半經月日數。

度餘,十五萬九千五百八十八半。半經月日餘。

入交限數,一百五十八。月出入黃道減半月之數。

度餘,十一萬六千五百八半。減半月小餘之外。[三]

推月朔弦望術第一

推積月術曰:置入紀以來盡所求年,減一,以章月乘之,章歲如一,所得為積月,不盡為閏餘。閏餘三百五十五以上,其年有閏。餘五百一十五以上,進退在天正十一月前後,以冬至定之。

推積日術曰:以通數乘積月,為朔積分,日法如一,為積日,不盡為小餘。以六旬去積日,不盡為大餘。命大餘以紀,今命以甲戌紀。算外,即所求天正十一月朔日。

求次月朔術曰:加大餘二十九、小餘十一萬六千四百四十七,滿除如上,命以紀,算外,即次月朔日。其小餘滿虛分九萬七千八百八十三者,其月大;減者,其月小。

求上下弦望術曰:加朔大餘七、小餘七萬九千七百九十四、小分一。小分滿四,從小

餘；小餘滿日法，從大餘；大餘滿六十，去之，命以紀，算外，[一四]即上弦日。又加，得望、下弦、後月朔。

推二十四氣閏術第二

推二十四氣術曰：置入紀以來盡所求年，減一，以餘數乘之，蔀法如一，爲積沒，不盡爲小餘。以六旬去積沒，不盡爲大餘，命以紀，算外，即所求年天正十一月冬至日。

求次氣術曰：加大餘十五、小餘三千六百八十四、小分一，小分滿小分法二十四，從小餘；小餘滿蔀法，從大餘一，命如上，[一五]算外，即次氣日。

推閏術曰：以閏餘減章歲，餘以歲中十二乘之，滿章閏二百七得一，月餘半法以上亦得一月，數起天正十一月，算外，即閏月。閏月有進退，[一六]以無中氣定之。

推閏又法術曰：以歲中乘閏餘，如章閏得一，[一七]盈章中六千七百四十四，數起冬至，算外，中氣終閏月也。盈中氣在朔若二日，即前月閏。

冬至十一月中	小寒十二月節	大寒十二月中	立春正月節
雨水正月中	驚蟄二月節	春分二月中	清明三月節
穀雨三月中	立夏四月節	小滿四月中	芒種五月節
夏至五月中	小暑六月節	大暑六月中	立秋七月節

處暑七月中　　白露八月節　　秋分八月中　　寒露九月節

霜降九月中　　立冬十月節　　小雪十月中　　大雪十一月節

推合朔却去度表裏術第三

推合朔却去交度術曰：置入紀以來朔積分，又以所入紀交會差分幷之，甲戌紀交會差分二千六百五十二萬二千六百四十九。以會通去之，所得爲積交；不盡者，以日法約之，爲度，不盡者爲度餘，卽所求年天正十一月朔却去交度及度餘。

甲子紀紀首合朔，日月合璧，交中。

甲戌紀紀首合朔，月在日道表。　　交會差一百二十七度　度餘三萬九千三百三十九〔八〕

甲申紀紀首合朔，月在日道裏。　　交會差八十一度　　度餘一萬一千五百六十一

甲午紀紀首合朔，月在日道裏。　　交會差三十四度　　度餘十九萬二千三百一十三

甲辰紀紀首合朔，月在日道表。　　交會差一百六十二度　度餘二萬三千一百二十二

甲寅紀紀首合朔，月在日道表。　　交會差一百一十五度　度餘二十萬三千八百七十四

求次月朔却去交度術曰：加度二十九、度餘十一萬六千六百四十七，度餘滿日法從度，度滿會數去之，亦除其會餘，卽次月朔却去交度及度餘。

求望却去交度術曰：加度十四、度餘十五萬九千五百八十八半，滿除如上，卽望却去交

推月在日道表裏術曰：置入紀以來朔積分，又以紀交會差分乘之，倍會通去之，餘以會通減之，得一減者，爲月在日道裏；無所得者，爲月在日道表。

求次月表裏術曰：加次月度及度餘，加表滿會數及會餘，則在裏；加裏滿會數及會餘，則在表。

推交道所在日術曰：以十一月朔却去交度及餘減會數及會餘，會餘若不足減者，減一度，加日法乃減之；又以十一月朔小餘加之，滿日法從度，餘爲度餘，即是天正十一月朔前去交度及餘。如曆月大小除之，起天正十一月，不滿月者爲入月，算外，交道所在。其交在望前者，其月以歲中乘入月小餘，日法除之，所得命以子，算外，[一九]即交道所在辰。其交在望後者，其月月蝕，後朔交會。交在望前者，其月月蝕既，前後朔則月蝕。交在望後者，其月月蝕，後朔交會[二〇]望則月蝕。

求後交月及日術曰：以會數及會餘加前入算及餘，餘滿日法從日，日如曆月大小除之，起後交月及日。以次放之。

推交會起角術曰：其月在外道，先會後交者，虧從東南角起；先交後會者，虧從西南角起，合交中者，蝕之既。其月蝕在日之衝，起角

其月在內道，先會後交者，虧從西北角起，合交中者，蝕之既。

亦如之。

推蝕分多少術曰：其朔望去交度及度餘如入交限數一百五十八度、度餘十一萬六千五十八半以上者，以減會數及會數餘，餘爲不蝕度。若朔望去交度如朔望合數十四度、度餘十五萬九千五百八十八半以下者，即是不蝕度。〔三〕皆以減十五，餘爲蝕分。〔三〕朔望去交度盡者，蝕之既。

推合朔月蝕入遲疾曆盈縮術第四

推合朔入遲疾曆術曰：置入紀以來朔積分，又以所入紀遲疾差分并之，甲戌紀遲差分二百三十五萬二千一百九十一。〔三〕以通周去之，所得爲積周；〔三〕不盡者，以日法約之，爲日，不盡者爲日餘。命日，算外，即所求年天正月十一月合朔入曆日。

求次月入曆日術曰：加一日、日餘二十萬三千五百四十六，〔三〕日蝕滿日法從日，〔三〕日滿周日及周餘去之，命如上，算外，即次月入曆日。

求望入曆術曰：加日十四、餘十五萬九千五百八十八半，滿除如上，算外，即望入曆日。

月行遲疾度及分〔二六〕　損益率　盈縮拌率　盈縮積分

一日十四度四百二分　益七百五十七　盈初

二日十四度三百三十四　　　　　益六百八十九　　　盈積分二萬一千一十

三日十四度二百六十一〔二七〕　　益六百一十六〔三〇〕　盈積分四萬一千二〔三二〕
　分〔二九〕　　　　　　　　　　　　　　　　　　　　　　　十五

四日十四度一百九十分　　　　　益五百四十五　　　盈積分五萬七千二百
　　　　　　　　　　　　　　　　　　　　　　　　三十二

五日十四度一百二十一　　　　　益四百六十六　　　盈積分七萬二千三百
　　　　　　　　　　　　　　　　　　　　　　　　六十

六日十三度五百二十三　　　　　益三百八十五　　　盈積分八萬五千二百
　分　　　　　　　　　　　　　　　　　　　　　　九十四

七日十三度二百九十六　　　　　益八十九　　　　　盈積分九萬四千三十
　分　　　　　　　　　　　　　　　　　　　　　　七

八日十三度六十八分　　　　　　損一百三十九　　　盈積分九萬六千五
　　　　　　　　　　　　　　　　　　　　　　　　百七

九日十二度四百六十八　　　　　損二百八十三　　　盈積分九萬二千六百

十日十二度三百七十九 損三百九十 盈三千五百一十五 盈積分八萬四千七百四十九

十一日十二度二百六十 損五百二 盈二千六百六十五 盈積分七萬三千九百六十九

十二日十二度一百五十 損六百一十八 盈二千一百六十三 盈積分六萬三千六

十三日十二度四十分 損七百二十九 盈一千五百四十五 盈積分四萬二千八百八十三

十四日十一度五百一十 損八百一十六 盈八百一十六 盈積分二萬二千六百四十九

十五日十二度三十八分 盈七百三十一 縮初 縮積分二萬二千二百九十

十六日十二度一百二十 盈六百四十六 縮七百三十一 縮積分三萬八千二百

十七日十二度三百一十 盈五百五十八 縮一千三百七十七

一分

十八日十二度三百二十 益四百四十五 縮一千九百三十五 縮積分五萬三千七百二十

四分[原作]

十九日十二度四百三十 益三百三十四 縮二千三百八十 縮積分六萬六千五

五分

二十日十二度五百五十 益二百一十四 縮二千七百一十四 縮積分七萬五千三百一十九

五分

二十一日十三度一百 益七十九 縮二千九百二十八 縮積分八萬一千二百六十九

二十八分

二十二日十三度[原作] 損六十三 縮三千七 縮積分八萬三千四百六十三

二百七十分

二十三日十三度四百 損二百二十五 縮二千九百四十四 縮積分八萬一千七百一十三

三十二分

二十四日十四度三十三分 損三百八十八 縮二千七百一十九 縮積分七萬五千四百六十八

二十五日十四度一百　　損五百四十九　　縮二千三百三十一

九十四分

二十六日十四度三百　　損六百七十四　　縮一千七百八十三　　縮積分四萬九千四百

一十九分　　　　　　　　　　　　　　　　　　　　　　　　　六十一

二十七日十四度三百　　損七百一　　　　縮一千一百八　　　　縮積分三萬七千五

四十六分〔三七〕　　　　　　　　　　　　　　　　　　　　　十四

周日十四度三百七十九　損七百三十四　　縮四百七　　　　　　縮積分一萬一千二

分　　　　　　　　　　　　　　　　　　　　　　　　　　　百

　　　　　　　　　　　　　　　　　　　　　　　　　　　　九十七

推合朔交會月蝕定大小餘〔三八〕術曰：以入厤日餘乘所入厤下損益率，以小周七千五百一十三除之，所得損益盈縮積分為定積分。積分盈者，〔三九〕以減本朔望小餘，縮者，加之。加之滿日法者，交會加時在後日；減之，不足減者，減一日，加日法乃減之，交會加時在前日。月蝕者，隨定大小餘〔四〇〕為定日加時。

推加時術曰：以歲中乘定小餘，日法除之，所得命以子，算外。朔望加時有餘不盡者，四之，如法得一為少，二為半，三為太。半又有餘者，三之，如法得一為強，半法以上排成一，不滿半法棄之。以強并少為少強，并半為半強，并太為太強。得二強者為少弱，以之并

少爲半弱,以之幷半爲太弱,以之幷太爲一辰弱。隨所在辰而命之,卽其強弱。日之衝爲破,月常在破下蝕。

推日月合朔弦望度術第五[一]

推日度術曰:置入紀以來朔積日,以日度法一萬六千八百六十乘之,滿周天去之,餘以日度法約之爲度,不盡爲餘。[二]命起牛前十二度,宿次除之,不滿宿者,算外,卽所求年天正十一月朔夜半日所在度及分。

推日度又法,術曰:置周天三百六十五度、斗分四千一百一十七,以冬至去朔日數減一,以減周天度,冬至小餘減斗分;斗分不足減者,減一度,加日度法乃減之。命起如上,算外,卽所求年天正十一月朔夜半日所在度及分。

求次月次日日所在度[三]術曰:月大者加度三十,月小者加度二十九,次日者加度一,宿次除之,逕斗除其分。[四]

推合朔日月共度術曰:以章歲五百六十二乘朔小餘,以章月六千九百五十一除之,所得爲大分,不盡爲小分。以加夜半日度分,分滿日度法從度,命如上,算外,卽所求年天正十一月合朔日月共度。

推合朔日月共度又法,術曰:加度二十九、大分八千九百四十五、小分六千九百一十

九,小分滿章月從大分;大分滿日度法從度,宿次除之,逕斗去其分,算外,即次月合朔日月共度。

推月度術曰:置入紀以來朔積日,以月周二十二萬五千三百九十乘之,〔四五〕滿周天去之。餘以日度法約之爲度,餘爲度分,命起牛前十二度,宿次除之,不滿宿者,算外,即所求年天正十一月朔夜半月所在度及分。

推月度又法,術曰:以小周乘朔小餘爲實,章歲乘日法爲度,實如法得一爲度,不滿法者,以章除之爲大分,餘爲小分。所得以減合朔度及度分,算外,即所求年天正十一月朔夜半月所在度及分。

求次月度術〔四六〕曰:月小,加度二十二,分七千三百七十三;月大,加度三十五,分一萬三千五百八十三,分滿日度法從度,宿次除之,不滿宿者,算外,即月次月所在度。

求次日月度術〔四七〕曰:加度十三、分六千二百一十,分滿日度法從度,除如上,算外,即月次日所在度。

求弦望日所在度術曰:加合朔度七、大分六千四百五十一、小分三千四百六十七,〔四八〕微分二,微分滿四從小分,小分滿章月從大分,大分滿日度法從度,命如上,算外,即上弦日所在度。又加,得望、〔四九〕下弦、後月合朔。

求弦望所在度術曰：加合朔度九十八、大分一萬一千六百九十五、小分五千二百二十五、微分一，滿除如上，算外，即上弦日月所在度。又加，得望、下弦、後月合朔。

斗二十六度　　　　牛八度　　　　女十二度　　　　虛十度

危十七度　　　　室十六度　　　　壁九度

北方玄武七宿：九十八度分四千一百一十七

奎十六度　　　　婁十二度　　　　胃十四度　　　　昴十一度

畢十六度　　　　觜二度　　　　參九度

西方白虎七宿：八十度

井三十三度　　　　鬼四度　　　　柳十五度　　　　星七度

張十八度　　　　翼十八度　　　　軫十七度

南方朱鳥七宿：一百一十二度

角十二度　　　　亢九度　　　　氐十五度　　　　房五度

心五度　　　　尾十八度　　　　箕十一度

東方倉龍七宿：七十五度

周天三百六十五度、一萬六千八百六十分度之四千一百二十七，通之，得六百一十五

萬八千一十七,名曰周天。

推土王滅沒卦候上朔術第六

推土王日術曰:置四立大小餘,各減其大餘十八、小餘四千四百二十、微分二,大餘不足減者,減一日,小餘不足減者,減小分一,加小分法二十四乃減之;微分不足減者,減小分一,加蔀法乃減之;小分不足減者,加五,然後皆減之。命以紀,算外,即四立前土王日。

推土王又法,術曰:加冬至大餘二十七、小餘六千六百三十一、小分六、微分三,微分滿五從小分,小分滿小分法從小餘,小餘滿蔀法從大餘一,命以紀,算外,即季冬土王日。

求次季土王日術曰:加大餘九十一、小餘五千二百四十四、小分六、小分滿小分法從小餘,小餘滿蔀法從大餘,大餘滿六十去之,命以紀,算外,即次季土王日。

推滅沒術曰:因冬至積沒有小餘者,加積沒法從大餘一,以沒分乘之,以沒法八萬八千四百一十七除之,所得為積日,不盡為沒餘。六旬去積日,不盡為沒日,命以紀,算外,即所求天正十一月冬至後沒日。

求次滅術曰:加沒日六十九、沒餘五萬七千二百四十四,沒餘滿沒法從沒日,沒日滿六十去之,命以紀,算外,即次沒日。餘盡者為滅。

求次沒術曰:加沒日六十九、沒餘一萬九千一百二十五、沒分六萬二千二百八十五,沒分滿沒法從沒餘,沒餘滿蔀法從沒日。命起前沒月,曆月大小除之,不滿月者,即後沒日及沒餘、沒分。命日如上,算外,即次沒日。

推四正卦術曰:因冬至大小餘即坎卦用事日,春分即震卦用事日,夏至即離卦用事日,秋分即兌卦用事日。中孚因坎卦。

求次卦術曰:加坎卦大餘六,小餘一千四百七十三、小分十四,微分四,微分滿五從小分,小分滿小分法從小餘,小餘滿蔀法從大餘,大餘滿六十去之,命以紀,算外,即《復》卦用事日。

十一月,《未濟》、《蹇》、《頤》、《中孚》、《復》。

十二月,《屯》、《謙》、《睽》、《升》、《臨》。

正月,《小過》、《蒙》、《益》、《漸》、《泰》。

二月,《需》、《隨》、《晉》、《解》、《大壯》。

三月,《豫》、《訟》、《蠱》、《革》、《夬》。

四月,《旅》、《師》、《比》、《小畜》、《乾》。

五月,《大有》、《家人》、《井》、《咸》、《姤》。

六月,鼎、豐、渙、履、遯。

七月,恆、節、同人、損、否。

八月,巽、萃、大畜、賁、觀。

九月,歸妹、无妄、明夷、困、剝。

十月,艮、既濟、噬嗑、大過、坤。

四正為方伯,中孚為三公,復為天子,屯為諸侯,謙為大夫,睽為九卿,升還從三公,周而復始。

九三應上九,清淨、微溫、陽風;九三應上六,降赤、決溫、陰雨;[五〇]六三應上六,日澤、寒、陰雨;[五一]六三應上九,麴塵、決寒、陽風。諸卦上有陽爻者陽風,上有陰爻者陰雨。

推七十二候術曰:因冬至大小餘即虎始交日,加大餘五、小餘一千二百二十八、微分一,微分滿三從小分,小分滿小分法從小餘,小餘滿蔀法從大餘,大餘滿六十去之,命以紀算外,依次候日。

冬至　　虎始交　　荔挺生

小寒　　蚯蚓結　　麋角解　　水泉動

大寒　　雁北向　　鵲始巢　　雉始雊

立春	東風解凍	蟄蟲始振	魚陟負冰
雨水	獺祭魚	鴻雁來	草木萌動
驚蟄	桃始華	倉庚鳴	鷹化為鳩
春分	玄鳥至	雷始發聲	始電
清明	桐始華	田鼠化為鴽	虹始見
穀雨	萍始生	鳴鳩拂其羽	戴勝降桑
立夏	螻蟈鳴	蚯蚓出	王瓜生
小滿	苦菜秀	靡草死	小暑至
芒種	螳螂生	鵙始鳴	反舌無聲
夏至	鹿角解	蜩始鳴	半夏生
小暑	溫風至	蟋蟀居壁	鷹乃學習
大暑	腐草化為螢	土潤溽暑	大雨時行
立秋	涼風至	白露降	寒蟬鳴
處暑	鷹祭鳥	天地始肅	禾乃登
白露	鴻雁來	玄鳥歸	羣鳥養羞

秋分　　玄鳥歸　　羣鳥養羞　　雷始收聲

寒露　　�蟲附戶　　殺氣浸盛　　陽氣日衰

霜降　　水始涸　　鴻雁來賓　　雀入大水化爲蛤

立冬　　菊有黃華　　豺祭獸　　水始冰

小雪　　地始凍　　雉入大水爲蜃　　虹藏不見

大雪　　冰益壯　　地始坼　　鶡旦不鳴[五二]

推上朔術曰：置入紀以來盡所求年，減一，以六律乘之，以六旬去之，不盡者命以甲子，算外，[五三]即上朔日。

推五星見伏術第七

上元甲子以來至《春秋》魯隱公元年，歲在己未，積二十九萬二千七百三十六算。

上元甲子以來至今大魏興和二年，歲在庚申，積二十九萬三千九百九十七算。

木精曰歲星，其數六百七十二萬三千八百八十八。

火精曰熒惑，其數一千三百一十四萬九千八百八十三。

土精曰鎮星，其數六百三十七萬四千七百六十一。

金精曰太白，其數九百八十四萬三千八百八十二。

水精曰辰星,其數一百九十五萬三千七百一十六。[五四]

推五星術曰:置上元以來盡所求年,減一,以周天乘之,所得為積合,不盡為合餘。以合餘減法,餘為入歲度分。以日度法約之,所得即所求年天正十一月冬至後晨夕合度算及度餘。其金、水,以一合日數及合餘減合度算及度餘,得一者為晨,無所得者為夕;若度餘不足減者,減合度算一,加日度法乃減之。命起牛前十二度,宿次除之,不滿宿者,算外,即所求年天正十一月冬至後晨夕合度及度餘。

徑推五星術曰:置上元以來盡所求年,減一,如法算之。合度算滿日度法,加合度算一,合度算滿合終日數去之。亦以合終日餘減合度餘,[五五]若不足減者,減合度算一,加周虛。[五六]所得即所求年天正十一月冬至後晨夕合度算及度餘。其求金水及命度,[五七]皆如上法。

求星合月及日術曰:置冬至去朔日數,減一,加合度算。冬至小餘以加合度餘,合度餘滿日度法去之,加合度算一。合度算變成合日算,合度餘為日餘,命日起天正十一月,如曆月大小除之,不滿月者,算外,即星合月及日。有閏以閏計之。

求後合月及日術曰:以合終日數及合終日餘加前入月算及餘,餘滿日度法從日,[五八]如曆月大小除之,起前合月,算外,即後合月及日。其金、水以一合日數及合日餘加之,[五九]加

夕得晨,加晨得夕也。

求合度術曰:以行星度餘加前合度及度餘,度餘滿日度法從度,命起前合度,宿次除之,不滿宿者,算外,即後合度餘。逕斗除其分,其分四千一百二十七。

歲星:合終日數三百九十八,合終日餘一萬二千六百八,周虛三千二百五十二;行星三十三度,度餘八千四百九十一。〔六〇〕

歲星:晨與日合,在日後伏,十六日,日餘六千八百四,行星二度、度餘一萬三千一百十五。晨見東方,順,疾,日行五十八分之十一,五十八日行十一度。順,遲,日行九分,五十八日行九度。不行,二十五日而旋。逆,日行七分之一,八十四日退十二度。復留,二十五日。復順,遲,日行九分,五十八日行九度。復順,疾,日行十一分,五十八日行十一度。在日前,夕伏西方,順,十六日、日餘六千八百四,行星二度、度餘一萬三千一百七十六,而與日合。

熒惑:合終日數七百七十九,合終日餘一萬五千一百四十三,周虛一千七百一十七,行星四十九度,度餘六千九百九。

熒惑:晨與日合,在日後伏,七十一日、日餘一萬六千一,行星五十五度、度餘一萬三千九百四十三。晨見東方,順,疾,日行二十三分之十四,一百八十四日行一百一十二度。順,

遲,日行十二分,九十二日行四十八度而留。〔六〕不行,十一日而旋。逆,日行六十二分之十七,六十二日退十七度。復順,遲,日行十二分,九十二日行四十八度。復順,疾,日行十四分,一百八十四日行一百一十二度。復留,十一日。復順,遲,日行十二分,九十二日行四十八度。〔六〕不行,十一日。

餘一萬六千二,行星五十五度〔六三〕度餘一萬三千九百四十三,而與日合。

鎮星:合終日數三百七十八,合終日餘九百八十一,周虛一萬五千八百七十九,行星十二度,度餘一萬三千七百二十四。

鎮星:晨與日合,在日後伏,十八日、日餘四百九十,行星二度、度餘六千八百六十二。晨見東方,順,日行十二分之一,八十四日行七度而留。不行,三十六日而旋。逆,日行十七分之一,一百二日退六度。復留,三十六日。復順,日行十二分之一,八十四日行七度。在日前,夕伏西方,順,十八日、日餘四百九十一,行星二度、度餘六千八百六十二而與日合。

太白:合終日數五百八十三,合終日餘一萬四千五百二十二,周虛二千三百五十八,行星二百九十一度,度餘一萬五千六百八十一。〔六三〕亦曰一合日數。

太白:夕與日合,在日前伏,四十一日、日餘一萬五千六百八十一,行星五十一度、度餘一萬五千六百八十一。夕見西方,順,疾,日行一度十三分之三,九十一日行一百一十二

度。〔六四〕順,遲,日行一度十三分之二,九十一日行一百五度。〔六五〕順,大遲,日行十五分之十一,〔六六〕四十五日行三十三度而留。不行,八日而旋。逆,日行三分之二,九日退六度。在日前,夕伏西方,伏六日,退四度,而與日晨合。

太白:晨與日合,在日後,伏六日,退四度。順,日行十五分之十一,四十五日行三十三度。晨見東方,逆,日行三分之二,九日退六度。順,疾,日行一度十三分之二,九十一日行一百五度。順,大疾,日行一度二十二分之十七,九十一日行一百一十二度。在日後,晨伏東方,順,四十一日、日餘一萬五千六百八十一,行星五十一度、度餘一萬五千六百八十一,而與日夕合。

辰星:合終日數一百一十五,合終日餘一萬四千八百一十六,〔六八〕周虛二千四百四十四,行星五十七度,亦日一合日數。度餘一萬五千八百三十八。〔六九〕亦日一合日數。

辰星:夕與日合,在日前伏,十七日、日餘一萬五千八百三十八,〔七〇〕夕見西方,順,疾,日行一度三分之一,十八日行二十四度。順,遲,日行七分之五,七日行五度而留。不行,四日。在日前,夕伏西方,逆,十一日退六度,而與日晨合。

辰星:晨與日合,在日後伏,十一日,退六度。晨見東方而留,不行,四日。順,遲,日行

七分之五,七日行五度。順,疾,日行一度三分之一,十八日行二十四度。在日後,晨伏東方,順,十七日,日餘一萬五千八百三十八,行星三十四度、度餘一萬五千八百三十八,〔七二〕而與日夕合。

五星曆步術曰:以術法伏日度及餘加星合日度及餘,餘滿日度法一萬六千八百六十得一,從全命之如前,〔七三〕得星見日度及餘。以星行分母乘見度分,日度法如一得一分,不盡半法以上亦得一,以加所行分,分滿其母得一度。逆順母不同,以當行之母乘故分,故母如一,爲當行分。留者承前,逆則減之,伏不書度,〔七三〕除斗分,以行母爲率,分有損益,前後相御。〔七四〕

求五星行所在度術曰:以行分子乘行日數,分母除之,所得卽星行所在度。

校勘記

〔一〕置差令朔 「令朔」不可解,疑「令」乃「合」之譌。

〔二〕新曆歲星在營室十三度 諸本「新曆」下脫「歲星」兩字,依下文鎮星、太白例補。

〔三〕十蔀成紀 諸本「十」作「千」。按蔀法一萬六千八百六十,十蔀成十六萬八千六百,正爲一紀之數。「千」顯誤,今改正。

〔四〕十二分度法　諸本「十」作「小」。按以十二除度法一萬六千八百六十，得一千四百五，乃爲一氣時法之數。「小」係形近致誤，今改正。

〔五〕二十九章十一年減閏餘一一萬六百七十八年減一閏月　諸本「閏餘一」作「閏餘二」，「六百」作「一百」，「減」下有「右」字。按興和曆一章歲等於古法（十九年一章）之二十九章加十一年，而閏餘減一，積十九章歲，卽一萬六百七十八年則減一閏月。傳本將「閏餘一，一萬」之兩「一」字誤拜成「二」字，「六百」誤爲「一百」，又衍「右」字，今俱改正。

〔六〕閏月數　諸本「訛」「間」，今依文義改。

〔七〕內分五萬七千二百四十四　諸本「二百四十四」作「一百八十四」。按以沒法八萬八千四百十七除沒分六百一十五萬八千一十七，得經沒六十九、分五萬二百四十四。數字顯誤，今改正。

〔八〕五月二十三分月之二十也　諸本「五月」作「周髀六」。按會數爲五月二十三分月之二十的整日數，「周髀六」三字當衍，又脫「五月」兩字。今改正。

〔九〕百七十三日　諸本「三」作「二」。按此數卽上會數「二」字訛，今改正。

〔一〇〕百七十三　諸本「三」作「二」。按此數亦卽上會數，「二」字訛，今改正。

〔一一〕周天用一日月行數除　諸本「日」上脫「一」字，「數」下脫「除」字。按周日爲小周（卽一日月行數）除周天所得之整數。原文脫漏，今補。

〔三〕周餘　諸本「周」訛「用」,今依文義改正。

〔三〕減半月小餘　按入交限數爲會通減通數之半,除以日法,即得一百五十八度。其餘數爲十一萬六千五十八半。此注或由錯簡,致與正文迥無關係,依術當作「一百五十八度外不成度之數」。

〔四〕命以紀算外　諸本「算」下脫「外」字,今依文義補。

〔五〕命如上　諸本「上」訛「止」,今依文義改正。

〔六〕閏月有進退　諸本「退」訛「卽」,今依文義改正。

〔七〕如章閏得一　諸本「如」訛「加」,今依文義改正。

〔八〕度餘三萬九千三百三十九　諸本「三十九」作「四十九」。按甲戌紀交會差二千六百五十二萬二千六百四十九除以日法二十萬八千五百三十,得交會差一百二十七度、度餘三萬九千三百三十九。「四十」乃「三十」之訛,今改正。

〔九〕算外　諸本「算」下脫「外」字,今依文義補。

〔一〇〕其月朔則交會　諸本「會」訛「道」,今依文義改正。

〔一一〕卽是不蝕度　諸本「蝕」訛「餘」,今依文義改正。

〔一二〕餘爲蝕分　諸本「爲」下衍「餘」字,今依文義刪。

〔三三〕甲戌紀遲差分二百三十五萬二千一百九十一　諸本「二百」作「二日」,「二千」作「三千」。按以一紀月數二百八萬五千三百乘通數六百十五萬八千一十七,以通周五百七十四萬五千九百四十一去之,得甲戌紀遲差分二百三十五萬二千一百九十一。知「日」乃「百」之訛,「三千」乃「二千」之訛,今改正。

〔三四〕所得爲積周　諸本「爲積周」訛「日餘周」,今依正光曆例改正。

〔三五〕日蝕滿日法從日　諸本「日法從日」誤倒作「日從日法」,今依文義乙正。

〔三六〕月行遲疾度及分　諸本「分」訛「合」,今依文義改正。

〔三七〕十四度三百三十四分　諸本「三十四分」作「三十四分」,衍「十」字。按本表各項數字,今依下列方法加以校算:(一)月行遲疾度及分:以月日平行分七千五百一十三(即小周)加減本日損益率(損減、益加),以章歲五百六十二約之爲度,餘爲分。(二)損益率:以各日月實行度分化爲分,減以月日平行分七千五百一十三即得。(三)盈縮幷率:將本日前各日損益率累加得之。以下(四)盈縮積分:盈縮幷率乘日法二十萬八千五百三十,約以小周七千五百一十三,即得。至校勘記〔三七〕,逐指出傳本譌誤所在,校改理由不再贅述。

〔三八〕盈七百五十七　諸本「十」下脫「七」字,今校算補。

〔三九〕二百六十一分　諸本「二百」下衍「四十」兩字,今據校算刪。

〔三〇〕益六百一十六　諸本「十六」訛「十七」，今據校算改正。

〔三一〕盈一千四百四十六　諸本「四十六」訛「三十六」，今據校算改正。

〔三二〕四百六十八分　諸本「六十八分」訛「八十六分」，今據校算乙正。

〔三三〕二百六十七分　諸本「二百」訛「三百」，今據校算改正。

〔三四〕益六百四十六　諸本「四十六」訛「三十六」，今據校算改正。

〔三五〕三百二十四分　諸本「三百」訛「二百」，今據校算改正。

〔三六〕三百四十六分　諸本「四十六」訛「三十六」，今據校算改正。

〔三七〕十三度　諸本「十三」訛「十二」，今據校算改正。

〔三八〕定大小餘　諸本「餘」訛「蝕」，今依文義改正。

〔三九〕積分盈者　諸本「盈」訛「盛」，今依文義改正。

〔四〇〕隨定大小餘　諸本「小」下衍「蝕」字，今依文義刪。

〔四一〕推日月合朔弦望度術第五　諸本「度」下脫「術」字，今依本術前後各標題例補。

〔四二〕不盡為餘　諸本「餘」上脫「不盡為」三字，今依文義補。

〔四三〕求次月次日日所在度　諸本「次月次日」作「日次月次」。按依術文，先求次月日所在度，次求次日日所在度，傳本誤倒，今乙正。

〔四四〕逐斗除其分 諸本「逐」訛「遙」,今依文義改正。

〔四五〕以月周二十二萬五千三百九十乘之 諸本「周」上脫「月」字,今依文義補。

〔四六〕求次月月度術 諸本「次月」訛「月次」,今據上正光曆例乙正。

〔四七〕求次日月度術 諸本「次日月度」訛「月次日度」,今據上正光曆乙正。

〔四八〕小分三千四百六十七 諸本「七」作「一」。按以四除一經月度數:度二十九、大分六千四百八十九百四十五、小分六千九百一十九,得上弦度數:度七、大分六千四百五十一、小分三千四百六十七、微分二。小分尾數「一」字乃「七」之訛,今改正。

〔四九〕又加得望 諸本「加」作「如」。殿本考證云「如字當作加」,說是,今改正。

〔五〇〕降赤決溫陰雨 「降赤」,本志上正光曆作「絳赤」,疑作「絳赤」是。

〔五一〕日澤寒陰雨 「日澤、寒、陰雨」,本志上正光曆作「白濁、微寒、陰雨」,疑此「日澤」乃「白濁」之訛,又脫「微」字。

〔五二〕鶡旦不鳴 諸本「鳴」上無「不」字。按本志上正光曆作「鶡旦不鳴」。據禮月令作「鶡旦不鳴」,呂氏春秋仲冬作「鶡鴠不鳴」,淮南子時則篇作「鳱鴠不鳴」,則以有「不」字為是。今據補。

〔五三〕算外 諸本「外」訛「上」,今據正光曆推上朔法改正。

〔五四〕其數一百九十五萬三千七百一十六 諸本「十六」作「十七」。按辰星合終日數一百一十五乘以

度法一萬六千八百六十,幷以合終日餘一萬四千八百一十六(此數末位尾數「六」原文誤作「八」,參閱校勘記〔六〕),得一百九十五萬三千七百一十六。尾數「十七」乃「十六」之訛,今改正。

〔五五〕減合度餘 諸本「度」下脫「餘」字,今依文義補。

〔五六〕加周虛 諸本於「加周虛」下衍「積年盡」三字,今依文義刪。

〔五七〕其求金水及命度 諸本「水」上奪「金」字。按上推五星術於求得冬至後晨夕合度算及度餘後,述求金、水冬至後晨夕合度及度餘術。則此處不當單求水一星,今補。

〔五八〕餘滿日度法從日 諸本「從」訛「後」,「從日」下又衍「一日」兩字,今依文義刪改。

〔五九〕以一合日數及合日餘加之 諸本「以一合日數及合日餘」誤倒作「以合日數及一合日餘」,今依文義乙正。

〔六〇〕度餘八千四百九十一 諸本「八千」作「九千」。按歲星數六百七十二萬二千八百八十八減以周天六百一十五萬八千一十七,餘除以度法一萬六千八百六十,得行星三十三度,度餘八千四百九十一。知「九千」乃「八千」之訛,今改正。

〔六一〕九十二日行四十八度而留 諸本「二」作「一」。按熒惑日行二十三分之十二分,則九十二日行四十八度,不當爲九十一日,今改正。

〔六二〕行星五十五度　諸本「十」下無「五」字。按熒惑在日前後，伏行星度當相等，上文在日後伏作「行星五十五度」，依其伏、行、留、逆之總行度計，當以此數爲是，傳本脫「五」字，今據補。

〔六三〕度餘一萬五千六百八十一　諸本「度餘一萬」誤倒作「度一餘萬」，今依文義乙正。

〔六四〕九十一日行一百一十二度　諸本「一百」作「二百」。按太白日行一度十三分之三，乘以九十一，則得一百一十二度，「二」字訛，今改正。

〔六五〕九十一日行一百五度　諸本「五」上脫「一百」。按太白日行一度十三分之二，乘以九十一日，應行一百五度，下太白在日后，以同速運行九十一日，正作「一百五度」。今據補。

〔六六〕順大遲行十五度十一分之十一　諸本「遲」作「疾」。按太白日行十五度十五分之十一爲最遲，不當爲大疾，今改正。

〔六七〕日行一度十三分之三　諸本下「三」字作「二」。按以九十一除一百一十二度，得日行一度十三分之三。「二」乃「三」之訛，今改正。

〔六八〕合終日餘一萬四千八百一十六　諸本「十六」作「十八」。按以度法一萬六千八百六十除辰星數一百九十五萬三千七百一十七，得合終日數一百二十五，合終日餘一萬四千八百一十六；以周虛二千四百四減度法一萬六千八百六十，所得日餘亦同，足證末位尾數當爲「六」。今改正。

〔六〕度餘一萬五千八百三十八　諸本「三十八」作「四十八」。按以二除辰星合終日數一百一十五、日餘一萬四千八百一十六，得行星度五十七、度餘一萬五千八百三十八。知「四十八」乃「三十八」之訛，今改正。

〔七〇〕日餘一萬五千八百三十八行星三十四度度餘一萬五千八百三十八　諸本日餘末兩位數「三十八」作「四十八」，其下並脫「行星三十四度、度餘一萬五千八百三十八」數字。按辰星在日前后之伏行留逆互爲對稱。下文在日後晨伏東方項下作：「十七日、日餘一萬五千八百三十八」，其下有「行星三十四度、度餘一萬五千八百三十八」十七字。其在日前後伏行留逆之總日數各爲五十七日、日餘一萬五千八百三十八，總行度各爲五十七度、度餘一萬五千八百三十八，知此處脫文。今改補。

〔七一〕度餘一萬五千八百三十八　諸本「三十八」訛「四十八」，今改正。詳上條校記。

〔七二〕從全命之如前　諸本「全」誤作「令」，今依文義改正。

〔七三〕伏不書度　諸本「書」作「盡」。按李銳四分術注謂「伏不書度」云「謂不以所在宿度書於術」。李說是，「於此亦然」，「盡」當作「書」，今據改。

〔七四〕前後相御　諸本「相御」下衍「十四」兩字，今據晉書卷一七律曆志中載景初曆五星曆步術文刪。